ちくま学芸文庫

空間の詩学

ガストン・バシュラール
岩村行雄 訳

筑摩書房

LA POÉTIQUE DE L'ESPACE
de
Gaston Bachelard

空間の詩学⦿目次

空間の詩学

序論

I

もっぱら科学哲学の基本的テーマに没頭して自己の全思想を形成し、活潑な合理主義の流れ、現代の科学においてますます成長する合理主義の流れをできるかぎり厳密にたどりつづけてきた哲学者は、もし詩的想像力によって提出された問題を研究しようとするならば、自分の知識をわすれさり、これまでの自己の哲学研究の習慣をことごとく放棄しなければならない。ここでは過去の教養は通用しない。さまざまな思想を結合し、構成するながい努力、週にわたり月にわたる努力も空しい。現在しなければならない、イメージのうまれでる瞬間に現在しなければならないのだ。すなわち、もし詩の哲学が存在するならば、この哲学は、主調詩句をたよりとして、孤立したイメージに完全に没入し、まさにイメージの新しさによる恍惚そのもののなかに、うまれ、また再生しなければならない。詩的イメージは、霊魂《プシシスム》(1)のおもてに突如としてうかぶ浮彫りであり、低次の心理的因果性からでは正しくきわめられないものである。普遍的なもの、整理されたものは、なに一つとして詩の哲学の基礎とはなりえない。原理という概念、あるいは「基礎」という概念は、ここでは破壊的に作用することであろう。これは詩のもつ本質的な心的新しみ、本質的な現実性をそこなうことであろう。丹念にしあげられた科学思想を対象とする際には、哲学的考察は、新しい観念がすでに試験ずみの一群の観念と合体することを要求する。現代科学の革命に共通してみられる例であるが、たとえこの一群の観念は、新しい観念によって大きく修正されなければならないとしても。一方、詩の行為は過去をもたない。すくなくとも、その経過をたどれば、その準備と出現とをあとづけられるような近い過去をもたないということを、詩の哲学は承認しなければならない。

のちに新しい詩的イメージと無意識の奥にねむる原型との関係についてふれなければならないが、その際この関係は、適切にいえば、**因果的**ではないことを説明しなければならないとおもう。詩的イメージは内圧に支配されない。それは過去のこだまではない。むしろ逆なのだ。イメージの閃光によって、遠い過去がこだまとなってひびきわたるのである。そしていかなる深部でこのこだまが反響し、きえうせてゆくのか、それはほとんどみとおせない。詩的イメージは、その新しさ、その活動において、独自の存在、独自の活力をもつ。それは**直接の存在論**の一つである。わたくしが研究の対象にとりあげようとおもうのは、この存在論である。

したがって、われわれが詩的イメージの存在の真の尺度をみいだすことができるとおもうのは、しばしば因果性を裏がえしたところであり、またミンコフスキー(2)によってきわめて精密に研究された**反響**のなかなのである。この反響において、詩的イメージは存在の響きをもつことになるだろう。詩人は存在のしきいでかたるのだ。したがってイメージの存在を決定するには、われわれは、ミンコフスキーの現象学の流儀にならって、その反響を経験しなければならないだろう。

詩的イメージは因果律に支配されないということは、たしかに重大な陳述である。しかし心理学者や精神分析学者があげる原因にたよっては、新しいイメージのまったく意外な性格を説明することは不可能であり、またイメージの創造の過程をしらないたましいのなかに、イメージがなぜ同意の気持を目ざますのか、これをときあかすこともできない。詩人はかれのイメージの過去をわたくしにおしえてくれない。しかしかれのイメージはわたくしのこころのなかにたちまち根をおろす。ある特異なイメージが伝達できるということは、存在論的にたいへん重要な事実である。われわれは、簡潔な、孤独な、能動的な行為によるこの交わりの問題をのちにふたたび論じることにしよう。イメージは――のちになって――ひとを感動させるが、イメージは感動の現象ではない。心理学的研究においては、たしかに詩人の個性を決定するのに、精神分析学の方法を考慮にいれ、これによって圧迫――なかんずく抑圧――の程度を測定することができる。だが詩の行為、不意をつくイメージ、想像力における存在のもえあがる焔は、この種の研究では把握できない。詩のイメージの問題を哲学的に明らかにするには、結局は想像力の現象学に到達しなければならない。これは、現実のなかにとらえられた人間のこころや、たましいや、存在の直接の産物として、イメージが意識のなかに浮上してくるときの、詩的イメージの現象の研究として理解しなければならない。

II

なぜわたくしがまえと視点をかえて、こんどは、イメージを現象学的に規定しようとするのかとたずねるひともあろう。想像力をあつかった以前の著作においては、実際、物質の四元素、直観的宇宙発生論の四原理については、できるかぎり客観的な立場をとることがのぞましいと、わたくしはかんがえてきた。わたくしは科学哲学者としての習慣を忠実にまもり、個人的な解釈をいれたい誘惑をことごとくしりぞけて、イメージをみつめようとつとめてきた。この方法にはたしかに科学的な慎重さがあるが、しだいにわたくしには、想像力の形而上学を基礎づけるには不十分にみえてきた。「慎重な」態度そのものがイメージの直接的な力に服従することを拒否することではないか。しかもこの「慎重さ」から脱出することがいかに困難か、わたくしは測定してきた。知性にたよる習慣をすてさろう、こう宣言することはやさしいが、いかにして実現すべきなのか。これは合理主義者にとっては毎日おこる小さなドラマであり、一種の思考の分裂をまねく。そしてこれは、思考の対象――単純なイメージ――がいかに部分的なものであれ、深いたましいの反響をもつのである。しかしこの教養の小さなドラマ、新しいイメージの単純な水位でおこるこのドラマには想像力の現象学の逆説がのこらずふくまれている。すなわち、ときにはきわめて特異なイメージがなぜ霊魂《プシシスム》全体の一つの集中として出現することが可能なのか。ある特異な詩的イメージの出現という特異な束のまの事件が、逆に――なんの準備もないのに――他のたましい、他のこころになぜ作用することができるのか。しかも常識という障壁や自己の不動をよろこぶ聡明な思想がありながら、なぜ可能なのか。

つぎにこのイメージの超主観性《トランススユプジエクティヴィテ》は、単に客観的参照の習慣にたよるだけでは、その本質を把握できないことが判明した。現象学だけが――つまり個の意識の内部での**イメージの出発**を考察することが――われわれにイメージの主観性を恢復させ、イメージの超主観性の意味、力、豊かさを測定させてくれるのである。この一切の主観性、超主観性は絶対に規定できない。詩的イメージは、実際、本質的に**可変**なのだ。それは概念とはちがって、**構成的**ではない。たしかに詩的想像力の変異活動を細部にわたるヴァリエーションのなかからとりだすことは困難な作業であり、また単調な作業でもある。したがって詩の読者にとっては、現象学という名――これはしばしば誤解されてきたが――をもつ教えを援用することをすすめても、あるいは理解できぬことかもしれない。しかしながら、どんな教えとも関係なく、この奨めは明らかだ。つまり詩の読者にたいして、イメージを対象とみなさずに、ましてある対象の代用品とみなさずに、その特殊な実在を把握することをもとめているのだ。これには、イメージを創造する意識の行為と、意識のもっとも儚い産物、詩的イメージとを組織的に結合しなければならない。詩的イメージの水位では、主体と客体の二元性は虹色にきらめき、眩くひかり、たえず活潑に反転している。詩人が詩的イメージを創造するこの領域では、現象学は、あえていえば、微視的現象学である。したがってこの現象学はおそらく厳密に基礎的なものとなろう。純粋だが儚い主観性と、まだかならずしも完全な組成に達していない実在との、このイメージによる結合のなかに、現象学者は夥しい経験の領域を発見する。現象学者の観察は単純であり、科学思想がつねに連関づけられた思想であるのとことなって、この観察は、「一貫性に固執しない」ために、正確であることができる。現象学者はこの観察によって利益をうける。単純なかたちのイメージは学殖を必要としない。イメージは素朴な意識の財なのだ。そのイメージは、表現においては若いことばである。詩人は、そのイメージの新しさにおいて、つねにことばの源である。イメージ現象とよばれるものはなにか、これを精密に明示し、またイメージは思想**のまえに**存在することを明示するには、詩《ポエジー》は精神の現象学というよりも、むしろたましいの現象学であることをのべなければならない。それには**夢想する意識**について資料をあつめなければならないだろう。

現代フランス語の哲学――とくに心理学は、たましいと精神という単語の対立的な性格をほとんどもちいない。したがって両者とも、精神 *der Geist* とたましい *die Seele* とを明確に区別するドイツ哲学があつかう多数のテーマにたいしては、ややうとい。けれども詩の哲学は語彙の力をことごとく受容しなければならないのであるから、なに一つ単純化してはならないし、硬化させてはならない。この種の哲学にとっては、精神とたましいとは同義語ではない。これを同義語とみなすと、われわれは貴重なテキストの翻訳に失敗し、イメージの考古学があたえてくれる資料を変形してしまう。たましい、これは不死のことばなのだ。ある詩のなかでは、けしされない。それは息からうまれたことばなのだ。[3] あることばの音声上の意義、それだけでも当然詩の現象学者の注意をひくことであろう。詩のなかで、たましいということばが、一つの詩全体を包括するほどに強い確信をもってかたられることがある。したがって、たましいに対応する詩の鍵盤がわれわれの現象学的探査にたいしてひらかれているはずなのである。

絵画の領域では、精神に由来し、また本来知覚世界にもとづくさまざまな決定が、作品制作のなかにふくまれているようにみえるが、この絵画の領域ですら、たましいの現象学はある作品の原初のはたらきをあばくことができる。ルネ・ユイグは、アルビにおけるジョルジュ・ルオー展のために、美しい序をかいている。「ルオーは境界のどの地点を爆破するのか、これをさぐるには……やや旧式なことばをおもいおこさなければならないだろう、それはたましいとよばれることばだ」。そしてルネ・ユイグは、ルオーの作品を理解し、感じ、愛するには、「あらゆるものがその根源をもち、意味をえているあの中心、内奥、円形広場にとびこまなければならない。そこにあのわすれられた、あるいは否認されたことば、たましいということばがみいだされる」。そしてたましいは——ルオーの絵が証明しているように——内面の光を所有する。それを「内面の眼」がみとめ、きらめく色彩の世界、太陽の光の世界にうつしかえるのだ。したがってルオーの絵を愛し、理解しようとするものは、心理的展望を真に転換することを要求される。かれは内面の光にあずからなければならない。これは外部世界の光の反映ではない。たしかに内面の眼、内面の光という表現は、あまりにも安易にもちいられる。だがここでかたっているのは画家であり、光の創造者なのだ。かれはいかなる中心から照明が発するかをしっている。かれは赤の情熱にひそむ内密の意味をいきる。このような絵画の本源には格闘するたましいがある。フォーヴィスムは内面にある。したがってこのような絵画はたましいの一現象なのだ。たしかに作品は狂熱のたましいを解放することであろう。

ルネ・ユイグの文章は、たましいの現象学についてかたることには意義があるというわたくしの考えを裏がきしてくれる。多くのばあい、われわれは、詩はたましいの働きであることをみとめなければならない。たましいにむすびつけられた意識は、精神の諸現象にむすびつけられた意識よりもはるかに静謐であり、非志向的である。詩のなかには、知識の迂路をへない力が表白される。霊感と才能の弁証法は、たましいと精神という二つの極を考察すれば、ときあかされる。わたくしの考えでは、詩的イメージの現象を、そのさまざまな陰翳において研究し、またなによりもまず、夢想から制作にいたるまでの詩的イメージの発展をあとづけるには、たましいと精神は不可欠である。わたくしは別の著作において、とくにたましいの現象学として詩的夢想を研究するつもりである。夢想はあまりにも夢と混同されているが[4]、本来夢想は霊魂《プシシスム》の一つの状態である。しかし詩的夢想、すなわちみずからをたのしむばかりか、また他のたましいにも詩の愉しみをあたえる夢想が問題となるときには、われわれはもはや夢うつつの境にさまようわけではないことを十分しっている。精神はくつろげる。しかし詩的夢想においては、たましいは緊張をとき、静かに、しかも活潑に、目ざめているのだ。構成のみごとな完全な詩をつくるには、精神があらかじめその草案をえがく必要があろう。しかし単純な詩的イメージには、草案はない。必要なのはたましいの運動だけだ。一つの詩的イメージによって、たましいはその現存を告知する。

　このようにして詩人はたましいの現象学的問題をあざやかに提起する。ピエル＝ジャン・ジューヴは、「詩《ポエジー》は形式を創始するたましいである」[5]と、かく。たましいが創始する。ここではたましいは原初の力である。それは人間的尊厳である。「形式」はすでにしられ、認知され、「常套句」のなかにはめこまれていた。だがそれは、内面の詩の光をあびるまでは、単なる精神の対象にすぎなかった。しかしたましいがおとずれて、形式を創始し、そのなかにすみ、そして満足する。したがってピエル＝ジャン・ジューヴの文章は、たましいの現象学の明晰な箴言とみなすことができる。

III

われわれは感情の共鳴によって——豊かさがわれわれのうちにあるのであれ、詩そのものにあるのであれ——とにかく豊かに芸術作品を受容することができる。ところが詩の現象学的研究は、きわめて遠くかつ深く沈潜することをねがうので、方法上必然的にこの感情の共鳴をとびこえなければならない。共鳴《レゾナンス》と反響《ルタンティスマン》という現象学的姉妹語を鋭く感じとれる可能性がここにあることに注意しなければならない。共鳴は世界のなかのわれわれの生のさまざまな平面に拡散するが、反響はわれわれに自己の存在を深化することをよびかける。共鳴においてわれわれは詩をききとり、反響においてわれわれは詩をかたり、詩はわれわれのものとなる。反響は存在を反転させる。詩人の存在がまるでわれわれの存在のようにおもえる。そして多種多様な共鳴が反響の単一な存在からうまれてくる。もっと簡単にいえば、これは熱烈な詩の読者なら熟知の印象であるが、詩がわれわれを完全にとらえるということなのだ。存在が詩にとらえられる、これにはまぎれもなく現象学的な刻印がある。ある詩の充溢と深みはつねに共鳴—反響という姉妹語の現象なのである。その充溢によって、詩はわれわれのうちに新たな深さを目ざますようにみえる。したがってある詩の心理的作用を説明するには、精神の充溢の方向とたましいの深さの方向、すなわち現象学的分析の二方向をあとづけなければならないだろう。

もちろんいうまでもなかろうが、反響とは派生的な名であるが、われわれが研究しようとおもう詩的想像力の領域においては、反響は単純な現象学的性格をもつ。実際、ただ一つの詩的イメージの反響によって、読者のたましいのなかにまで目ざめる、あの詩的創造の真の目覚めをよびおこすのもこの反響である。詩的イメージは、その新しさによって、一切の言語活動を開始させる。詩的イメージは、かたる存在の根源にわれわれをうつすのだ。

われわれはこの反響によって、**ただちに**一切の心理学や精神分析学をとびこえて、自分のなかに素朴にうまれでる詩の力を感じる。われわれが共鳴や感情の反射や自分の過去の呼び声を経験できるのは、この反響ののちのことである。しかしイメージは、表層をゆさぶるまえに、深部にふれている。またこれは読者の単純な経験にもあてはまる。詩をよんでわれわれにあたえられるイメージは、こうして真にわれわれのイメージとなる。イメージはわれわれのなかに根をはる。たしかに外部からうけいれたものだが、自分にもきっとこれを創造することができた、自分がこれを創造するはずだった、という印象をもちはじめる。イメージはわれわれのことばの新しい存在となる。イメージは、そのイメージが表現するものにわれわれをかえ、これによってわれわれを表現するのだ。いいかえれば、それは表現の生成であり、またわれわれの存在の生成である。ここでは、表現が存在を創造する。

この最後のことばは、われわれが考究しようとしている存在論の水位を規定してくれる。一般的にいえば、人間においてとくに人間的なものはすべてロゴスである、とわたくしはかんがえる。われわれは言語に先だつ場において省察することはできない。この主張は存在論の深さを否定するようにみえるが、しかすくなくとも詩的想像力についてのこの種の研究にはきわめて適切な研究仮説として承認しなければならない。

このようにロゴスの事象である詩的イメージはわれわれをひとりひとり革新する。われわれはイメージをもはや一つの「対象」としてとりあげない。批評家の「客観的」態度は「反響」を窒息させ、根源的な詩的現象がうまれでる深部を初めから否定するのだ。また心理学者に関していえば、かれは共鳴によって聴力をうばわれ、ひたすら自分の感情を叙述したがる。また精神分析学者についていえば、解釈のもつれをほどくことに熱中して、反響をとりおとしてしまう。方法の宿命であるが、精神分析学者はイメージを知的に考察する。かれは心理学者よりもイメージを深く理解する。しかしこの点が問題なのだ。かれはイメージを「理解する」のである。精神分析学者にとっては、詩のイメージにはつねに前後関係がある。かれはイメージを解釈し、これを詩のロゴスとは別のことばに翻訳する。このばあいほど *traduttore, traditore*（翻訳は裏ぎる）ということばが適切なことはない。

われわれは新しい詩的イメージをうけとることによってイメージのもつ主観間《アンテルスユブジエクテイ》の運動性《ヴイテ》の意味をしる。自分の熱狂をつたえるために、われわれがまたそのイメージをかたることになろう、この事実をわれわれはしっている。あるたましいから別のたましいへの伝達をかんがえれば、詩的イメージが因果性の研究の埒外にあることは明らかである。心理学のように、おずおずと因果関係をたどる学説、あるいは精神分析学のように、強く因果関係をあとづける学説は、詩の存在論を決定することはできない。詩的イメージを準備するものはなに一つないのだ。まして文学的な意味での教養も、心理学的な意味での知覚もこれを準備することはない。

したがってわれわれはつねに同一の結論に到達する。すなわち詩的イメージの本質的な新しさは、かたる存在の創造性の問題を提出するということである。創造性によって、想像する意識は、きわめて単純に、だがきわめて純粋に、みずからが根源であることをしるのである。想像力の研究においては、詩的想像力の現象学はつとめてさまざまな詩的イメージにおけるこの根源の価値を明らかにしなければならない。

IV

このようにわたくしの研究は、純粋な想像力からうまれでてくる、根源における詩的イメージに限定し、多数のイメージの集合としての詩の**構成**の問題はあつかわない。詩の構成には、多少とも遠い過去の教養と時代の文学理想にむすびついた、心理的に複雑な要素が介入している。これは、完全な現象学ならば、たしかに考察しなければならぬ構成要素であろう。だがこのように広汎な計画は、これからわたくしが展開しようとおもう、おもいきって基礎的な現象学的観察の純粋性をそこなうことであろう。真の現象学者は体系化には控えめにならなければならない。だから、読書の現象学的な力が読者をしてよんだイメージの高さにある詩人にかえてしまうとしても、この力を単純にひきあいにだすことには、やや慢心の気味があるようにみえる。実際、わたくしに不遜にみえるのは、一つの詩全体のなかにふくまれた有機的な完全な創造力を発見し再体験する読書能力が個々人にあると主張することである。ある種の精神分析学者は可能だと信じているが、作品全体を把握する綜合的な現象学に到達できる望みはさらに小さい。したがってわれわれが現象学的に「反響」できるのは、全体から孤立したイメージの水位においてなのだ。

しかし実際この慢心のかげ、このささやかな誇り、単純な読書からうまれる誇り、孤独な読書のなかでやしなわれる誇りも、単純さをとどめているかぎり、明瞭な現象学的特徴をおびている。現象学者はこの点では文芸批評家となんの共通性ももたない。文芸批評家は、しばしば指摘されていることだが、自分にはつくれない作品をさばき、しかも軽薄な酷評がしめしているとおり、自分では制作しようとしない作品をさばくのだ。文芸批評家は必然的に冷酷な読者である。酷使され、くたびれ、ついには政治家の語彙にまでおちぶれたあのコンプレックスということばを、まるで手袋を裏がえすように、裏がえしていえば、つねに物知り顔で、つねに批判的な文芸批評家や修辞学の先生というものは優越サンプレックス[6]にひたりたがるひとなのだ。だがわれわれは倖せな読書に没頭し、大きな感激にささやかな読書の誇りをおりまぜて、好きなものだけをくりかえしよむのだ。一般にこの誇りは霊魂《プシシスム》全体にのしかかる巨大な感情にそだってゆくが、イメージの幸福に身をゆだねたときにうまれるささやかな誇りは、いつまでも控えめにかくれひそんでいる。それは単なる読者にすぎないわれわれのうちに、われわれのために、ただひたすらわれわれのために存在する。それはいわば部屋のなかの誇りである。読書にふけりながら、詩人になりたい気持を再体験していることなぞだれひとりしらない。読書に少しでも熱中したものはみな、読書によって、作家になりたい願望をやしない、またおさえつけている。よんだ文章が美しすぎると、羞恥心がこの願いをおさえてしまう。しかしこの願いはふたたびうまれてくる。とにかく好きな作品を何度もよむ読者はみな好きな文章が自分にかかわってくることをしっている。ジャン＝ピエル・リシャール(7)は美しい書物『詩と深み』において、とりわけボードレールとヴェルレーヌについての二つの研究をかいている。しかしリシャールによれば、ボードレールの作品は「われわれにかかわってくる」という理由で、ボードレールに高い位置があたえられている。二つの研究の色調の差は大きい。ボードレールとことなり、ヴェルレーヌは完全な現象学的同意をえられない。そしてつねに、われわれの深い共感をかちとる読書においては、われわれは文字どおり「受取人」だということである。ジャン・パウルは『巨人』の主人公についてこうかいている。「かれは偉大な人物についての讃辞をよんでは、自分がほめられているような快感をおぼえた(8)」。とにかく読書の共感は讃嘆ときりはなせない。ひとは多かれ少なかれ讃嘆するが、詩的イメージの現象学的利益をうけるには、つねに誠実な飛躍、讃嘆の小さな飛躍が必要である。些細な批評的反省ですらもこの飛躍をとめ、精神を二次的な位置におき、想像力の原初性を破壊する。受身の瞑想的な態度をのりこえるこの讃嘆においては、読者が作者のまぼろしとなって、読書の愉しみは創作の愉しみの反映となるようにみえる。すくなくとも読者は、ベルクソンが創造のしるしとしている、この創造のよろこびにあずかるのだ(9)。ここでは文章のか細い糸のうえ、表現の儚い生命のなかで、創造が実現する。しかしこの詩的表現は、生の必然によるものではないが、にもかかわらずわれわれの生に強い活力をあたえる。よくかたることは、よくいきることの一要素である。詩的イメージはことばからの浮上である。それはいつも意味をになったことばのややうえにある。したがって詩をいきることによって、われわれは浮上という有益な経験をすることになる。それはたしかに短距離の浮上である。だがしかしこの浮上はくりかえし新たにおこなわれる。すなわち詩《ポエジー》はことばを浮上状態におく。そこでは生は激しい生気となってその姿をあらわすのだ。実用言語の通常の列からはなれたこのことばの飛躍は、ミニアチュールの生の飛躍である。実在＝ことば、の命題を採用して、道具＝ことば、の命題を放棄するミクロ・ベルクソン主義は、詩のなかに、ことばの現実的な生についてかずかずの資料をみいだすことであろう。

　さて、何世紀にもわたる言語進化の過程にみられるような、ことばの生命についての考察とならんで、詩のイメージは、数学者のことばをかりれば、われわれに進化の一種の微分を提示してくれる。ある偉大な詩句が言語のたましいに大きな影響をあたえることがある。その詩句はけしさられていたイメージをめざます。それと同時にことばの予測不可能性を裏づける。ことばを予知しがたくすることは自由をまなびとることではないか。詩的想像力は検閲[10]を愚弄することになんと魅力を感じることであろう。かつて詩法は破格を一つの法典にあみあげた。しかし現代の詩はことばの胎内そのものに自由を導入した。こうして詩は自由の一つの現象としてあらわれるのだ。

V

孤立した詩的イメージの水位においても、一行の詩句となってあらわれる表現の生成のなかにさえ現象学的反響があらわれる。そしてそれは極端に単純なかたちで、われわれに言語を支配する力をあたえてくれる。このときわれわれはきらめく意識の微小な現象のまえにたっている。詩的イメージはたしかに霊魂《プシシスム》の事象としては責任のより小さい事象である。知覚可能な現実の秩序のなかにその証しをもとめ、また詩の構成上いかなる位置と役割をしめているかを決定することは、二次的な作業である。詩的想像力についての一次的な現象学的研究においては、孤立したイメージ、これを展開するフレーズ、詩的イメージを放射する詩句、ときには節が、**ことばの空間**を形成する。この空間は地形分析《トポアナリーズ》の方法によってきわめられなければならないだろう。たとえばJ＝B・ポンタリスはミシェル・レーリスを「ことばの坑道における孤独な探鉱者[11]」としてしめす。こうしてポンタリスは、この繊維状空間にいきられることばの単純な衝撃がはしるさまをきわめて明らかにしめしている。概念言語の原子論には定着の根拠と集中させる力が必要だ。ところが詩句にはつねに運動があり、イメージが詩句の行のなかにながれこみ、想像力が神経繊維を創造するように、イメージが想像力をみちびくのである。ポンタリスはさらに「かたる主体が主体のすべてである」という公式をのべるが（p. 932）、これは表現の現象学にとってはきわめて確かな指標として記憶する価値がある。したがってかたる主体はことごとく詩的イメージのなかに存在するといっても、いまでは逆説とはおもえない。なぜならば、もしかたる主体が完全に身をゆだねなければ、イメージの詩的空間にはいれないからだ。詩的イメージが、いきられたことばのもっとも単純な経験の一つを提出するということは、まことに明らかである。そしてわたくしの意図しているように、イメージを意識の根源として考察するならば、イメージはたしかに現象学の一つの対象である。

またもし現象学の「学校」をひらかなければならないばあいには、一番わかりやすい初歩の授業はたぶん詩的現象の授業にちがいない。J・H・ヴァン・デン・ベルフは近著において「詩人と画家は生来現象学者である」[12]と、かいている。また事物はわれわれに「かたりかける」が、この事実から、もしわれわれがこのことばに十分な価値をみとめるならば、われわれは事物と接触できるといい、さらにヴァン・デン・ベルフは「思考にとっては解決できるあてのない問題がある。われわれはこの問題の解決をたえず**いきているの**だ」と、つけくわえている。オランダの学殖ゆたかな現象学者のこの文章によって、かたる存在の研究に専心する哲学者は勇気づけられる。

VI

もし詩的イメージに関して、純粋昇華⑬の領域を分離できれば、おそらく精神分析学の研究と比較して、現象学のしめる位置がさらに正確にしめせよう。この純粋昇華とは、情念の重荷をすてさり、欲望の圧力から解放された昇華であり、なにものをも昇華させない昇華である。このように尖端の詩的イメージに昇華の絶対性をみとめると、素朴な陰翳に関して大きな危険をおかすことになる。しかしわたくしには詩《ポエジー》がこの絶対昇華について夥しい証拠を提出しているようにみえる。以下この著作においてこの証拠にしばしばであうことであろう。心理学者や精神分析学者はいったんこの証拠を手にいれると、詩的イメージのなかに、単純な戯れ、儚い戯れ、まったく空虚な戯れしかみとめない。とくにイメージはかれらにはなんらの意味もない――情念の意味もなく、心理的意味もなく、精神分析的意味もない。このようなイメージにはまさに詩的意味があることがおもいつかない。しかし詩《ポエジー》は無数の噴出するイメージをともなって存在し、イメージによって創造的想像力は自己の領域に定着するのである。

われわれがあるイメージの存在そのもののなかにありながら、イメージに先行するものをもとめることは、現象学者からみれば、慢性的に心理主義におかされた徴である。逆に、われわれは詩的イメージをそのあるがままの存在においてとらえよう。詩的意識は、ことばのうえに、日常のことばの上方に出現するイメージによって完全に吸収される。詩的意識は詩的イメージによってまったく新しいことばをかたるのだから、過去と現在との相関関係を考察しても無益である。以下こうした意味、感覚、感情の断絶の例をあげる。これは詩的イメージが新しい存在の星の下にあることを納得させてくれることであろう。

この新しい存在、それは幸福な人間だ。

ことばのうえでは幸福、したがって現実には不幸、と、精神分析学者ならばただちに異論をとなえることだろう。かれにとっては昇華は垂直の補償作用にほかならない。上方への逃亡である。これは補償作用が横への逃亡であることに対応する。また精神分析学者はイメージの存在学的研究をさけ、ひとりの人間の歴史をほりさげる。詩人のひそかな苦悩をみて、これをしめす。かれは肥料によって花を説明するのだ。

現象学者はそこまではしない。かれにはイメージが存在するのだ。ことばがかたり、詩人のことばがかれにかたりかけるのだ。詩人がさしだすことばの幸福——ドラマそのものを支配することばの幸福をとらえるには、詩人の苦悩を体験することはいらない。詩における昇華は地上の不幸なたましいの心理のうえにそそりたつ。詩は、たとえいかなるドラマをしめさなければならぬとしても詩に固有の幸福をもつ、これは一つの事実である。

わたくしが考究するような純粋昇華は一つの方法上のドラマを提出する。なぜならば精神分析学者によって詳細に研究された昇華の過程の深い心理的現実を、現象学者としてはもちろん軽視するわけにはいかないからである。しかし現象学的な観点からすれば、いきられないイメージ、生によって準備されず、ただ詩人のみが創造するイメージにおもむくことが問題なのである。いきられないものをいきること、ことばの開《ウヴエルチュール》きにたいし敏感であることが問題なのである。こうした経験がみいだされる詩はごく稀だ。ピエル＝ジャン・ジューヴのある詩がその例である。ピエル＝ジャン・ジューヴの著作ほど精神分析的省察にやしなわれた作品はない。しかしかれの詩からは時おり激しい焔が噴出するため、われわれはもう原初の爐にくだっていきる必要はない。かれ自身「詩はたえずその根源を超越する。しかも深く恍惚や悲しみのうちになやむほど、詩はいっそう大きな自由を保持する」[14]と、いっている。また百十二ページ、「時のなかへすすむにつれて、沈潜はますます自由に制御され、偶因から遠ざけられ、ことばの純粋な形式にみちびかれていった」。ピエル＝ジャン・ジューヴは、精神分析学によってあばかれた「原因」を「偶」因とみなすつもりなのであろうか。わたくしにはわからない。しかし「ことばの純粋な形式」の領野においては、精神分析学者の原因は新しい詩的イメージを予言できない。原因はせいぜい解放の「機会」にすぎない。そのため詩が――この現代においては――とくに「ひとをおどろかし」、したがってそのイメージは予測できないのである。文芸批評家はだれひとりとしてこの予測不可能性を十分意識していないが、たしかにこの予測不可能性こそがひろくおこなわれている心理的解釈のプランをつまずかせるものなのである。ところが詩人はこれをきっぱりと断言する、「詩はとくに今日意外な進み方をしているが、未知のものに魅せられ、生成にたいして本質的に敏感な細心な思想だけが詩に接近できる」と。さらに百七十ページ、「ここから詩人の新しい定義がみとおせる。それは認識するもの、すなわち超越するものであり、認識するものを名づけるものである」。最後に(p. 10)、「絶対的創造がなければ詩《ポエジー》は存在しない」と。

このような詩は稀である(15)。大部分の詩はもっと情念をまじえ、もっと**心理化**されている。しかしこのばあい、このように稀な例外は、規則を裏がきせず、むしろ規則に反抗して新制度をうちたてることになる。絶対昇華の領域はいかに狭く、高かろうと、また結局は純粋詩を検討する必要のない心理学者や精神分析学者の手にはとどかぬようにみえるとしても――この絶対昇華の領域がなければ、詩の正確な極性をしめすことはできない。

われわれはこの断絶がどの平面でおこなわれるか、正しく決定することをためらうかもしれない。また詩を**くもらす**乱雑な感情の領域にながながととどまるかもしれない。しかも、われわれが純粋昇華に接近してゆく高度はもちろんどのたましいにとっても同じ水位にはない。すくなくとも精神分析学者によって研究される昇華から、詩の現象学者によって研究される昇華を分離する必要性は、方法上からくるものである。精神分析学者はたしかに詩人の人間的性格を研究することができる。しかしかれは情念の世界にとどまるために、詩的イメージを最高の実在において研究する用意はない。しかもC・G・ユングはこれをたいへんはっきりとのべている。精神分析学の判断の習慣にしたがうと、「芸術作品から興味がそれ、精神の経歴の錯綜した迷路へまよいこみ、詩人は一つの症例となるか、ばあいによっては色情倒錯の何番目かの例となってしまう。しかしこれによって芸術作品の精神分析学もまたその対象から遠ざかることになる。そしてなんら芸術家に固有の領域でもなく、とくにその芸術にとっては毫も本質的ではない、まったくありふれた人間的な領域に議論をうつしかえてしまう(16)」。

本来論争は、わたくしのこのむところではないが、ただこの論議を要約するために、論争的なことばをのべてみたい。

ローマ人は上の方をみすぎた靴屋にむかっていった。

Ne sutor ultra crepidam

（靴屋は靴以外のものに口をだすな）

純粋昇華が問題とされ、詩の固有の存在を規定しなければならないばあいには、現象学者は精神分析学者にむかってこうのべてもよいのではないか。

Ne psuchor ultra uterum

（心理学者は胎以外のものに口をだすな）

VII

要するにある芸術が自律的になると、それは新しい出発をとげる。そのばあい、この出発を一種の現象学として考察することは興味ぶかい。現象学は本来過去を清算し、新しいものにたちむかうものである。絵画のように、メチエの必要を証言する芸術においてすら、大きな成功はメチエとは無関係である。画家ラピックの作品研究においてジャン・レスキュールは正しく指摘している。「かれの作品は豊かな教養と空間の躍動的な表現にたいする造詣の深さを証明しているが、作品はこれを利用していないし、この処方にしたがって制作されてもいない。……したがって知識には同じく知識をわすれる能力がともなわなければならない。不知《ノン・サヴオワール》とは無知ではなくて、知識を克服する困難な行為である。この代償によって作品はたえず一種の純粋な開始となり、創造は自由の行使となる」(17)。これはわれわれにとって根本的な文章である。これはそのまま詩学の現象学に転置できるからである。詩においては不知《ノン・サヴオワール》は根本条件である。もし詩をかくメチエがあるならば、これはイメージを結合する低次の作業のなかにある。しかしイメージの全生命は、きらめく光のなかにひそみ、またイメージが一切の感性の所与を超越する事実のなかにある。

したがって作品は生のはるかうえにつきぬけ、生には作品をときあかせないことは明らかである。ジャン・レスキュールは画家について「ラピックは創作行為にたいして、生と等しいおどろきをあたえてくれることを要求する」と、のべている（同前、p. 132）。したがって芸術は生を倍加するものであり、われわれの意識を刺戟してまどろませまいとするおどろきをあたえる点では、一種の生の競争者である。ラピックはこうかいている（レスキュールによる引用、p. 132）。「たとえばもしわたくしがオートゥーイで馬が障害用水濠をとびこえるさまをえがくとしよう、するとわたくしは、自分が実際に競馬をみてえた意外さとは別種のものではあるが、同じくわたくしの画が意外さをもたらすことを期待する。すでに過去のものとなった光景を忠実に再現することなどは問題にならない。しかしわたくしはこんどは新しい絵画的方法で、ふたたびこれをあますところなく体験し、これによって新たな衝撃の可能性をみずからうみださなければならない」。そしてレスキュールは「芸術家はいきるようには創造しない。創造するようにいきるのだ」と、むすんでいる。

このように現代の画家はもはやイメージを感覚可能な現実の単純な代用品とはみなさない。プルーストは、エルスティールのえがいた薔薇について、「この薔薇は新品種だった。器用な園芸家のように、画家はこの新品種をおくって薔薇の種属をゆたかにしたのだ(18)」と、すでにいっていた。

VIII

古典的心理学は詩的イメージをほとんどとりあつかわない。これはしばしば単純な暗喩と混同されている。しかも一般にイメージということばは、心理学者の著作においては、われわれはイメージをみる、イメージを再現する、イメージを記憶にとどめる、というふうに混乱をふくんでいる。イメージは想像力の直接の産物をのぞいた一切なのである。イメージの概念が大きな外延をえているベルクソンの著作『物質と記憶』のなかでは、**生産的想像力**にわずか一度言及されているにすぎない（p. 198）。したがってこの生産は、ベルクソン哲学が明らかにした偉大な自由の行為とはほとんど無関係な、より小さな自由の活動にすぎない。この短い一節で哲学者は「幻想の戯れ」にふれている。このばあい、種々のイメージは「精神が自然にたいして獲得する自由と等しい数の自由」である。しかしこの複数の自由は存在を活動させせない。これはことばを増殖させせないし、ことばを実用的な役割から脱出させせない。それはほんとうに「戯れ」なのだ。実際、想像力がわれわれの追憶を虹色にきらめかすことはめったにないのだ。詩に転化される記憶の領野では、ベルクソンはプルーストにおよびもつかない。自然にたいして精神が獲得するさまざまな自由は、精神の本然をしめすことはない。

　これとは逆に、想像力を人間の本然のもっとも大きな力とみなすことを提案したい。たしかに想像力はイメージをうみだす力であるといっても、なんの役にもたたない。しかしすくなくともこの同語反復には、イメージと追憶を同化させるのをさまたげる利点がある。

　活潑にはたらく想像力はわれわれを過去からも現実からもひきはなす。想像力は未来にむかってひらいている。**現実的なものの機能**は過去にまなんだ賢明な機能であり、この種のものは古典的心理学によって解明されてきた。だがわたくしがまえの著作において明らかにしようとつとめたとおり、この**現実的なものの機能**に、これと等しく実在的な**非現実的なものの機能**をむすびつけなければならない。非現実的なものの機能の衰弱は生産的な霊魂《プシシスム》の働きを阻害する。想像しないで、予見できようか。

　しかし詩的想像力の問題をもっと単純にかたると、もし人間の霊魂《プシシスム》の二つの機能、現実的なものの機能と非現実的なものの機能とを協力させることができなければ、詩のあたえる心的利益にあずかることはできない。一篇の詩が現実と非現実をおりなし、意味と詩《ポエジー》との二重活動によってことばに活力をあたえたならば、その詩はわれわれに真のリズム分析療法をあたえてくれる。そして詩《ポエジー》においては、想像者の働きは、適応するという動詞の単なる主語にとどまることにあまんじない。現実の条件はもはや決定要因ではない。まさに非現実的なものの機能が自動運動のなかにねむる存在を誘惑し、あるいはそれに不安をあたえ——つねに目ざます——あの境界へ、想像力は詩《ポエジー》とともにおもむくのだ。自動運動のなかでももっとも狡猾なことばの自動運動は、われわれが純粋昇華の領域にはいると、停止する。この純粋昇華の頂からみれば、再現の想像力は重要なものとはいえなくなる。ジャン・パウルは、「再現の想像力は生産する想像力の散文である(19)」と、かいたではないか。

IX

この哲学的序論はながすぎるかもしれないが、このなかでわたくしは、この著作およびさらにかきたいとねがっている他の著作において試験したいとおもう一般的命題を要約した。本書においては、幸い研究範囲は明瞭に限定されている。たしかにわたくしはたいへん単純なイメージ、**幸福な空間**のイメージを検討するつもりである。この方向のわたくしの調査は**トポフィリ**(場所への愛)の名がふさわしい。この調査の意図は、所有している空間、敵の力にたいしてまもられた空間、愛する空間の人間的価値を決定することである。理由はしばしばひどくことなってもおり、また詩的陰翳にともなう違いもあるが、この空間は**ほめたたえられた空間**である。現実的価値ともいえる保護の価値にまた想像の価値がむすびつき、そしてこの価値がただちに支配的価値になる。想像力によって把握された空間は、いつまでも幾何学者の測定や考察にゆだねられる無関心な空間でありえない。それはいきられる。そしてこの空間は、現実にではなく、想像力の特別の偏愛をうけながらいきられるのだ。とくにこの空間はほとんどいつも牽引する空間である。保護する境界の内部へ存在を集中させる。イメージの世界においては、外部と内密との作用は平衡した作用ではない。これに反して、本書は敵意をいだく空間にはほとんどふれていない。この憎悪と闘争の空間は、激しい素材や黙示録のイメージとの関連においてしか研究できない。いまは**牽引する**イメージを考察することにしよう。そしてイメージに関しては、牽引と反撥とはけっして相対立する経験をあたえるものではないことがすぐに明らかになる。用語のうえでは対立する。たしかに電気や磁気の研究では、牽引と反撥とについて対称的にかたることができる。これには代数学的な記号変化があれば十分である。しかしイメージは静的な観念にあまんじることはできないし、まして限定的な観念には満足できない。想像力はたえず空想し、新しいイメージで自己をゆたかにする。わたくしが探究しようとおもうのは、この空想の存在の豊饒さである。

さてここで本書の諸章を概観しておきたい。

まず最初に、内密のイメージの研究においては当然のことであるが、家の詩学の問題を提出する。夥しい問題がある。秘密の部屋、きえうせた部屋がなぜわすれえぬ過去の棲家となるのか。休息はどこに、またいかなる方法によって特権的な位置をみいだすのであろうか。かりそめの避難所や偶然の隠れ場所が、われわれの内密の夢想によって、ときになぜなら客観的な基礎をもたない価値を獲得するのであろうか。家のイメージによって、心理的統合の真の原理が手にいれられる。家によって、記述心理学、深層心理学、精神分析学および現象学は、わたくしが地形分析《トポアナリーズ》と名づける学説の総体を構成することができよう。いかにことなった理論的地平においてながめてみても、家のイメージはわれわれの内密存在の地形図となるようにみえる。人間のたましいの深層を研究する心理学者の作業がいかに複雑であるかをしめすために、C・G・ユングは読者につぎの比喩を考察してほしいという。「われわれはある建物を叙述し、説明しなければならない。上の階は十九世紀につくられ、一階は十六世紀のものである。壁を精密に検討すると、この建物は十一世紀の塔を改築した事実が判明する。地下室にはローマ時代の基礎壁がみいだされ、地下室のしたには埋没した洞窟がある。この地層の上層部には石器があり、さらにより深い地層には同時代の動物群の遺物がみいだされる。これがいわばわれわれのたましいの構造であろう[20]」。もちろんユングはこの比喩が不十分なことをしっている（p. 87参照）。しかしこの比喩がこれほど容易にくりひろげられるという事実からも、家を人間のたましいの**分析手段**とみなすことは無意味ではない。この「手段」によって、われわれは自分の簡素な家のなかで夢みるときに、自分のうちに洞窟の慰めをみいだせるのではないか。またわれわれのたましいの塔は永遠に破壊されてしまっているのか。あの有名な半句をかりていえば、永遠にわれわれは「崩壊した塔」の存在なのであろうか。たましいのなかには、われわれの追憶ばかりか、われわれの忘却も「すんでいる」。われわれの無意識が「すんでいる」。われわれのたましいは棲家なのだ。そして「家」「部屋」をおもいおこすことによって、われわれは自己のなかに「すむ」ことをまなぶのである。これで明らかになる。家のイメージは二方向にすすむ。イメージがわれわれのうちにあり、われわれがイメージのなかにあるのだ。この働きはたいへん多岐にわたっているため、家のイメージの価値をスケッチするのに、ながい二章が必要だった。

人間の家を論じたこの二章のあとで、物の家とみなせる一連のイメージを研究した。つまり抽出、箱、戸棚である。このなかにはなんと多くの心理が鍵かけられていることであろう。それらはみずからの内部に一種の隠されたものの美学をになっている。これから隠されたものの現象学に着手するには、空っぽの抽出というものは**想像できない**と、あらかじめのべておけば十分であろう。それは**かんがえ**られるだけである。認識の対象よりもまず想像の対象を叙述し、確認の対象よりもまず夢の対象を叙述しなければならないわれわれにとって、戸棚はみないっぱいだ。

時おり事物を研究しているとおもいながら、一種の夢想にむかいあっているだけのことがある。巣と貝殻——脊椎動物と無脊椎動物の二つの避難所——にあてた二章は、事物の実在によってほとんど制約されない想像力の活動を立証している。四元素の想像力についてながいこと思いをこらしてきたわたくしは、数多くの空気や水の夢想を追体験し、この夢想をたよりに、木々の巣のなかや、あるいは動物の洞窟、すなわち貝殻のなかへと、詩人のあとをおいもとめた。ときにわたくしは、たとえ事物にふれるばあいでも、きまって元素を夢みることがある。

まず、これらの居住不可能な場所にすむ、この夢想をあとづけたわたくしは、巣や貝殻のなかへはいるときと同じく、自分のからだをちぢこめて、はじめて体験することの可能なイメージにたちもどった。実際われわれの家のなかにも、われわれが身をひそめていたいとおもう角や片隅があるのではなかろうか。身をひそめることは、すむという動詞の現象学的一側面である。身をひそめることのできるものだけが、強烈にすむことができるのだ。これについては、われわれは自分のうちにさまざまなイメージや思い出をたくわえているが、たやすくひとにあかそうとはしない。この身をひそめるというイメージを体系づけようとおもう精神分析学者があれば、われわれに多数の記録をあたえてくれることができよう。わたくしが利用できたのは文学上の資料だけであった。こうしてわたくしは「片隅」について短い一章をかいたが、大作家たちがこの心理学的資料に文学的品位をさずけているのをみて、わたくしはおどろいた。

内密の空間にあてられたこれらの章のあとで、大きなものと小さなものとの弁証法は、空間の詩学にとって、いかなるかたちであらわれているか、また外部空間においては、観念にたすけられずに、ほとんど自然に、想像力が大きさの相対性をたのしむさまをみようとつとめた。小さなものと大きなものとの弁証法は、ミニアチュールと無限性という標題のなかにいれておいた。この二章は大方の予想するほどに対立的なものではない。このいずれのばあいにも、小さなものと大きなものとを客観的に把握する必要はない。本書においては、これをイメージ放射の二つの極としてあつかうにとどめる。とくに無限性については、他の著作において、自然の壮大な光景をまえにした詩人の瞑想の特徴をしめそうとこころみた。[21] ここにはイメージの運動へのより内密なかかわりあいがある。たとえばある詩をあとづけることによって、無限性の印象はわれわれの内部にあるのであって、かならずしも客体とむすびついていない、ということを証明しなければならないだろう。

本書のこの点では、わたくしはすでに十分なだけのイメージをあつめ、イメージにその存在論的価値をあたえることによって、わたくしなりの方法で、内部と外部の弁証法を提出するが、これは開いたものと閉じたものの弁証法に帰着する。

内部と外部の弁証法を論じたこの章につづく章は、「円の現象学」と題されている。この章をかく際に解決しなければならなかった困難な点は、一切の幾何学的明証性をとおざけることであった。いいかえれば、一種の円の内密から出発しなければならなかった。わたくしは思想家や詩人に、この直接の円のさまざまなイメージをみいだしたが、このイメージは——これはわたくしにとって本質的なことだが——単なる比喩ではない。またこれは比喩の主知主義をあばく好機であり、したがってまたも純粋想像力の固有の活動をしめす機会である。

わたくしの考えでは、形而上学的な含みをもったこの最後の二章が、将来さらにかきたいと念じている著作への橋渡しになろうとおもう。その著作は、わたくしが最近三年間にソルボンヌにおいて講じた多数の公開講義を要約したものとなることであろう。わたくしにこの書物をかく力があるだろうか。好意的な聴衆にむかって自由にかたることばと、書物をかくのに必要な紀律とのあいだによこたわる距離は大きい。おしえる悦びに活気づけられる口頭の講義では、ときにはことばが思考する。だが書物をかくばあいには、反省しなければならないのだ。

第一章　家　地下室から屋根裏部屋まで　小屋の意味

家のドアをたたきにくるのは　だれ
ドアがひらく　ひとがはいる
ドアがとじる　深い洞だ
世界はぼくのドアの裏側で鼓動する

ピエル・アルベール＝ビロー『自然のたのしみ』p. 217

I

内部空間の内密の価値の現象学的研究にとっては、家が特権的存在であることは明らかである。もちろんその条件として、家を単一体としてとらえるとともに、またその多様性においてとらえ、一切の特殊価値を根本的な一つの価値に集約しなければならない。家はわれわれに拡散したイメージと同時に、一つの集合イメージをあたえる。どちらのばあいにも、想像力は現実の価値を増大させるということをわたくしは証明しよう。一種のイメージの引力が家の周囲にイメージを集中させる。われわれが身をよせたすべての家の思い出をつらぬき、またわれわれがすもうと夢みたすべての家のかなたに、内密の具象的な本質を抽出することができるか。保護された内密についてのわれわれのすべてのイメージの特異な価値を立証するような本質を抽出することができるか。これが中心問題である。

　これを解決するには、家を、われわれが判断や夢想によって反応できる「対象」とみなしては不十分である。現象学者にとって、精神分析学者にとって、また心理学者にとって(この三つの視点は重要度が減少する順序にならべられている)、家を記述し、その絵画的な様相を詳述し、またその快適である理由を分析することは問題にならない。それどころか、この記述が客観的であれ主観的であれ、すなわち、この記述が事実をのべるものであれ印象をのべるものであれ、原初の力に到達するには、記述の問題をこえなければならない。この力のなかに、居住の基本的な機能にいわば自然にそなわる愛着が表現されている。地理学者や民俗学者はわれわれに多種多様な型の住まいをしめすことができる。現象学者はこの多様性のなかに、中心的な、確実な、直接的な幸福の胚種をとらえようと努力する。どんな住まいにも、たとえば城館のなかにすら、胚種としての貝殻をみいだすことが現象学者の第一の作業である。

しかしもしわれわれがえらびとったある特定の場所にたいする愛着の一つ一つの陰翳がもつ深い実在を明らかにしようとしたならば、いかに多くの問題が関連してくることであろうか。現象学者はこの陰翳を心理現象の素描とみなさなければならない。陰翳は補足的な表面上の彩色ではない。したがって一切の生の弁証法にしたがいながら、われわれがいかに生の空間にすみ、一日一日と「世界の片隅」に根をはってゆくか、についてかたらなければならない。

それというのも、家は世界のなかのわれわれの片隅だからである。それは——しばしばいわれてきたように——われわれの最初の宇宙である。それはまぎれもなくコスモスなのだ。文字どおりコスモスなのである。もっともみすぼらしい住まいでさえも、内部からみれば美しくはないか。「茅屋」の作家たちは空間の詩学のこの要素をしばしば喚起している。しかしこの言及はひどく簡潔である。茅屋には叙述するものがほとんどないので、作家たちはここにはめったにとどまらないのである。かれらは茅屋の現実の特性をえがきだすだけであって、じつは茅屋の原初性をいきない。もし夢みることをうけいれるならば、富めるものにも貧しいものにもみなあたえられる原初性をいきない。

しかしわれわれおとなの生からは最初の富がうばいとられて、人間＝空間の絆がゆるんでしまったために、家という宇宙のなかでの最初の結びつきが感じられない。抽象的に「世界化し」、自我と非我の弁証法的活動によって宇宙を発見する哲学者は少なくない。実際かれらは家のまえに宇宙を、棲家のまえに地平線を認識するのだ。ところがじつは、イメージの真の出発を現象学的に研究してみると、これは、ひとのすむ空間の価値、自我を保護する非我の価値をわれわれに具象的につげてくれる。

実際ここで一つの転換命題にふれるわけだが、われわれはそのイメージを研究しなければならない。この命題とは、現実にひとがすんでいる空間にはみな家の概念の本質がある、ということである。以下本書において、存在がどんな小さな隠れ家をみつけたときにも、想像力はこの意味ではたらくことをみるだろう。われわれは、想像力がそれと触知できない影をもちいて「壁」をつくりあげ、保護の幻影をいだくことによって勇気づけられるのをみるだろう——あるいは逆に、想像力が厚い壁のうしろでふるえ、このうえなく堅固な城砦にも疑惑をいだくのをみるだろう。要するに、かくまわれている存在は、無限の弁証法によって、隠れ家に感知可能な境界をさずけるのである。かれは思考と夢とによって、現実の家と可能性の家をいきるのである。

このときから隠れ場所や避難所や部屋はみな調和した夢の価値をもつことになる。家がほんとうに「いき」られるのは、家の現実的な面ではなくなる。またわれわれが家の恩恵をみとめるのも、すぎゆく時間のなかだけではない。真の幸福には過去がある。夢は一切の過去を新しい家にまねきよせる。「われわれは家神をつれてゆく」という古い言いまわしには、無数のヴァリエーションがある。そして夢想はさらに深まり、かまどを夢みるものにたいして、もっとも古い記憶のさらにかなたの太古の領野がうちひらかれる。のちに本書においては、火や水と同じく、また家によって、思い出と記憶以前との綜合を明らかにてらしだす夢想の閃きをおもいおこすことになろう。この遥かな領野では、記憶と想像力は分離できない。たがいにはたらきかけ、深化しあう価値の世界において、両者はともに思い出とイメージの共同体をつくりあげる。こうして家は、歴史の糸につむがれ、あるいはわれわれの歴史のなかにかたられて、その日その日にいきるものではない。夢によって、われわれの生涯のさまざまな棲家が交錯しあい、過去の日々の富を保存する。新しい家にすんでいるときに、過去の棲家の思い出がうかんでくると、われわれは、太古のもののように不動の、静止した幼年時代の国へ旅することになる。われわれは固着[22]、幸福の固着を体験する。保護された思い出を再体験することによって、われわれは力づけられる。

なんらかの閉じたものはわれわれの思い出にイメージとしての価値をあたえながら、その思い出を保持するはずである。外部世界の思い出はけっして家の思い出と同じ音色をもたないだろう。家の思い出をよびさまして、われわれはさまざまな夢の価値をつけくわえる。われわれは絶対に生粋の歴史家ではない。われわれにはつねにやや詩人めいたところがあり、われわれの情緒はおそらく失われた詩の表現にほかならない。

したがってわれわれは、記憶と想像力の連帯関係をたちきらぬよう注意しつつ、家のイメージに接近しなければならない。そのとき想像を絶する深みでわれわれをゆりうごかすイメージの心理的弾性をあますところなく感じとらせることができようかとおもう。おそらく思い出よりも詩によって、われわれは家の空間の詩的基底にふれることができる。

こんな事情から、もし家のもっとも貴重な恩恵はなにかとたずねられたならば、家が夢想をかくまい、夢みるひとを保護し、われわれに安らかに夢みさせてくれることだと、わたくしはいうだろう。人間的価値を確証するものは経験と思想だけではない。夢想には人間の深部を指示する価値がある。夢想には自己にたいする価値付与作用という特権さえもある。夢想は自分の存在を直接にたのしむのである。したがって、ひとが夢想をいきた場所がまたひとりでに新しい夢想のなかに復原される。なぜならば過去の住まいの思い出が夢想としていきられ、これによって過去の住まいがわれわれのなかで不滅のものとなるからである。

わたくしの目標はこれで明らかである。わたくしは、家が、人間の思想や思い出や夢にとって、もっとも大きな統合力の一つであることをしめさなければならない。この統合における結合原理は夢想である。過去、現在、未来は家にさまざまな活力をあたえる。人間の生においては、家は偶然性をしめだし、連続性にいっそうの考慮をはらわせる。もしも家がなかったならば、人間は散乱した存在となるだろう。天の雷雨にも、生の雷雨にもめげず、家は人間をささえまもる。家は肉体とたましいなのである。それは人間存在の最初の世界なのだ。性急な形而上学者の主張をかりていえば、「世界になげだされる」まえに、人間は家の揺籃のなかにおかれている。そしてわれわれの夢想のなかでは、家はいつも大きな揺籃なのである。具象形而上学は、この事実、この単純な事実をみのがすことはできない。この事実は一つの価値であり、われわれが夢想のなかでたちかえってゆく大きな価値なのだから、存在がたちまち一つの価値になる。生は幸福にはじまる。それはかくまわれ、まもられ、家のふところに温かくいだかれてはじまるのだ。

わたくしの視点、つまり根源をいきる現象学者の視点からみれば、存在が「世界になげだされる」瞬間に立脚する意識形而上学は二義的な形而上学である。存在は幸福な存在であり、人間存在は幸福な存在のなかにおかれ、本来存在とむすびついた幸福のなかにおかれているが、意識形而上学はこの前段階を飛躍してしまう。意識形而上学を説明するには、存在が外へなげだされる経験をまたなければならないだろう。つまりわたくしが研究しようとかんがえているイメージふうにいえば、戸口のそとへ、家の存在のそとへなげだされる経験であり、人間の敵意と宇宙の敵意が蓄積する状況をまたなければならないのである。しかし意識的なものと無意識的なものとを包括する完全な形而上学ではその価値の特権を内部にとどめておくことであろう。存在の内部においては、内部存在においては、ある種の熱が存在を歓迎し、存在をつつみこむ。存在は一種の物質の地上楽園を支配し、相応した物質の甘美さにとけこむ。この物質の楽園においては、存在は滋養物のなかにただよい、まるで本質的な富をことごとくさずけられているようだ。

恐ろしく深い夢想のなかで生家を夢みると、われわれは、この原初の熱、物質楽園のきわめて温和な物質にあずかることができる。保護する存在がいきているのはこの環境である。家の母性についてはあらためてのべることにしよう。いまは家の存在の原初的な豊かさを指摘するにとどめよう。夢想がわれわれをそこへつれもどすのだ。そして詩人はたしかに、家が「その腕に(23)」静止した幼年時代をいだいていることをしっている。

おお家よ　おお牧場の斜面よ　おお夕映えよ
ふいにおまえはほとんど一つの顔となってぼくらのそばにたつ　いだき　いだかれて

II

もちろん、われわれの夥しい思い出は、家のおかげで、保存されている。そしてもし家がやや複雑になり、地下室や屋根裏部屋、片隅や廊下をもつと、われわれの思い出はますます表情ゆたかな隠れ家をもつことになる。われわれは夢想するときには、いつもそこにたちかえってゆく。したがって精神分析学者ならば、この思い出の単純な位置決定に注目しなければならないだろう。すでに序論において指摘したように、この精神分析学の補助的分析にわたくしは地形分析《トポアナリーズ》の名をあたえたい。したがって地形分析《トポアナリーズ》は、われわれの内密の生の地勢の組織的心理学的研究となろう。われわれの記憶であるこの過去の芝居においては、書割が人物をうごかしているのだ。われわれは時おり時間に精通しているとおもいこんでいるが、われわれは静止した存在の一連の空間への固着しかしらないのだ。その存在はながれることをのぞまない。失われた時間をもとめて過去のなかへさかのぼるときにも、時間の飛翔を「とどめ」ようとする。蜂の巣の無数の小孔のなかに、空間は時間を凝縮している。それが空間の役目なのだ。

そしてもし歴史を超越しようとするならば、あるいは歴史のなかにとどまりながらも、歴史のなかにみちあふれている夥しい存在の、つねにあまりにも偶然的な歴史を、われわれの歴史からとりのぞこうとするならば、われわれの生の暦は映像体としてしか構成されないことを理解しなければならない。われわれの存在を存在学の体系にもとづいて分析し、素朴な棲家のなかにかくまわれたわれわれの無意識を精神分析するには、一般の精神分析学のそとにでて、われわれの大きな思い出を**非社会化**し、**孤独の空間**においてわれわれがおいもとめてきた夢想の平面に到達しなければならない。このような研究にとっては、夢想は夢よりも有用である。しかもこうした研究は、夢想は夢とはひどくことなることがあることをしめしてくれる。(24)

さてこの孤独に直面して、地形分析学者《トポアナリスト》はつぎのような問を提出する。部屋は大きかったか。屋根裏部屋はいっぱいにつまっていたか。片隅は暖かかったか。そして光はどこからさしこんできたか。またこの空間では、ひとびとはどのように静寂をしったか。孤独な夢想のさまざまな隠れ家のなかのひどく特殊な静寂をかれはどんなふうにあじわったか。

ここでは空間がすべてである。時間はもはや記憶を刺戟しないからだ。記憶は——なんと奇妙なものだ——具象的な持続、ベルクソンのいう意味での持続を記録しない。われわれは一度破壊された持続を二度といきることはできない。われわれはそれを思考することしかできない、一切の濃密をすてさった抽象的な時間の糸をたよりに、それを思考することしかできない。空間によって、また空間のなかに、われわれは長期の滞留によって具象化された、美しい持続の化石をみいだすのである。無意識的なものは滞在する。思い出は静止している。そして思い出は空間化されれば、ますます不動になる。思い出を時間のなかに位置づけることは伝記家の仕事にほかならない。そしてこれはひとにつたえる外用の歴史、一種の外面の歴史に通じる。伝記よりもいっそう深い解釈学は、われわれの運命に影響をおよぼさない時間の結合組織を歴史から除去することによって、運命の中心を決定しなければならない。内密の認識にとって、日附の決定よりも緊急なことは、われわれの内密の空間における位置決定である。

精神分析学者は情念を「世俗化」しすぎる。しかしじつは情念は孤独の世界でふつふつとにえたぎっている。孤独な人間は孤独のなかにとじこもって、爆発やいさおしの準備をしているのだ。

そしてわれわれの孤独がすぎさっても、われわれが孤独になやみ、孤独をたのしみ、孤独をのぞみ、孤独を危険にさらしたあの空間はみないつまでもきえずに、われわれのなかにのこっている。そして実際、人間はこの空間をけしさることをこのまない。かれの孤独の空間が本質的な要素であることを、かれは本能的にしっている。この空間が永遠に現在から抹殺されて、今後は未来の一切の約束に無縁となってしまったときでも、われわれが屋根裏部屋をもたなくなったときでも、またマンサルドをうしなったときでも、われわれが屋根裏部屋を愛したということや、マンサルドにすんだということは、いつものこることであろう。われわれは夜ごとの夢でそこにかえってゆく。この隠れ家は貝殻の価値をもつ。そしてわれわれが眠りの迷路の端にゆきつき、深い眠りの国に達すると、おそらく人類存在以前の休息をしることであろう。人類存在以前はここでは記憶以前の太古に境を接する。しかし白日の夢想においても、窮屈な、質素な、狭くるしい孤独の思い出は、われわれにとっては、慰めをあたえる空間を経験することであり、のびひろがることを欲しないで、なによりもまずふたたび所有されたいとねがう空間を経験することになる。むかしはマンサルドはひどく狭すぎ、冬は寒くて、夏は暑いと感じたことであろう。だが現在、夢想によってみいだされた思い出のなかでは、いかなる統合によるものかしらないが、マンサルドは小さくまた大きく、暖かくまた涼しく、つねになぐさめ力づける。

III

したがってこの地形分析《トポアナリーズ》の基礎そのものに、微妙な差異のあることをわたくしはのべておかなければならない。さきにわたくしは無意識的なものはかくまわれていると指摘した。無意識的なものは心地よくかくまわれている、倖せにかくまわれているとつけくわえなければならない。それはみずからの幸福の空間にかくまわれている。正常の無意識的なものはどこでもくつろぐことができる。精神分析学は、家をおわれた無意識、手荒くあるいは陰険に家をおわれた無意識をたすけにいそぐ。しかし精神分析学は存在を休息させるよりもむしろゆりうごかすのだ。その存在にたいして、精神分析学は、無意識の隠れ家のそとにでて生活し、生の冒険をはじめ、自己からぬけだすことをよびかける。むろんその活動は有益である。なぜならば、われわれはまた内部の存在に外界の運命をあたえなければならないからである。精神分析学のこの有益な活動についてゆくには、われわれに自己のそとにでるようよびかける一切の空間の地形分析《トポアナリーズ》をこころみなければならないだろう。われわれはもっぱら休息の夢想を研究するが、あゆみゆく人間の夢想、道の夢想があることもわすれてはならない。

　　わたしをつれていっておくれ　道よ！

と、生れ故郷のフランドルにおもいをはせて、マルスリーヌ・デボルド＝ヴァルモールはいう（『スカルプの小川』）。

そして小道はなんとすてきな力動的な事物であろう。丘をはしるなつかしい小道は筋肉意識にとってなんと明確な存在か。ある詩人はわずか一行のうちにこの活力をあますところなく表現している。

おお　ぼくの道とその起伏

(ジャン・コーベール『沙漠』ドブレス版、p. 38)

丘を「のぼっていった」道を力動的に再体験するとき、わたくしは道そのものが筋肉、あるいはむしろ反筋肉《コントル・ミュスクル》をもっていることを確信する。パリのわたくしの部屋にすわって、こんなふうに道をおもいだすとよい運動になる。このページをかいていると、日課の散歩をまぬがれたような気持になる。たしかにわたくしは外出したのだ。

そしてもし事物が暗示する運動をことごとくその事物にあたえたならば、現実と象徴をむすぶ無数の媒体をみいだすことであろう。ジョルジュ・サンドは黄いろい砂の小道の道端にたって、人生がながれゆくさまを夢みる。かの女はこうかいている、「道ほど美しいものがあろうか、これは活潑な多様な生の象徴であり、映像である」(『コンシュエロ』II、p. 116)。

きっとだれもが自分の道や十字路や道端についてかたるにちがいない。だれもがうしなった土地の測量地図をつくるにちがいない。ソローはかれの土地の測量図をこころにきざみつけていたという。またジャン・ヴァールはこうかくことができる。

白く波うつ垣根
それはぼくのうちにある

（『詩集』p. 46）

こうしてわれわれは自分の体験の図面で宇宙をつつんでしまう。この図面は正確でなくともよい。これはわれわれの内面の空間の音階に調和すればそれでよいのだ。しかしながらこうした問題を完全にときあかすには、なんと大きな書物をかかなければならないことであろう。空間は活動をもとめる。そして活動のまえに想像力がはたらく。想像力が草をかり、たがやすのだ。こうしたすべての空想の活動の恩恵についてかたらなければならないだろう。精神分析学は、投射行動や、自分の内密の印象をつねに外に表現しようとする外向的性格について、さまざまな観察をおこなってきた。もしも表出の地形分析《トポアナリーズ》が事物の夢想を明らかにすることができれば、おそらくこの地形分析《トポアナリーズ》は投射行動を明瞭にしめすことになろう。しかし当然のことながら、本書では二重の幾何学、外向と内向の二重の空想物理学を展開するわけにはゆかない。しかもこの二つの物理学がたがいに等しい心的な重みをもつとは信じられない。わたくしの研究は、内密の領域であり、心的な重みが支配する領域である。

したがってわたくしはありとある内密の領域の引力にこころをうちあけることにしよう。

ひとをおしかえす真の内密というものはない。内密の空間はみな引力によってしめされる。この空間の存在は幸福だということをもう一度いっておこう。だから地形分析《トポアナリーズ》にはトポフィリ（場所への愛）のしるしがある。われわれはこの価値付与作用の方向において隠れ家と部屋とを研究しなければならない。

IV

この隠れ家の価値はひどく単純であり、深く無意識に根ざしているので、これをみいだすには、詳細な叙述よりもむしろ単純に喚起すればそれでよい。そのとき陰翳が色彩をさししめす。詩人のことばは、正鵠をいるから、われわれの存在の深層をゆさぶるのだ。棲家が過度に絵画的な性格をもつとその内密をかくしてしまうおそれがある。これは生の真実である。しかも夢想においてはいっそう真実である。思い出の真の家、われわれの夢がわれわれをつれもどす家、忠実な夢像《オニリスム》にみちた家はいかなる記述にも反撥する。家を記述することは家を**訪問させる**ことであろう。われわれはおそらく現在についてはいいつくすこともできよう、だが過去については不可能だ。夢にとって決定的な原初の家はいつまでも半影を保持しているにちがいない。それは深部の文学、すなわち詩に帰属するものであって、内密を分析するために、他者の物語が必要なおしゃべりな文学の家ではない。わたくしが自分の身を夢の位置へうつしかえ、夢想の入口にたつためには、わたくしの子供時代の家についてかたらなければならない。その夢想によって、わたくしは過去のなかに**休息をみいだす**ことができる。こうしてわたくしはわたくしの文章がなんらかの真実の響きをもつようになることを期待できるのだ。すなわちわたくしのなかの遠いとおい声であり、もしも記憶の奥底、記憶の限界、おそらく記憶のかなたの太古の領野に耳をかたむけてきけば、その声はだれにもききとれる声となる。われわれがひとにつたえることのできるのは秘密へいたる**方向**だけなのであって、われわれはけっして秘密を客観的にかたることはできない。秘密にはけっして完全な客観性はない。このためわれわれは夢像の方位をさだめるが、われわれが夢像を実現することはないのである[25]。

たとえば、ほんとうに**わたくしの**ものだった部屋の見取図をえがいてみせ、屋根裏の奥の小さな部屋を叙述し、窓から屋根と屋根とのあいだをとおして丘をながめたことをかたって、はたしてなんの役にたつだろうか。わたくしだけが別の世紀の追憶のなかで、奥深い戸棚をあけることができるのだ。その戸棚はわたくしだけのために、ざるのなかでひからびた葡萄のあのまたとない匂いをとどめている。葡萄の匂い！　極限の匂い、これをかぎとるには強く想像力をはたらかさなければならない。しかしこれについてはもう十分かたった。もしわたくしがもっとくどくどとのべたてたら、読者はふたたびみいだした部屋の類のない戸棚、内密のしるしである、類のない匂いのただよう戸棚をあけはしないだろう。内密の価値をよびおこすには、矛盾したいい方だが、読者に読書を中断させなければならない。わたくしの部屋の思い出が読者の夢の入口になるのは、わたくしの本から読者の目がはなれる瞬間なのだ。しかしもし詩人がかたれば、読者のたましいは反響し、ミンコフスキーが説明するように、根源からわきでるエネルギーを存在にあたえる反響を経験する。

したがって文学や詩の哲学というわれわれの視点からみれば、「部屋をかく」、「部屋をよむ」、「家をよむ」ということは理にかなっている。こうしてたちまち最初のことばから、詩の冒頭から、「部屋をよむ」読者は読書を中断し、自分がすんだむかしの場所に思いをはせはじめる。きみは自分の部屋についてあらいざらいはなしたいとおもう。きみは読者の興味を自分にむけたいとおもう。だがきみは夢想の戸をあけてしまったのだ。内密の価値は激しくこころをうばうので、読者はきみの部屋をよむのをやめてしまう。かれは自分の部屋へもどってゆく。父や祖母や母や召使や「忠実な召使」たちの思い出に耳をかたむけるために、要するにかれのもっとも貴重な追憶の片隅を支配しているひとの思い出に耳をかたむけるために、かれはとうにはなれさっているのだ。

そして思い出の家は心理的に複雑になる。孤独の隠れ場所に、支配的なひとびとが君臨していた部屋や広間がむすびつく。うまれた家はひとのすむ家である。その家の内密の価値は散乱し、ぐらつき、弁証法的対立にさらされている。自分の部屋のない子供が、片隅にいってすねていたという子供のころの話がなんとたくさんあることだろう——もしも子供のころの話が真率なものであったならば。

しかし生家は、思い出をこえて、われわれの肉体にきざみつけられている。それは一群の肉体的習慣なのである。二十年ものあいだ無名のさまざまな階段を経験したあとでも、われわれはふたたび「最初の階段」の反射運動をみいだし、やや高目の段にもつまずかないだろう。われわれの存在に忠実な家の存在がみなわれわれにむかってひらかれる。まえとかわらぬ身振りできしる玄関をおしあけて、われわれは暗闇のなかを、遠くの屋根裏部屋へゆくだろう。一番小さい掛金の感触ですらわれわれの手にのこっている。

われわれがのちにつぎつぎとすんだ家は、たしかにわれわれの身振りを平凡にしてしまった。しかし何十年もの放浪生活から古い家にかえってくると、もっとも繊細な身振り、最初の身振りが突然よみがえり、しかもあいかわらず完璧なのだ、われわれはこの事実にひどくおどろいてしまう。要するに、われわれの生家はさまざまな居住の序列をわれわれにきざみつけた。われわれは、この特別の家にさまざまにすむ居住を表現する図表であって、ほかの家はみな基本的なテーマのヴァリエーションにすぎない。わすれることのないわれわれの肉体がわすれられぬ家にたいしてもつこの情熱的な関係をのべることばとしては、習慣ということばはあまりにも陳腐なことばである。

しかし生家にすんでいた存在や物の名によってたやすく保存される詳細な思い出の領域は、一般の心理学によって研究できる。もっと複雑で、もっと輪郭の不明瞭なのは夢の思い出であり、われわれはわずかに詩的瞑想の助けをえてこれをみいだすことができる。詩の大きな機能は夢の状況をふたたびわれわれにかえしてくれることである。生家は住まいの統合体以上のもの、夢の統合体である。生家の片隅の一つ一つが夢想の棲家であった。そしてその棲家はしばしば夢想を特殊化した。われわれが特殊な夢想の習慣を身につけたのもそこだった。家や部屋やわれわれがひとりですんでいた屋根裏部屋が、果しない夢想の枠をつくる。詩《ポエジー》だけが、一つの作品によって、完成し実現できる夢想の枠をつくる。こうした隠れ家にはみな夢をかくまう機能があったことをみとめると、前著[26]において指摘したように、われわれひとりひとりに夢の家、真の過去のかなたの影のなかにきえうせた夢＝思い出の家が存在するのだと、いうことができる。わたくしはこの夢の家を生家の地下室とよんだ。われわれはいま、夢を思想によってとき、また思想を夢によってとくという相互解釈がおこなわれる中心点にある。**解釈**ということばはこの反転をひどくぎごちなくする。事実われわれはここではイメージと思い出の一致点に達し、想像力と記憶の機能が融合したところにあるのだ。われわれの幼年時代の**真の存在**を決定するのに、心理歴史学や心理地理学の実証性は試金石として役だたない。幼年時代はたしかに現実よりも大きいのである。一生涯を通じての生家にたいするわれわれの愛着を感じとるには、思想よりも夢の方がはるかに有効だ。もっとも遠い思い出を定着するのは無意識の力である。生家のなかに休息の夢想の濃密な中心が存在しなかったならば、真の生をとりまくさまざまな環境が思い出をくもらせてしまったことであろう。われわれの祖先の肖像のついたメダルをのぞいては、子供のころの記憶にのこるのは使いふるした貨幣だけだ。事実の平面ではなくて、夢想の平面においてはじめて幼年時代はわれわれのなかでいき、詩的に有益となる。この永遠の幼年時代によって、われわれは過去の詩《ポエジー》を保存するのである。夢によって生家にすむこと、これには思い出によって生家にすむ以上の意味がある。すなわちわれわれがかつて夢みたように、きえうせた家でいきることなのだ。

子供の夢想にはなんという異例の深さがあることか。孤独を所有した子供、ほんとうに孤独を所有した子供は倖せだ。子供が退屈な時間をもち、度はずれた遊びと理由のない退屈、すなわち純粋な退屈の弁証法を経験することはよいことだし、また健康でもある。『回想録』のなかで、アレクサンドル・デュマは、子供のころ、よく退屈し、退屈のあまりないたといっている。退屈のあまり涙をながしているデュマをみて、母はかれにむかってこういった。

「なぜデュマはないてるの」

「デュマは涙があるからないてるの」

と、六歳の子供はこたえた。これはたしかに『回想録』によくでてくる類のお話である。だがこれは絶対的な退屈、遊び相手の有無とは無関係な退屈をなんとみごとにしめしているることであろう。遊びをやめ、屋根裏部屋の片隅にいって退屈する子供たちはいないだろうか。わたくしの退屈の屋根裏部屋よ、複雑な人生がわたくしから自由の芽をことごとくうばいさってしまったとき、いくたびとなくおまえをなつかしんだことか。

こうして生家のなかに、保護という一切の現実的な価値を超越した夢の価値が確立される。家がもはや存在しないときにもなおのこる最後の価値が確立される。退屈の中心と孤独の中心と夢想の中心があつまって夢の家をつくりあげるが、これは生家のなかに散乱した思い出よりも永続する。この夢の価値を決定し、思い出が根ざす夢の土地の深度を測定するには、長期の現象学的研究が必要であろう。

また詩において、たましいからたましいへと伝達されるのは、この夢の価値だということをわすれないことにしよう。詩人をよむことは本質的に夢想なのである。

V

家は、人間に安定性を証明したり、あるいは安定性の幻影をあたえたりする諸イメージの統合体である。われわれはたえずその実在を想像している。これらのイメージをのこらず弁別することは、家のたましいをかたることになろう。これは家の真の心理学を展開することになろう。

これらのイメージを秩序づけるには、二つの主要な結合テーマを考察しなければならないとおもう。

1 家は鉛直の存在として想像される。それはそびえたつ。家は鉛直の方向に自己を区別する。それはわれわれの鉛直性の意識へのよびかけの一つである。(27)

2 家は集中した存在として想像される。家はわれわれに求心性の意識をよびおこす。(28)

この二つのテーマはたしかにたいへん抽象的にのべられている。しかし例に即してみれば、これに心理的に具象的な性格をみとめることはむつかしくない。

＊

鉛直性は地下室と屋根裏部屋という極性によって裏づけられる。この極性のしるしはたいへん深くおよんでいるため、想像力の現象学にたいしていわばひどくことなった二方向をひらいてみせる。事実ほとんど註釈をつけなくとも屋根の合理性と地下室の非合理性を対比することができよう。屋根はただちに自分の存在理由をかたる。それは雨や太陽をこわがる人間をまもるのだ。どんな国でも屋根の勾配が風土の一番確かなしるしの一つだということを、地理学者たちはたえずわれわれにおもいださせる。われわれは屋根の傾斜を「理解する」。夢想家でさえも理性的に夢みる。かれにとっては、尖った屋根は厚い雲を切断する。屋根のあたりでは、思考はみな明快だ。屋根裏部屋では、むきだしの力強い骨組をみてたのしむ。われわれは大工の堅固な幾何学にあずかるのだ。

地下室に関しては、われわれはおそらくこれを有用なものとかんがえることだろう。その便利さをかぞえあげて、合理化することであろう。しかしこれはまず家の暗い存在であり、地下の力をわけもつ存在なのだ。これを夢みることによって、われわれは深部の非合理性と接触する。

居住することを建築することの想像上の写しとして把握すれば、この家の鉛直の両極性を感じとることができよう。夢想家は、上の階と屋根裏部屋を「建築し」、一度しあげたものをまた建築しなおすのである。すでにのべたように、明るい高所で夢みるとき、われわれは知的な計画の理性圏にいるのだ。しかし地下室についていえば、情熱的な住人がくりかえしくりかえし地下室をほりおこし、その深部を活動させる。事実ではまだたりない。夢想がはたらく。夢が大地のなかへもぐりこむと、夢は果しなくひろがる。のちに超＝地下室の夢想の例をあげることにしよう。まずさしあたってわれわれは地下室と屋根裏部屋によって対極化された空間にとどまり、いかにこの対極空間がもっとも繊細な心理的陰翳を説明するのに役だつかをみることにしよう。

さて、家にすみついている恐怖を分析するために、精神分析学者のC・G・ユングは地下室と屋根裏部屋の二重のイメージを利用する。実際ユングはその著作『たましいをさぐる人間』(フランス訳、p. 203)において一つの比喩をあげ、「あるコンプレックスに別の名をあたえることによって、これらのコンプレックスの自律性を破壊したいとねがう」意識存在の希望をわれわれに説明する。つぎのようなイメージである。「意識は人間のようにふるまう。地下室で怪しい物音がしているのをききながら、屋根裏部屋へとんでゆき、泥棒はいない、だからあの物音は空想にすぎなかったのだと確認しようとする。じつはこの用心深い男は地下室へおりてゆく勇気がなかったのだ」。

ユングがもちいたこの説明的なイメージがわれわれを説得するかぎり、われわれ読者は二つの恐怖、すなわち屋根裏部屋における恐怖と地下室における恐怖を現象学的に再体験する。地下室(無意識)に直面することをさけて、ユングの「用心深い男」は屋根裏部屋で自分の勇気を証明するアリバイをさがすのである。屋根裏部屋では鼠たちが大騒ぎしているかもしれない。しかし主人が不意にやってくると、かれらは自分の巣の沈黙のなかへもどってしまう。地下室では、もっと神秘的な、ゆっくりとあるく、のろのろしたものがうごめいている。屋根裏部屋では、恐怖は容易に「合理化される」。地下室では、ユングのあげた男よりももっと勇気のある存在にとっても、「合理化」はそれほどすばやくないし、もっと不透明である。それはけっして絶対的な合理化ではない。屋根裏部屋では昼の経験がいつも夜の恐怖をけしさることができる。地下室には昼も夜も闇がとどまっている。燭台を手にとっても、地下室の男は黒い壁に影がおどっているのをみる。

もしユングの説明例があたえる暗示をたどって心理的実体の完全な把握にまで到達するならば、われわれは精神分析学と現象学の協力をみることになる。もしわれわれが人間的現象を支配しようとするならば、つねにこの協力を強調しなければならないだろう。事実、イメージに精神分析的効力をあたえるには、これを現象学的に理解しなければならない。ここでは現象学者は共感に身震いしながら精神分析学者のイメージをうけいれることであろう。かれは恐怖の原始性と特殊性をよみがえらせることであろう。われわれの文明はいたるところに同じ光をもちこみ、地下室にも電気をもちこんでいるが、この文明の時代にはわれわれはもう燭台を手にして地下室へおりてゆくことはない。しかし無意識は開化されない。穴倉へおりてゆくために、無意識は燭台をとる。精神分析学者は暗喩や比喩の表面にとどまることができないし、現象学者はイメージを極限まで追究しなければならない。ここでは現象学者は誇張をさらに誇張するきりさげ、説明し、比較したりなぞしないで、ここでは現象学者は誇張をさらに誇張することであろう。するとエドガー・アラン・ポーの物語をよみ、現象学者と精神分析学者はたがいに一つにむすばれてその物語の完成の価値を理解することになろう。これらの物語は子供の恐怖の完成なのである。読書に「没入した」読者は、浄化されない罪のしるし、呪われた猫が壁のうしろでなくのをきくだろう。(29)地下室の夢想家は、地下室の壁は土中にうずもれた壁であり、うしろには大地全体がひかえた、片面の壁であるということをしっている。そしてドラマはますますたかまり、恐怖は誇張される。だが誇張しない恐怖とはいったいなんであろうか。

現象学者は、詩人トビー・マルスランのことばをかりれば、「狂気とすれすれになって」共感にうちふるえながら耳をそばだてている。そのとき地下室は地下にうずめられた狂気であり、壁にとじこめられたドラマである。犯罪のにおいのただよう地下室の物語は、記憶のなかにけしえない跡をとどめるが、われわれはこの跡をさらに深めたいとはおもわない。『アモンティラドの樽』(30)を再読したいとねがうひとがあるだろうか。ここではドラマはあまりにも素直である。だがこのドラマは自然の恐怖、人間と家との二重の自然に内在する恐怖を十分に活用している。ところでわたくしは人間劇をことごとくしらべあげるつもりはないが、超＝地下室を二三研究してみたい。地下室の夢想は、現実を増殖させずにはおかないことを、この超＝地下室は証明する。

もしも夢想家の家が都会にあるならば、深部において周囲の地下室を支配しようとする夢を夢みることは稀ではない。自分の家が伝説の城塞の地下道をもてばいいとおもう。そこでは神秘的な道が一切の城壁や塁壁や壕のしたをはしり、城の中心とかなたの森とをむすびつけていた。丘の頂の城には地下道の根がはびこっていた。網目のような地下道のうえにたてられているということは、簡素な家にいかばかりの力をあたえることであろうか。家の偉大な夢想家アンリ・ボスコの小説のなかで、われわれはこうした超＝地下室にであう。『骨董商』(p.60)の家のしたには「四つの入口がひらいた円天井の広間」がある。この四つの入口から廊下がはしり、いわば地下の地平の東西南北を支配している。東の入口がひらく。すると「われわれはこの一帯の家のしたをとおって遥かかなたへゆくのだ……」。ボスコの文章には迷路の夢のあとがある。しかし「空気のよどんだ」この廊下の迷路に、円形の広間と秘密の聖域、礼拝堂がむすびつく。こうして『骨董商』の地下室は、あえていえば、夢幻的に複合する。読者は夢によって、あるいは廊下の苦悩に関係し、あるいは地下の宮殿のおどろきに関係した夢によって、この地下室を探究しなければならない。読者はまよってしまう(文字どおりに、また比喩的な意味で)。最初読者は、なぜこんな複雑な幾何学が文学的に必要なのかはっきりとみとおせない。現象学的研究が力を発揮するのはこの点なのである。現象学的姿勢はわれわれになにをおしえてくれるのであろうか。それは、著者の仕事そのものに参加する幻想をわれわれにあたえてくれる、読書の誇りをもつことをわれわれにもとめるのだ。こうした姿勢は、一回目の読書からはうまれてこない。最初の読書はあまりにも受動的な性格をおびている。そこでは読者はまだどこか子供のようだ。読書をたのしむ子供なのである。けれども良書はみな、よみおえたらすぐにまたよみかえさなければいけない。最初の読書というスケッチができたら、こんどは読書の創造的な作業がやってくる。そのばあいわれわれは作者の**問題**をしらなければならない。二度目、三度目の読書……われわれはしだいしだいにこの問題の解答をえてくる。しらずしらずのうちに、われわれは問題と解答が自分自身の問題と解答であるような錯覚をおぼえてくる。「自分がこれをかくはずだったのだ」というこの心理的な翳りがわれわれを読書の現象学者にしたてあげる。われわれは、このニュアンスをうけいれないかぎり、いつになっても心理学者や精神分析学者にとどまるのだ。

さて超＝地下室の叙述におけるアンリ・ボスコの文学的問題はなにか。大筋において**地下の陰謀**の小説とみなされる小説を、一つの中心イメージのなかに具象化することである。この陳腐な暗喩は、ここでは無数の地下室や網目のような通路やしばしば厳重にドアに鍵をかけた一群の小部屋などの例によって説明されている。そこでひとは密かにことをたくらみ、計画をたてる。そして地下で活動がはじまる。われわれはまさしく地下の陰謀の内密の空間にいるのである。

この小説を発展させる骨董商たちは、こうした地下においてもろもろの運命をむすびつけようとしているのだと、主張する。碁盤縞にわかれたアンリ・ボスコの地下室は、運命をおる機《はた》である。冒険をものがたる主人公自身が運命の指環、過去の時代のしるしをきざんだ石の指環をもっている。「骨董商たち」の真に地下の仕事、真に地獄的な仕事は失敗するだろう。二つの大きな愛の運命が結合する瞬間に、呪われた家の円天井で、この小説家のもっとも美しい空気の精のひとりがしぬ。庭と塔の存在、幸福をもたらすはずの存在がしぬ。ボスコの小説における心理的物語のしたでつねにかなでられている、宇宙詩の伴奏に少し注意をはらう読者ならば、この小説の多くのページに、空気と大地のドラマの証しをみいだすことであろう。しかしこうしたドラマを体験するには、われわれは再読しなければならない。興味をうつしかえ、あるいは人間と物との二重の興味をもって読書できなければならないが、同時に人間の生の人間《アントロポー》＝宇宙的《コスミック》組織をなに一つ無視してはならない。

この小説家はわれわれを別の住まいへみちびいてゆくが、この住まいの超＝地下室にはもはや地獄の人間の暗い計画のかげはない。それはまったく自然な、地下世界の自然のなかにきざみこまれた地下室である。アンリ・ボスコのあとをおって、宇宙に根ざした家をいきることにしよう。

この宇宙に根ざした家は、われわれには、岩から塔の青空にまでのびた石の植物のようにみえるだろう。

小説『骨董商』の主人公は、ぶしつけな訪問に不意をうたれて、家の地階へにげこまなければならなかった。だがたちまち興味は現実的物語から宇宙的物語へうつってゆく。ここでは現実は夢を展開するためにもちいられているのである。まずわれわれはまたも岩をきりひらいた通路の迷路のなかにいる。そして突然夜の水にであう。すると小説の事件の描写は中断する。もし自分自身の夜の夢によってこの文章に参加しなければ、われわれはこの文章から十分な報いをうけることはできない。はたして基本元素の真率をもつ大きな夢が、物語のなかに挿入される。宇宙的地下室の詩をよんでみよう。(32)

ちょうどわたくしの足もとに、闇から水がわきでた。

水！……巨大な泉水！……そしておどろくべき水！……黒い、まどろんだ、まったくなめらかな水、波も泡もその水面をかきみだしてはいなかった。わきでる泉もなく、水源もない。それは何千年ものむかしから、不意に岩にとらえられたままそこにあったのだ。それはただ一枚の無感覚な平面となってひろがり、石のなかにはめこまれて、水自身この黒い不動の石になり、鉱物界の囚人となっていた。水はこの暴虐な世界の並はずれたかたまりと法外な堆積をたえしのばなければならなかった。この重圧をうけて、水は石灰石の厚い板を透過してその性質をかえ、水の秘密は石灰石の板のなかにとどまったようであった。こうしてこれは地下の山のなかでもっとも濃密な液体となった。その不透明さと異常な濃度(33)はいわば水を、儚い閃光が表面をかすめすぎる、燐光をおびた未知の物質にかえてしまった。奥底にいこう暗い力を暗示するこの電気的色彩は、うとうととまどろんでいるこの元素の恐ろしい力と潜在的生命をあらわしていた。わたくしは戦慄した。

この戦慄はもはや人間的恐怖ではないことがよくわかる。これは宇宙的恐怖であり、原始的状況へなげかえされた人間の偉大な伝説をこだまする人間＝宇宙的恐怖である。岩にうがたれた地下室から地下へ、地下からまどろんだ水へと、われわれは構築された世界から夢みられた世界へすすんだ。われわれは小説から詩《ポエジー》へすすんだ。しかし現実と夢はいま一体となった。家と地下室と深い大地とは深部において総体性を発見する。家は自然の存在となった。それは大地をたがやす水と山とにむすばれている。大きい石の植物となった家は、基礎に地下水がなかったならば、すくすくとそだたないだろう。このように夢は無限に大きくひろがってゆく。

このボスコの文章は、宇宙的夢想によって、読者に大きな読書の休息をもたらし、深い夢幻状態がみなあたえてくれるあの休息にあずかるように読者をいざなうのだ。そのとき物語は、心理的深化に有効な停止した時間のなかに滞留する。さて現実の事件の物語がまたはじめられる。すなわちその物語は宇宙性と夢想とから養分をえたのだった。実際ボスコの地下室は、地下の水のかなたに階段を発見する。詩的休憩をおえて、ふたたび叙述が展開できるのである。「階段は岩をうがち螺旋状にのぼっていった。ひどく狭く険しかった。わたくしはその階段をのぼった」(p. 155)。この螺旋によって、夢想家は大地の奥底からぬけだし、高所の冒険に足をふみいれる。事実夥しい、狭苦しいまがりくねった小路をとおりぬけて、読者はやっと一つの塔へでる。この塔は、そのむかしの住まいを夢みるひとをことごとく魅惑してしまう理想の塔である。それは「完全にまるい」。「狭い窓から」さしこむ「乏しい光」にとりまかれている。そして天井は円天井だ。円天井とは内密の夢のなんと偉大な要素であろう。それはいつまでもその中心の内密を反省する。塔の部屋は優しい乙女の部屋であり、そしてそこにはそのむかしの情熱的な婦人の思い出がすみついているといってもおどろくものはないだろう。円天井のまるい部屋はひとり高所にある。それは過去をとどめ、空間を支配している。

遠い祖先の婦人からつたわった若い乙女の祈禱書のうえに、つぎの箴言がよめる。

花はつねに核《さね》のなかにある

この驚嘆すべき箴言によって、家も部屋もわすれられぬ内密をしるしづけられているのだ。まだ種子のなかにとじこめられ、おりたたまれている花の未来の夢のように、中心の確かな、凝縮した内密のイメージがはたして存在するだろうか。幸福そのものではなくて、まるい部屋にとじこめられた幸福の種子《アヴァン・ボヌール》をみることは、われわれにとってなんと好ましいことか。

こうしてボスコのえがく家は、大地から空へのぼってゆく。それは、このうえなく深い大地と水の深部から、空に信頼をよせるたましいの棲家までそびえたつ塔の鉛直性をもつ。作家が建築したこのような家は、人間の鉛直性を説明してくれる。そしてそれは夢幻的に完全である。それは家の夢の両極に劇的緊張をあたえる。その家はおそらく鳩舎〔高所の家〕の体験のないものに、塔を贈物としておくるのだ。塔は別の世紀の作である。過去がなければ、それは無にひとしい。新しい塔とはなんという愚弄だ。しかしわれわれの夢想に数多くの棲家をあたえてくれる書物がある。書物の塔のなかで、ロマンティックな時をすごさなかったひとがいるだろうか。この時間はたちかえってくる。夢想にはそれが必要なのだ。住むことについての浩翰な文献の鍵盤では、塔は大きな夢の音符なのである。『骨董商』をよんでからというもの、わたくしはいくたびアンリ・ボスコの塔にすみにでかけたことであろう。

＊

塔と深い地下室は、われわれがいま研究したばかりの家を、二つの方向にひきのばす。われわれにとってはこの家は、もっともつつましい家ではあるが、われわれの夢想を満足させるために、高さによって自己を区別する家の鉛直性を拡大したものなのである。もしわれわれが夢の家の建築家になったならば、三階の家にするか四階の家にしたらよいか、まようことであろう。三階建の家は、絶対必須の高さの点からみれば、もっとも単純な家であり、地下室と一階と屋根裏部屋とからなる。四階建の家は一階と屋根裏部屋とのあいだに一つ階をいれる。もう一つの階、三階をつけくわえると、夢想は混乱してくる。夢の家では、地形分析《トポアナリーズ》は三か四までしかかぞえられない。

一から三あるいは四まで、階段が通じている。みなそれぞれにことなる。地下室へ通じる階段をわれわれはいつも**くだってゆく**。ひとが思い出のなかにとどめるのはこの階段の下降であり、下降が階段の夢を特色づける。われわれは部屋へのぼってゆく階段を、のぼり、またくだる。これはよりありふれた道だ。これは日常なれしたしんだ道である。十二歳の子供は**上昇音階**でそこをのぼってゆく。三度音程、四度音程をおこない、五度音程をこころみ、そしてなによりも四段ずつとびこえてゆくのが大好きだ。階段を四段ずつとびあがってゆくことは、脚にとってなんと幸福なことであろう。

最後に、もっと険しく、もっと粗末な屋根裏部屋の階段を、われわれはいつも**のぼってゆく**。それにはもっとも静かな孤独への上昇のしるしがある。むかしの屋根裏部屋へ夢をみにもどると、わたくしは二度とおりてゆかない。

精神分析学は階段の夢を発見した。しかし精神分析学は、解釈を決定するために、普遍的な象徴体系を必要とするので、複雑な夢想と思い出の混合物にはほとんど注意をはらわなかった。したがって精神分析学は、この点でも他のばあいと同じく、夢想の研究よりも夢の研究に適している。夢想の現象学は記憶と想像力の複合をときほごすことができる。

この現象学は必然的に象徴の区別に敏感になる。象徴を創造する詩的夢想は、われわれの内密に多象徴的な活動をあたえる。そして思い出は尖鋭になる。夢想のなかで、夢の家はきわめて鋭敏になる。ときおり階段の数段が、生家に存在したかすかな高低の差を、われわれの記憶にきざみつけた。[34] こうした部屋は単に一つのドアにとどまらず、一つのドア、プラス三段であった。古い家の高さの細部をおもいうかべると、のぼり、そしておりるものがみなのこらずふたたび力動的によみがえりはじめる。ジョー・ブスケがかたるとおり、ひとはもはや一つの階の家にすむことはできない。「かれは一つの階の家にすむ人間だ。屋根裏部屋のなかに地下室をもっている[35]」。

アンチテーゼのかたちで、夢幻的に不完全な住まいについて二三ふれておこう。パリには家がない。大都会の住民たちはつみかさねた箱のなかにすんでいる。「四つの壁にかこまれたパリのわれわれの部屋は、一種の軌跡であり、絵やがらくたや戸棚にはいったいくつもの戸棚でかざりたてた因襲的な窖だ[36]」と、ポール・クローデルはいっている。通りの番号、屋階の数がわれわれの「因襲的な窖」の位置を決定するが、われわれの住まいのまわりには空間がなく、そのなかには鉛直性がない。「大地にのめりこまないように、家はアスファルトによって地面にしがみつく[37]」。この家は根をもたない。家の夢想家にとっては夢想できぬ事柄だ。摩天楼は地下室をもたない。舗道から屋根まで、部屋がかさなりあい、地平線のない空の天幕が町全体をつつんでいる。都会の建物の高さは**外面的な**高さにすぎない。エレベーターは階段の英雄的資質を破壊してしまう。空の近くにすんでももはやほとんどなんの価値もない。そして**わが家**は単なる水平のひろがりにすぎなくなる。一つの階にはめこまれた住まいを構成するさまざまな部屋には、内密の価値を区別し、分類する根本要素の一つがかけている。

大都市の家には、鉛直性の内密な価値がないうえに、さらに宇宙性がかけている。その家はもう自然のなかに存在しない。大都会の住まいと空間との関係は人為的なものになる。そこでは一切のものが機械であり、内密な生はいたるところからにげさる。「街路は人間がすいこまれる管のようだ」(マクス・ピカール『神からの逃亡』p. 119)。

そして家はもう宇宙のドラマをしらない。ときには風が屋根から瓦をめくりとり、通りをゆくひとをうちころすこともある。この屋根の犯罪はにげおくれた通行人をねらうだけだ。稲妻が一瞬間窓ガラスのなかに火をつける。しかし雷鳴のさなかにも家はふるえない。われわれとともに、またわれわれによって、家はふるえない。たがいにひしめきあっているわれわれの家のなかでは、われわれの恐怖は小さい。パリをおそう嵐は、夢想家にたいしては、隠者の家にたいしてもつあの個人的な攻撃心をもたない。のちに**世界のなかにしめる家の位置**を研究したならば、われわれはこれをいっそうよく理解できるだろう。この位置は、しばしばひどく形而上学的に要約されている、世界のなかにしめる人間の位置の一つのヴァリエーションを具象的にわれわれにしめしてくれる。

しかしながら宏大な夢想の有益な性格を信じる哲学者には、ここに一つの問題がのこされている。都会の部屋のそとにひろがる空間に宇宙性をおびさせるにはどうすればよいかという問題である。例としてパリの音の問題にたいする夢想家の解答をあげよう。

不眠症は哲学者たちの病気であるが、都会の騒音に神経がいらだつと、不眠症はいっそうつのってくる。ま夜中、モベール広場では自動車がほえたて、トラックの疾駆が都会にすむわたくしの運命をのろわせる。そうしたとき、大洋の比喩をいきると、わたくしのこころはなごむ。都会がざわめく海であることは周知のことである。パリはま夜中になると、波うつ潮のたえざるささやきをきかせると、しばしばいわれてきた。そこでわたくしは、この月並な表現から一つの真率なイメージをつくりあげる。これはわたくしのイメージだ。自分がつねに思考する対象の主体であると信じる軽い癖から、このイメージもまるでわたくしが自分でつくりだしたような気持になる。それほどにわたくしのものなのだ。自動車の疾駆がますますたえがたくなると、わたくしはそのなかに雷の声、わたくしにかたりかけ、わたくしをしかりつける雷の声をみいだそうとつとめる。そしてわたくしは自分をあわれむ。哀れな哲学者よ、おまえはまたも嵐のなかだ、人生の嵐のなかだ。わたくしは抽象的具象的な夢想をうみだす。わたくしの長椅子は波間にただよう小舟である。不意にひゅうひゅうとなりだしたこの音は帆にあたる風だ。怒り狂った空気は、いたるところでクラクションをならしている。そしてわたくしは自分をなぐさめるために、自分にいいきかせる。みろ、おまえの小舟は頑丈だ。石の舟にのっているおまえは安全だ。嵐はふきあれているが、ねむれ。嵐のなかでねむれ。波におそわれた人間であることを倖せとおもい、勇気をだしてねむれ。

そしてパリの騒音に静かにゆられながら、わたくしはねいる。(38)

しかも、都会のたてる大洋の音のイメージは「事物の自然の理」にあり、真のイメージであり、そして音の敵意をやわらげるには、音を自然化することが有効である。このことをあらゆるものが確証する。ついでに、現代の若い詩人の詩にあらわれたこの有益なイメージの微妙なニュアンスをしるしておこう。イヴォンヌ・カルーチュ(39)は、都会に「空ろな貝殻のざわめき」がおこるときに、都会の夜明けをきく。このイメージは、朝の存在であるこのわたくしが、しずかに自然に目ざめるのをたすけてくれる。用い方をこころえていさえすれば、どんなイメージでもよいイメージなのだ。

大洋としての都会については、ほかにさまざまなイメージがみいだされよう。ある画家をおそったイメージをしるしてみよう。サント・ペラジに監禁されていたクールベは、牢獄の屋上からみたパリをかく着想をえたと、ピエル・クルティオンがつたえている。(40)クールベは友人にかいている、「ぼくはこれを、ぼくの海の作品の様式でえがこうとしていた。恐ろしく深い空、その動き、その家とその大伽藍、大洋の騒がしい波をまねるのだ……」。

わたくしは自分の方法をまもって、絶対的な解剖を拒否する、癒着したイメージをそのままとどめておこうとつとめてきた。わたくしは偶然に家の宇宙性についてのべなければならなかった。けれどもこの性格については、またのちにふれなければならないだろう。さて夢の家の鉛直性を検討しおえたから、つぎにわれわれは、すでに予告したように(六十五ページ)、夢想が蓄積する内密の凝縮の中心を研究しなければならない。

VI

まず初めに、複雑な家のなかにある単純の中心をさがさなければならない。ボードレールがいうように、宮殿のなかには、「内密のための片隅はない」。しかし単純は、ときにあまりにももっともらしく推奨されるが、これは強力な夢の源ではない。われわれは避難所の原始性を経験しなければならない。そして、いきられる場のかなたに、夢想される場を発見しなければならない。現実の思い出は実証心理学の材料となるが、この思い出のかなたに、ふたたび原始的なイメージの領域をひらかなければならない。このイメージはおそらくわれわれの記憶のなかにのこされた思い出にとって、固着の中心であった。

生家という、記憶のなかに持続する存在についても、空想的な原始性を提示することができる。

たとえば家の居間にすわっていても、避難所の夢想家は、小屋や巣や片隅を夢みる。かれはそこにもぐりこんで、穴のなかにかくれた動物のように、身をひそめたいとねがうのだ。このようにかれは人間的イメージのかなたでいきるのである。もし現象学者がこうしたイメージの原始性を体験することができれば、おそらくかれは家のポエジーに関する問題にたいして別の見方をとることであろう。アンリ・バシュランが父の生涯をものがたった書物のすばらしい文章をよむと(41)、凝縮したすむ悦びがたいへんはっきりと表現された例をみいだすことであろう。

アンリ・バシュランの幼年時代の家は、とくに粗末な家である。モルヴァン村の田舎家である。けれども農用家屋が附属しており、また父の働きと管理のおかげで、家族が安らかに幸福な生活をおくることができる家だった。晩、ランプにてらされた部屋では、日傭で寺男であった父がランプに近よって聖者伝をよんでいる。子供が原始性についての夢想、森の奥にかくれた小屋で生活することを想像するまでに孤独をふかめる夢想にふけったのもこの部屋なのである。住むことの根をもとめる現象学者にとっては、アンリ・バシュランの文章はたいへん純粋な資料である。本質的な一節をあげてみよう(p. 97)。「このときぼくは、——ちかっていうが——この小さな町から、フランスから、そして世界から自分たちがきりはなされてしまったような痛切な気持をおぼえた。ぼくは、ぼくたちが森の奥の暖かい炭焼夫の小屋にすんでいるのだ、と想像してたのしんだ——しかしぼくはこの感情をひとにもらさなかった。しかもぼくたちの入口の硬い大理石で、狼たちが爪をとぐのをききたいとおもった。ぼくたちの家が小屋の代りをした。それはぼくを飢えと寒さからまもってくれた。もしぼくが身震いしたとすれば、それは幸福のためだった」。そしてこの小説は終始二人称でかかれているが、父によびかけて、アンリ・バシュランは「椅子にゆったりと腰をおろして、ぼくはあなたの力のおもいにひたっていた」と、つけくわえる。

こうしてこの作家は、力の中心へまねくように家の中心へ、より大きな保護圏へわれわれをまねきよせる。かれは、原始的な家の伝説的なイメージを愛するひとびとがよくしっている、この「小屋の夢」を深化する。しかしわれわれが小屋を夢みるたいていのばあいは、われわれはひとをつめこみすぎた家をはなれ、都会の煩しさをのがれて、別の場所でいきたいと渇望するのである。頭のなかで逃亡し、真の避難所をもとめる。遠方への逃亡を夢みるひとよりも倖せなことに、バシュランは家そのもののなかに、小屋の夢想の根を発見する。かれは家族の居間の情景に少し手をくわえればよい。北風が家のまわりをふきあれているのに、夜の静けさのなかでぱちぱちとなるストーヴの音をききさえすればそれでよい。するとかれは、家の中心のランプの光の輪のなかにすわっていると、まるい家、原始的な小屋のなかにすんでいることがわかる。一切のイメージを、その諸段階とその細部にわたって実感するならば、どんなにたくさんの住まいがつぎつぎとつめこまれていることであろうか。もしわれわれが夢想のイメージを真に誠実にいきるならば、いかに多くの拡散した価値を凝縮できることであろう。

バシュランの文章においては、小屋は住むことの直根のようにみえる。これは、存在するために分枝を必要としない、もっとも単純な人間的植物である。この小屋はひどく単純なので、ときにあまりにも空想にはしる思い出のなかには存在しない。小屋は伝説に属する。伝説の中心なのだ。夜の闇にまぎれたかなたの光をみて、藁葺小屋を夢みたものはなかったろうか。さらに伝説に没入し、隠者の小屋を夢みたものはなかったか。

隠者の小屋、これこそ版画にうってつけだ。真のイメージは**版画**なのである。想像力はわれわれの記憶にイメージをほりつける。イメージは体験の思い出をふかめ、体験の思い出をうつしかえ、想像力の思い出にかわる。隠者の小屋は、ヴァリエーションを必要としないテーマである。ただそっとよびおこしただけでも、「現象学的反響」が凡庸な共鳴をけしさってしまう。隠者の小屋は、もしもあまりにも色彩的要素をつよめると、そこなわれてしまう版画である。それはその本質、つまりすむという動詞の本質からその真実をえなければならない。小屋はたちまち凝縮した孤独となる。伝説の国には、共有の小屋はない。地理学者はたしかに遠い旅から、小屋があつまってつくられた村の写真をたずさえてくるだろう。しかしわれわれの伝説の過去は、目でみられた一切のもの、われわれが個人的に体験した一切のものを超越する。イメージがわれわれをみちびくのだ。われわれは極限の孤独に達する。隠者はひとり神のまえにある。隠者の小屋は僧院とは逆のところにある。この中心にむかって凝縮した孤独のまわりには、瞑想し、いのる宇宙、宇宙のそとの宇宙が放射する。小屋は「この世界から」なんの富もえられない。そこには強烈な貧しさの幸福がある。隠者の小屋は貧しさの栄光なのである。財をすててゆけばゆくほど、その小屋はわれわれが絶対の避難所へちかづくのをゆるしてくれる。

この集中した孤独の中心の価値付与作用はたいへん力強く、原始的であり、また明白である。そのために、遠い光のイメージは、もっと曖昧な位置づけしかできないイメージにとって参考になる。ヘンリ・デーヴィド・ソローは「森の奥の角笛」をきいている。この中心の不確かなイメージ、夜の自然をみたすこの音のイメージは、かれに休息と信頼のイメージを暗示する。「この音はかなたの隠者の蠟燭のようになつかしい」(42)と、かれはいう。そしてわれわれはこうおもいおこすのだ。あのありし日の角笛がいまだになりひびいてくるのはどのなつかしい谷からなのか。また角笛によって目ざまされた音の世界と、かなたの光によっててらされた隠者の世界の共通の友情をなぜわれわれはただちにうけいれるのだろうか。生においてはひどく稀なイメージが、なぜ想像力にはこれほどの力をふるうのであろうか。

偉大なイメージは歴史と先史をあわせもつ。それはいつも思い出でもあり、伝説でもある。われわれはイメージを原初の状態ではいきない。偉大なイメージにはみな底しれぬ夢の根柢があり、この夢の根柢のうえに個人の過去が特殊な色彩をほどこしている。またわれわれが、記憶のなかに定着した歴史のかなたに、イメージの根を発見し、このイメージをほんとうに崇拝するようになるのは、生涯のはるかのちの時期のことである。絶対的想像力の世界では、ひとはのちのちまで若い。その世界において真にいき、そのイメージの実在を体験し、一切の情念を超越する絶対昇華においてこの世界を体験するには、地上楽園を喪失しなければならない。大詩人の生涯に思いをこらす詩人、ヴィリエ・ド・リラダンの作品を考察するヴィクトール＝エミル・ミシュレはかいている。「ああ！　青春を征服し、これを鎖からときはなし、その原初の衝動にしたがっていきるには、年をとらなければならないのだ」。

詩はわれわれにありふれた青春への憧れというよりも、むしろ青春の表現への憧れをあたえる。われわれが青春の「原初の衝動」において想像したにちがいないイメージを、詩はわれわれにさしだすのである。根本のイメージ、単純な版画、小屋の夢想はふたたび想像力を活動させる誘いにほかならない。それは、存在する確かさが凝縮する存在の滞留地、存在の家をふたたびわれわれにかえしてくれる。こうしたイメージや、同じく存在を安定させるさまざまなイメージのなかにすむことによって、もう一つの別の生、われわれ自身のものとなるはずの生、生の奥底においてわれわれが所有する生をいきはじめるようにおもえるのだ。こうしたイメージを凝視し、バシュランの著書のイメージをよむと、**われわ**

れは原始性をおもいめぐらしはじめる。この原始性は単純なイメージによって恢復され、渇望され、いきられるのだから、この原始性のために、小屋のアルバムは想像力の現象学にとって簡単な練習用のテキストになるだろう。

夜伽する人間の象徴である隠者の小屋の遠い光につづいて、家の詩《ポエジー》に関するかなり多くの文学的資料が、窓にひかるランプという一系列にまとめて調査できよう。光の世界の想像力に関するもっとも大きな定理の一つ、すなわち、**かがやくものはすべてみる**、という定理の枠内にこのイメージをいれなければならないだろう。ランボーはこの宇宙的な定理を三綴りで表現した。*Nacre voit*（真珠母はみる）[43]。ランプは夜伽をする。したがってそれはみはる。光の帯が細ければ細いほど、見張りは鋭くなる。

窓辺のランプは家の目である。想像力の世界のランプはけっして家のそとではともされない。それは監禁された光であり、かすかにもれるだけだ。「幽閉されて」という詩はこうはじまる。

窓のうしろでもえる灯は
夜のひそかな中心で夜伽をする

数行まえで詩人は、

石の四壁に囚われた眼ざしについて(44)

かたる。

アンリ・ボスコの『ヒアシンス』という小説は、もう一つの物語『ヒアシンスの庭』とならんで、現代におけるもっとも驚嘆すべきたましいの小説であるが、この小説では、ランプが窓辺で**まっている**。ランプによって家はまつ。ランプは大きな期待のしるしである。かなたの家の光によって、家はみ、夜伽をし、みはり、まつのだ。

夢想と現実を逆転する陶酔に身をまかせると、わたくしにはつぎのイメージがうかんでくる。かなたの家とその光は、わたくしの目からみれば、わたくしにとって、こんどは鍵穴をとおして外をながめる家になる。たしかに家のなかには夜伽をしているひとがいる。わたくしは夢みているのに、家のなかではひとがたちはたらいている。わたくしが儚い夢をおいつづけているのに、かれは一心不乱にはたらきつづける。家は灯をもつだけで人間的になる。それは、人間のように、みる。家は夜にむかってひらかれた眼である。

そしてその他数かぎりないイメージが夜の家の詩をかざりたてる。孤独に光をはなつ生物、草むらのなかの螢のように、時おりそれは光をはなつ。

丘の窪地の螢のようなあなたがたの家をわたしはみるでしょう(45)

ある別の詩人は地上にかがやく家いえを「草の星」とよんでいる。クリスチャヌ・バリュコアはまた人間的な家のランプについていう。

一瞬の氷結におそわれた囚われの星

こうしたイメージにおいては、地上にすむために、天上の星がおりてくるような印象をうける。人間の家が地上の星座を構成するのだ。G・E・クランシエは十の村とその光で地上にレヴィアタンの星座をうちつける。

夜　十の村　一つの山
金の飾り鋲をうちつけた黒いレヴィアタン

(G・E・クランシエ『声』ガリマール版、p. 172)

エーリヒ・ノイマンはある患者の夢を研究している。この患者は塔の頂からみおろして、大地に星がうまれ、かがやくのをみた。星は大地の懐からあらわれた。この幻覚では、大地は星をちりばめた空という単純なイメージではなかった。世界をうむ偉大な母、夜と星をうむ母であった。(46) ノイマンは、患者の夢によって、*Mutter-Erde* 母なる大地という原型の力をしめすのである。詩はむろん夢想からうまれてくるが、夢想は夜の夢ほど執拗ではない。ただ「一瞬の氷結」が問題なのだ。にもかかわらず詩の記録は有益である。天空の存在に大地の刻印がうたれる。したがってイメージの考古学は、詩人の簡潔なイメージ、瞬間的なイメージによっててらしだされるのである。

イメージは静止していられないことをしめすために、わたくしはこの一見平凡なイメージを詳述してみた。半睡状態の夢想とは逆に、詩的夢想はけっしてねむりこまない。もっとも単純なイメージからしてすでに、想像力の波を放射せずにいられない。しかしランプの星にてらされた一軒家がいかに宇宙的になろうとも、それにはつねに孤独の印象がつきまとう。この孤独を強調する文章を最後にあげよう。

リルケの書簡集の冒頭におかれた「断片日記」のなかに、(47) つぎの情景がみいだされる。リルケとふたりの友人は深い夜のなかに「かなたの小屋の夢の十字形の桟を（みる）……とにかくそれはこの四阿からみえる最後の小屋なのだ。そのほかは暗くうつる運河のはしる野原と沼沢地ばかりだ」。たった一つの光によって象徴されるこの孤独のイメージは詩人のこころをゆりうごかす。それはきわめて親しい感動をもたらし、詩人と友人たちをひきさいてしまう。この詩人をいれて三人の友人たちについてリルケはこうつけくわえる。「ぼくたちはよりそうようにたっていた。初めて夜をみるぼくたち三人のこころはいつまでもはなれていた」。この表現についてはどんなに考察しても十分とはいえない。なぜならば、もっとも平凡なイメージ、きっと詩人がいくたびとなくみたイメージが、突然「初めて」のしるしをおび、慣れしたしんだ夜にこのしるしをあたえるからである。孤独な夜番、忍耐づよい夜番から放射される光が、催眠術の力を獲得するのだといえまいか。われわれは孤独によって催眠術をかけられ、孤独な家の視線によって催眠術をかけられる。その家とわれわれをむすびつける絆はあまりにも強いために、われわれには夜の孤独の家のほかに夢みることはできない。

O Licht im schlafenden Haus
（おお　ねむる家にかがやく光[48]）

かなたの地平線の小屋と終夜かがやく光という例によって、わたくしはもっとも単純な形態をとった、避難所の内密の凝縮を指摘した。わたくしはまずこの章の初めでは、これとは逆に、鉛直性にしたがって家を区別しようとこころみた。つぎは例のとおり適切な文学的資料を援用しながら、攻撃する力に対抗する家の保護の価値をさらに解明しなければならない。家と宇宙のこの力動的な弁証法を検討したあとで、家が世界そのものとして表現されている詩を検討することにしよう。

第二章　家と宇宙

ぼくたちの空の頂がよりあつまると
ぼくの家の屋根になる
ポール・エリュアール『生きる価値』
ジュリアール版、一九四一年、p. 115

わたくしは前章で、「家をよむ」「部屋をよむ」ということには意味があることを指摘した。なぜならば部屋と家とは作家と詩人を内密の分析へみちびく心理の図表だからである。大作家たちによって「かかれた」家と部屋を二三ゆっくりとよんでみることにしよう。

I

ボードレールは本質的に都会人であったが、かれは、家が冬の攻撃をうけるときには、内密の価値が大きくなることを感じる。かれは『人工楽園』(p. 280) において、冬にとじこめられながらも、阿片の観念論にたすけられてカントをよむ[49]トマス・ド・クィンシーの幸福についてかたる。場面はウェールズ地方の「山荘」*cottage* のなかである。「気持のよい住まいは冬をいっそう詩的にし、冬は住まいの詩趣をたかめるものではないか。その白い山荘 *cottage* は、**かなりの高さの**山やまに**とじこめられた小さな**谷の奥に**うずくまっていた**。それはいわば灌木につつまれているようだった」。わたくしは、この短い一節で、休息の想像力に属することばを太字にした。カントをよみながら、夢の孤独と思想の孤独とをむすびつける阿片吸飲者にとって、なんという静謐な背景であろう。おそらくわれわれは、たやすい、あまりにもたやすい文章をよむように、このボードレールの文章をよむことができよう。しかも文芸批評家は、大詩人がこれほど気楽にありきたりのイメージをつかったことにおどろくかもしれない。しかしもしわれわれがこのたいそう単純な文章をよみ、この文章の暗示する休息の夢想を受容し、太字にしたことばで休止するならば、われわれの肉体とたましいに静寂がおとずれる。われわれは谷間の家の庇護の中心におかれているのを感じる。われわれもまた冬の柔い布に「つつまれて」いる。

　そして冬が寒い**から**、われわれはたいへん暖かいのだ。この冬のさなかの「人工楽園」につづいて、ボードレールは、夢想家は厳しい冬をもとめるという。「かれは毎年ありたけの雪と霰と霜をふらせてくれることを天にいのる。かれにはカナダの冬、ロシアの冬が必要なのだ。これによってかれの住まいはいっそう暖かく、やさしく、好ましくなるだろう……[50]」。カーテンの偉大な夢想家エドガー・アラン・ポーと同じく、ボードレールも、冬に包囲された住まいの隙間風をふさぐために、「床まで波うつ重いカーテン」をもとめる。暗いカーテンのうしろでは、雪はいっそう白くみえる。矛盾が累積するときに、一切のものが生きいきしてくるのだ。

　ボードレールは中心を指向する一つの絵をわれわれにあたえてくれた。それはわれわれを夢想の中心へみちびいてゆくが、するとわれわれはこの夢想を自分の夢想としてうけとることができる。われわれはおそらくこの夢想に個人的な表情をあたえることであろう。ボードレールがおもいおこすトマス・ド・クィンシーの山荘に、われわれは自分の過去の存在をすまわせることであろう。こうしてわれわれは純粋な喚起の利益をうけられるのである。われわれのもっとも個人的な思い出がここをおとずれてすむことができる。なぜ共感したかはしらないが、なんらかの共感によってボードレールの記述はその通俗的な性格をうしなった。そしてつねにこうなのだ。厳密に決定された夢想の中心は夢みるひとびとのあいだの伝達手段であり、これは厳密に規定された概念が思考する人間のあいだの伝達手段であるのと等しく確かなことである。

『審美渉猟』(p. 331) において、ボードレールはまたラヴィエイユの絵についてかたっているが、これは「悲しい季節」冬の「森のはずれの一軒の藁葺小屋」をえがいた絵である。しかしながら「ラヴィエイユがしばしばあたえるある効果は、冬の幸福の精髄のようにみえる」と、ボードレールはいう。**喚起された**冬は、すむ幸福をいっそう強くする。想像力の国ですらも、喚起された冬は家の住まいとしての価値を増大する。

もしわれわれが、ボードレールによって再体験された、トマス・ド・クィンシーの山荘の夢を評価するよう要求されたならば、そこには淡い阿片の匂いがただよっているといおう。うとうととまどろむ雰囲気である。壁の勇ましさ、屋根の勇気をつげるものはなに一つない。家はたたかわない。ボードレールはカーテンのなかへとじこもることしかできないらしい。

文学にあらわれる冬の家のばあいには、この戦闘の欠如がしばしばみられる。家と宇宙の弁証法はそこではあまりにも単純である。とくに雪は外の世界をあまりにも容易にけしさる。雪は宇宙をただ一つの色調にかえてしまう。かくまわれた存在にとっては、雪という一つの単語で、宇宙が表現され、またけしさられるのだ。『愛の沙漠』（p. 104）で、ランボーもいっている。「それは冬の夜のようだった。雪は断固として世界の息の根をとめてしまう」。

とにかくひとのすむ家のかなたでは、冬の宇宙は単純化された宇宙である。形而上学者は非我についてかたるが、これと同じくこの宇宙は非家《ノン・メゾン》である。一切の矛盾が家から非家までのあいだに容易に配列される。家のなかでは一切が分化し、多様化する。家は冬がたくわえた純粋な内密をうけとるのだ。家のそとの世界では、雪が足跡をかきけし、道を曖昧にし、音を窒息させ、色彩をかくす。一面の白によって、われわれは宇宙の否定がはたらいているのを感じる。家の夢想家はこの一切をしり、この一切を感じる。そして外部世界の存在の減少によって、かれは一切の内密の価値がその強さをいっそう大きくするのを経験するのだ。

四季のうちで冬はもっとも古い。それは、追憶の年齢をさらにかさねる。遠い過去をさししめす。雪をかぶった家は古い。その家は遠い遥かな時代にいきているようだ。この感情をバシュランは、敵意にみちた冬をえがいた文章でのべている。[51]「晩には、雪と北風にとりまかれた古い家のなかで、ひとびとがかたりあう偉大な物語や美しい伝説が、ある具体的な意味をとり、それを考究するものにとって、すぐにも応用できそうになるのだった。こうして西暦千年にこの世をさったわれわれの祖先のひとりは、おそらく世界の終末を信じることができたのだ」。なぜならばこの物語は夜のひとときのお話やおばあさんたちがものがたるお伽話ではないからである。これは男の物語であり、力と合図を考察する物語である。さらにバシュランは、こんな冬には「古い伝説は（大きな煖炉の棚のしたでは）今日よりもそのむかしの方がいっそう古かったにちがいない」と、いう（p. 58）。これらの伝説にはたしかに世界の終末をつげる大洪水のドラマの古さがあった。

この父の家における劇的な冬の夜のひとときをおもいおこして、バシュランはこうかいている（p. 104）。「晩、友だちが足を雪にふみこみ、突風に顔をさらしてわたくしたちからたちさったとき、わたくしにはかれらが遥かかなたの梟と狼のすむ未知の国へさってしまったような気がした。わたくしは初めてよんだ物語にあったように、かれらにむかって、神さまお恵みをたれてください、とさけびたい気持にかられた」。

雪のなかにうずもれたこの両親の家の単純なイメージが、ひとりの子供のたましいのなかに、千年のイメージを集約できるということはおどろくべきことではないか。

III

こんどはもっと複雑な例、一見逆説的な例をあげることにしよう。これをリルケの文章からかりることにする(52)。

わたくしが前章で展開した一般的命題とは逆に、リルケにとっては、雷雨が攻撃的になり、天がもっとも鮮明に怒りを表明するのはなによりもまず都会である。嵐も田舎ではそれほどにわれわれを敵視しないだろう。わたくしの観点からすると、これは宇宙性の逆説である。しかしもちろんリルケの文章は美しく、これを解説することは有益であろう。

リルケは「女流音楽家」にあててこうかいている。「ごぞんじですか。こんな都会の夜の嵐はわたくしにはこわいのです。自然の力をほこる嵐には、都会などまるで目にはいらないようです。しかし嵐は淋しい田舎家をみるのです。そして力強くだきかかえ、きたえあげるのです。するとひとびとは荒れくるう庭にとびだしたくなります。すくなくとも窓辺にたって、予言者の霊がのりうつったような身振りでたちさわぐ老樹に同意するのです」。

リルケの文章は、写真の用語をつかえば、家の「ネガ」であり、住むことの裏返しのようにみえる。嵐はうなり、木々をねじる。家のなかに難をさけたリルケは外へでてゆきたい。風や雨をたのしみたいからではなくて、夢想をもとめるためなのだ。そのときリルケは、風の怒りにおそわれた樹木の逆の怒りにあずかっているようだ。しかしかれは家の抵抗には加担しない。かれは嵐の智慧、稲妻の慧眼、荒れくるいながらも人間の住まいをみて、それをいたわろうとする一切の自然力を信じている。

しかしそれにもかかわらずこのイメージの「ネガ」は映像を暗示する。これは宇宙の戦闘の活力を証明する。リルケは人間の住まいのドラマを認識し、これについて数多くの例証を提出している。われわれはしばしばこれを参照しなければならないことであろう。夢想家がいかなる弁証法の極に位置していようとも、またこれが家であれ宇宙であれ、弁証法は動的になる。家と宇宙とは並置された二つの空間にとどまらない。想像力の王国では、これらは対立する夢想によってたがいに生気づけられる。すでにリルケは、試煉が家を「鍛練する」とみとめている。家はハリケーンにたいする勝利を利用する。そして想像力の研究においては、われわれは事実の領域を超越しなければならないのだから、ゆきずりにすむ街の家よりも、古い住まい、生家にすむときいっそう平静に安堵できることをよくしっている。

IV

いま検討した「ネガ」とは逆に、嵐におそわれた家のドラマへ全的に献身するポジの例をあげてみよう。

マリクロアの家(53)はラ・ルドゥスとよばれる。それは轟々ととどろく河からほど遠からぬカマルグ地方のとある島にたてられている。それは粗末な家だ。かよわそうにみえる。しかしやがてその勇気をしるだろう。

作者は多くのページをついやして嵐を準備する。詩の気象学は運動と音がうまれでる源にさかのぼる。まず作者はなんと巧妙に静寂の絶対、静寂の空間の無限性をえがきだすことか。「静寂ほど果しない空間の感情を暗示するものはない。わたくしはこの空間に足をふみいれた。音がこのひろがりを彩色し、これに一種の音の肉体をあたえる。音がなければ一切が純粋なのだ。そして静寂のなかでわれわれをとらえるのは、宏大、深遠、無限の感覚である。わたくしはこの感覚におそわれ、しばらくはこの夜の平和の偉大さにうたれて茫然としていた。

それはまるで一つの存在のようにあらわれた。

平和は肉体をもっていた。夜のなかにとらえられ、夜でつくられた平和。現実の肉体、不動の肉体だ」。

この壮大な散文詩では、ヴィクトール・ユゴーの「鬼神」のあるスタンザと同じように、つぎにざわめきと不安がしだいにたかまってゆく文章がつづく。しかしここで作者は、空間の収縮をゆっくりとしめしてみせる。その中心で家は不安にくるしむこころのようにいきることであろう。一種の宇宙的不安が嵐を予告する。そして風の喉がみなふくれあがる。たちまちハリケーンの獣たちがいっせいにほえはじめる。わたくしが引用する文章ばかりでなく、アンリ・ボスコのすべての作品にわたって、嵐の力学を分析する余裕があるならば、いかなる風の動物物語を展開できることか。人間の攻撃であれ、世界の攻撃であれ、攻撃はすべて動物的であることを、作者は本能的にしっている。人間からの攻撃がいかに狡猾で、間接的であれ、またいかに偽装され、巧みに構成されていても、それは不浄の源を暴露する。もっとも小さな憎悪のなかにさえ微小な動物繊維がいきている。心理学者的詩人——あるいはもしこうしたものがあるとすれば、詩人的心理学者——は攻撃のさまざまな型を動物の叫び声によって分類したならば裏ぎられることはない。そして怒りの心理によってしか宇宙の力を直観的に理解できないのは、これもまた人間のもつ恐ろしい特徴の一つである。

しだいしだいに鎖からときはなされたこの猟犬の群に抵抗する家は、純粋に人間的な真の存在になり、ひたすら自己を防禦するだけで、ついぞ他を攻撃する責任をもたないのだ。ラ・ルドゥスは人間の抵抗である。それは人間的価値であり、人間の偉大さである。

つぎの文章はもっとも明らかに嵐のただなかにある家の人間的抵抗をえがいている(p. 115)。

「家は勇敢にたたかっていた。それは初めのうちはなげいていた。このうえなく恐ろしい突風が四方からいちどきにおそってきた。憎しみもあらわに激しくうなりたてるので、しばらくのあいだわたくしは恐怖し、戦慄した。しかし家は頑強に抵抗した。嵐の始まりから、不機嫌な風は屋根を攻撃した。屋根をもぎとり、その背骨をおり、ずたずたにひきさき、すいこもうとした。しかし屋根は背をまるめ、古い木組にしがみついた。そのとき別の風がやってきた。地面をはうように殺倒し、壁を襲撃した。激烈な衝撃をうけてなにもかもがたわんだ。しかしこの柔軟な家は、身をかがめて、野獣にむかって抵抗した。きっとそれは島の地面に堅固な根をはっていたのだ。そしてその漆喰ぬりの葺と板でこしらえられた薄壁はその根から超自然の力をえたのだ。鎧戸とドアを侮辱し、恐ろしい脅し文句をならべたて、煙突のなかで金切声をたてたがむだだった。わたくしの肉体をかばってくれていた、すでに人間的存在となっていたその存在はいささかも嵐に屈服しなかった。家は、まるで牝狼のように、わたくしをつつむように身をちぢめた。そして時おりその匂いが母親の匂いのようにわたくしのこころのなかにまでしみこんでくるのを感じた。この夜、それはほんとうにわたくしの母であった。

自分の身をまもり、ささえるには、わたくしにはその母しかなかったのだ。わたくしたちはふたりきりだった」。

拙著『大地と休息の夢想』において、家の母性についてのべたときに、わたくしは、母と家のイメージが結合された、測りしれぬほど深いミロシュ[54]のつぎの二行を引用した。

ぼくはお母さまという　そしてぼくがおもうのはあなたです　おお　家よ！
ぼくの幼年時代の美しいくらい夏の家

「憂愁」

似たようなイメージがラ・ルドゥスの住人に深い感謝の念をひきおこす。しかしここでは、そのイメージは幼年時代への郷愁からうまれるものではない。保護するという現実からそのイメージがあたえられるのだ。慈愛の共同体のうえに、さらにここには二つの勇気と二つの抵抗が集中した力の共同体がある。すむひとをつつむように身を「ちぢめ」、壁を近ぢかとちかづけて一体の細胞となるこの家は、なんとすばらしい存在集中のイメージであることか。避難所は収縮した。そしてそのうえ保護するものは外にむかっていっそう堅固になった。避難所は角面堡にかわった。藁葺小屋は孤独者のための勇気の城塞となった。かれはここで恐怖を克服することをまなばなければならないのだ。こうした住まいは教育的である。ボスコの文章は、勇気にみちた内面の城にたくわえられた力の凝集としてよまれる。想像力によって颶風《サイクロン》の中心におかれた家においては、どんな隠れ家のなかでもひとが感じるあの単純な慰めの気持をつきぬけなければならない。たたかう家にささえられる宇宙的ドラマに参与しなければならない。マリクロアのドラマはみな孤独の試煉なのだ。ラ・ルドゥスの住人は、村一つない島の家で、孤独を支配しなければならない。生の偉大なドラマによって孤独になった先祖が獲得した、孤独の威厳を、かれはそこでかちとらなければならない。幼年時代の宇宙とはちがった宇宙に、ひとりいきなければならない。やさしい幸福な種族のひとりであったかれは、勇気をやしない、勇気をまなび、厳しく、貧しく、寒い宇宙にたちむかわなければならない。一軒家はかれに力強いイメージ、すなわち抵抗の助言をあたえるだろう。

こうして、動物的なかたちをとった、嵐とハリケーンの敵意に直面すると、家の保護と抵抗の価値は人間的価値に転換される。家は人間の肉体の生理的精神的エネルギーを獲得する。それは豪雨のなかで背をまるめ、腰をぴんとはる。疾風がおそうと、やむなくかがむが、つねに一時の屈服を否定し、時がくればふたたび身をおこしてたちなおることを確信している。こうした家は人間に宇宙の英雄的精神を約束する。家は宇宙に対抗する道具なのだ。「世界のなかになげだされた人間」の形而上学は、ハリケーンのただなかへなげだされて天の怒りに刃むかう家について、おそらく具象的に省察できることであろう。どんな異論がでようとも、家はわれわれをたすけてこういわせる。世界の意に反してわたくしは世界の住人であろうと。この問題は単に存在の問題であるばかりでなく、エネルギーの問題であり、したがって抗エネルギーの問題である。

この人間と家との動的な共同体において、またこの家と宇宙との動的な対抗関係においては、単純な幾何学形態を参照するつもりはさらにない。いきられる家は生命のない箱ではない。ひとのすむ空間は幾何学的空間を超越する。

家の存在が人間的価値へと転換するこの転換を、暗喩の一つの作用とみなすことができるだろうか。ことばのイメージの問題にすぎないのだろうか。暗喩としてみるばあいは、文芸批評家はこれをおそらく極端にすぎると判断することであろう。他方実証的心理学者は、ただちにこの映像化されたことばを、人間の救いの手のとどかぬかなたの孤独のなかに幽閉された、ひとりの人間がいだく恐怖という心理的現実へひきおろしてしまうだろう。しかし想像力の現象学者は、イメージを表現の低次の手段にひきさげてしまうこのやり方には満足できない。想像力の現象学は、イメージを直接にいき、イメージを生の突発的事象としてとりあげることを要求する。イメージが新しいとき、世界は新しい。

そして生に適用された読書においては、もしわれわれが、世界、つまりわれわれの夢想にひらかれる世界を表現する、詩人の創造的行為を意識しようとつとめるならば、受動性はすべて消失する。アンリ・ボスコの小説『マリクロア』においては、小説の人物たちよりも世界が、孤独な人間に影響をおよぼす。もし小説のなかの散文詩をみなとりのぞいてしまったならば、相続の問題、公証人と相続人の争いくらいしかのこらないだろう。しかし想像力の心理学者にとっては、「社会的」読書にさらに「宇宙的」読書をつけくわえたならば、どんなに有益なことであろう。宇宙が人間を形成し、丘の人間を島と河の人間にかえることを、かれは実感する。家が人間をつくりかえることを理解する。

　こうして詩人によっていきられる家によって、われわれは人間＝宇宙論の神経中枢へみちびかれる。実はたしかに、地形分析《トポアナリーズ》の一手段なのだ。これを使用することはむつかしい、まさにこの理由でこれはきわめて有効な手段なのだ。要するに、われわれの問題は、われわれにとって不利な場所で論議されるわけである。実際、家はまずなによりも幾何学の対象である。ひとはこれを合理的に分析してみたくなる。家の第一現実は可視的であり触知可能である。それは正確に裁断された個体と、正しくくみあわされた骨組でつくられている。そこでは直線が支配する。錘線が智恵と平衡のしるしをあたえた[55]。この種の幾何学的対象は、人間の肉体と人間のたましいとを歓迎する暗喩に、反抗せずにはいられないだろう。しかし家を慰めと内密の空間とかんがえ、内密を凝縮し防禦すべき空間とかんがえれば、たちまち人間的なものへの転換がおこなわれる。すると一切の合理性からはなれたところに、夢幻の領野がひらかれる。『マリクロア』をくりかえしよんでいると、わたくしには、ピエル＝ジャン・ジューヴのことばをかりていえば、「夢の鉄の蹄」がラ・ルドゥスの屋根をこえてゆくのがきこえてくる。

しかしながら現実と夢との複合はけっして決定的にときほごすことはできない。家そのものも、人間的にいきはじめたときにも、なおその「客体性」をいささかもうしなわない。夢の幾何学において、過去の家がどのようにあらわれるか、われわれはさらに精しく検討しなければならない。われわれは、夢想のなかで、この家のなかに過去の内密をみいだすことになるのである。内密の優しい質料が家によって、その形式、すなわちそれが原初の熱を内にひめていたときに所有していた形式をどのようにしてみいだすか、これをわれわれはたえず研究しなければならない(56)。

そしてぼくがあの古い家の
朽葉色の熱を感じると　その家は
感覚から意識へうかびあがる

V

まずわれわれはこれらの古い家をえがくことができる。そしてその結果、現実のコピーという特徴をのこらずそなえた再現をおこなうことができる。夢想とは無関係な、こうした客観的な絵は、堅固な永続的な資料であり、伝記に痕跡をとどめている。

しかしこの客観再現は、描写の技術や再現の才能をしめしただけで、ひとの目をうばい、こころをうばう。そして対象に忠実で正しいかという判断だけが、瞑想や夢想のなかでも持続する。夢想はこの精密な絵にたちもどってすみつく。再現された家をみると夢想家はいつまでも無関心ではいられない。

わたくしが毎日詩をよむようになるはるか以前のこと、わたくしは版画にみかけるような家にすんでみたいと、よく自分にいいきかせたものだった。木版画のくっきりした輪郭の家は、さらにそれ以上にわたくしのこころにうったえた。木版画は単純さを要求するようだ。わたくしの夢想は、版画によって、本質的な家にすんだのだった。

この素朴な夢想を自分の夢想だと信じていたわたくしは、読書のなかに、この夢想の痕跡を発見して、ひどくおどろいた。

一九一三年に、アンドレ・ラフォンはつぎのようにかいた[57]。

ぼくは家を夢みる　窓のたかい　背のひくい家
ひらたくすりへった緑色の三段の階段
……………
古い版画のような　貧しい秘密の住まい
それはぼくのなかだけにいきている　ぼくはときどきはいってゆき
そして腰をおろして灰色の日と雨をわすれる

アンドレ・ラフォンは「貧しい家」のしるしをおびた詩をほかにもたくさんかいている。かれがえがく文学的「版画」においては、家は読者がまるで主人でもあるかのようにむかえる。もう少し大胆にいえば、読者はのみを手にとり、自分の読書をほりきざむことであろう。

版画の型が結局家の型をきめてしまう。アニー・デュティユはこうかく[58]。「わたくしは日本の版画の家にいる。あたり一面太陽だ。なぜならなにもかも透明だからだ」。

それは、四季を通じて夏がすむ、明るい家だ。それは窓だけの家なのである。

つぎのようにかたる詩人もまた版画の住人ではないか。(59)

こころの奥底ふかく
くらいエルシノアの城をもたぬものは
…………
すぎし日のひとにならい
自分自身のなかに　石のうえに石をつみ
亡霊のさまよう巨大な城をきずくのだ

このようにわたくしは読書のなかでみいだした絵になぐさめられるのだ。わたくしは詩人たちがさしだす「文学的版画」のなかにすみにゆく。版画の家は簡素であればあるほど、そこにすむわたくしの想像力にはたらきかける。それは単なる「再現」ではない。その線は力強い。隠れ家は力をあたえる。それはすんでもらいたいのだ、単純に、しかも単純からくる大きな安心をいだいて。版画の家はわたくしのうちに小屋にたいする感覚をよびさます。これによってわたくしは小さな窓のもつ視線の力を再体験する。ところで、わたくしは、率直にこのイメージをのべようとすると、線をひきたい気持になる。線をひく、これはかきながら、ほりきざむことではないか。

VI

時おり家は成長し、膨脹する。この家にすむには、夢想のもっと大きな柔軟性が必要であり、もっと輪郭の不明瞭な夢想が必要である。ジョルジュ・スピリダキはいう。[60]「ぼくの家は半透明だ。だがガラス製ではない。それはむしろ蒸気ににている。壁は、ぼくの希望に応じて、収縮し、弛緩する。ぼくはときどきその壁を、ぼくを四囲から隔離する鎧のように、ぼくのまわりにしめつける。……しかし、ときにはぼくは、ぼくの家の壁そのものの空間をおもいきりひろげさせてやる。その空間には無限の伸長性があるのだ」。

スピリダキの家は呼吸する。それは鎧であり、そして無限にひろがる。またわれわれはそのなかにあっては安全と冒険とが交替するなかにすんでいるといえよう。それは細胞であり、またそれは世界である。幾何学は超越される。

濃密な現実につながれたイメージに、非現実性をあたえること、ここにわれわれは詩の息吹きを感じる。ルネ・カゼルの文章は、もしわれわれがかれのイメージのなかにすむことを承諾するならば、われわれにこの膨脹についてかたってくれることであろう。輪郭もあざやかな地方、プロヴァンスの奥で、かれはかく。[61]

「この熔岩の花が呼吸するところ、枯渇させる幸福と嵐がうまれるところ、ぼくはいつになったらこのみいだせぬ家をさがしもとめることをやめるだろうか。

……………均斉は破壊され、風のまぐさになる。

……………ぼくは、ぼくの家が、鷗にうちふるえる潮風の家ににていたらいいとおもう」。

巨大な宇宙の家はどんな家の夢のなかにも潜在する。その中心からは風を放射し、窓からは鷗がとびたつ。このように力動的な家によって詩人は宇宙にすむことができる。あるいは別のことばでいえば、宇宙が詩人の家にすみにやってくるのだ。

時おり休息のときに、詩人は自分の住まいの中心にもどってくる（p. 29）。

……………またふたたび一切のものが呼吸しはじめる
テーブルクロスは白い

家をその中心に投錨させるには、テーブルクロス、この一握りの白で十分だった。ジョルジュ・スピリダキとルネ・カゼルの文学的な家は無限の棲家である。壁は休暇をとってしまった。このような家にはいると、密室恐怖症がなおってしまう。ときにはこうした家にすむことは健康にとっても有益である。

＊

風を統合し、空気の軽やかさにあこがれる家、その途方もなく成長した木のうえに、いまにもとびたとうとしている巣をのせたこの家のイメージ、こうしたイメージは実証的現実的な精神によって拒否されるかもしれない。しかし想像力についての一般的命題にとっては、このイメージは貴重である。なぜならば詩人はおそらくしるまいが、偉大な原型を力動化する対立物がこのイメージに引力をおよぼしているからである。エーリヒ・ノイマンは『エラノス』誌上の論文(62)で、きわめて地上的な存在が——家はきわめて地上的な存在である——にもかかわらず、空気の世界、空の世界の引力を記録していることをしめした。十分に根をはった家は風を感じる枝をもちたいとおもう、木の葉のささやく屋根裏部屋をもちたいとおもう。屋根裏部屋をおもいだした詩人はこうかくのだ。

樹々の階段を
われわれはのぼる(63)

家について一つの詩がかかれると、おそらく哲学者がいうように、もっとも鋭い矛盾が、しばしばわれわれを概念の眠りから目ざませ、われわれを実用幾何学から解放する。ルネ・カゼルの文章では、想像力の弁証法は堅固さに到達する。そこではひとは熔岩の不可能な匂いを呼吸し、花崗岩は翼をもつのだ。逆に、突風は大梁のように硬い。家は空の一部を征服する。家は空全体をテラスにしてしまう。

しかしわたくしの註釈はあまりにも精密にはしりすぎる。この註釈は、家のさまざまな特性について、断片的な弁証法を歓迎しがちだ。もしこれをつづければ、原型の統一を破壊してしまうだろう。これはよくあることである。原型の多面性がその主要価値につつまれて併存するばあいは、そのままにしておく方がよい。これが、哲学者よりも、詩人の方がつねに暗示的である理由なのであろう。たしかに暗示的であることは詩人の権利である。そのため、暗示のもつエネルギーによって、読者はいっそう遠くまで、それどころかゆきすぎるほど遠くまですすむことができるのだ。ルネ・カゼルの詩をよみかえし、ひとたびイメージの放射を受容すれば、われわれは家の高所にばかりか、超高所にも滞留できることをしる。わたくしは、多数のイメージについて、このように超高所の体験をするのがすきだ。堅固に再現された家のイメージにおいては、高さはおりたたまれている。詩人がその高さをひろげ、ひきのばすと、きわめて純粋な現象学的相貌をとってあらわれる。一般に「休息している」イメージにふれて、意識は「たちあがる」。イメージはもはや叙述的でなく、決然と霊感的になる。

奇妙な状況である。われわれが愛する空間は、永遠に監禁されていることを欲しない。この空間は展開する。これは苦もなく、他の場所、他の時代、夢と思い出の別の平面へ移動してゆくらしい。どんな読者といえどもつぎのような詩のもつ遍在性からは利益をうけることであろう。

こころのなかにそびえたつ家
朝ごとに夢のなかにうまれ
そして夕にはすてさられる
ぼくの沈黙の伽藍
朝やけにかがやく
ぼくの青春の風にうちひらかれた家(64)

この「家」はわたくしにとっては、時の息吹きに移動する軽快な家である。それはたしかに別の時の風にむかってひらかれている。その家は、われわれの生涯のあいだ、毎朝われわれをむかえいれ、生にたいする信頼をわれわれにあたえることが可能なのだ。わたくしは夢想のなかで、ジャン・ラロシュの詩句とルネ・シャールの文章をむすびつける。ルネ・シャール(65)は「軽快になり、しだいしだいに大きな旅の空間を展開する部屋のなかで」

夢みる。もし造物主が詩人に耳をかしたならば、かれは、大地の偉大な確実性を青空へもたらす、空とぶ亀をつくることだろう。

軽快な家の証拠が必要なら、もう一つあげよう。「風の家」と題する詩のなかで、ルイ・ギヨームは夢みる。[66]

おお家よ！　ぼくはながいことおまえを建築してきた
岸辺からおまえの壁の頂へと
思い出の一つ一つにぼくは石をはこんだ
そしてぼくはみた　四季にいだかれた藁屋根が
海のようにかわるおまえの屋根が
煙を雲にかきまぜて
雲を背におどっているのを

風の家　気息がふきけした住まい

わたくしがつぎつぎとこれほど多数の例をつみかさねるのをみて、おどろくひともあろう。現実的な精神は固定している。「ばかげたことだ。こんな詩は空虚な気まぐれな詩、もはや現実となんのかかわりももたない詩だ」。実証主義的な人間にとって、非現実的なものは、輪郭が非現実のなかに没し、しずんでいるために、みな同じにしかみえない。現実の家だけが個性をもちえるのであろう。
しかし家の夢想家は、いたるところに家をみる。かれにとっては、なにもかもが棲家の夢の胚種なのである。ジャン・ラロシュはまたこういっている。

この芍薬はふたしかな家
だれもがふたたび夜をみいだす家

芍薬はその赤い夜のなかにねむる虫をつつんでいる。

蕚はみな一つ一つが棲家だ

別の詩人はこの住まいを永遠の棲家にする。

芍薬と罌粟は無口な楽園

と、ジャン・ブルデェイエトはかりしれぬ一行の詩句をかく。(67)

花の空洞のなかで、このように深く夢みたあとでは、過去の海にとけさった、失われた家のなかでいだくわれわれの思い出もまえとは別の思い出となる。

つぎの四行の詩句をよめば、だれしも果しない夢にいざなわれることであろう。

部屋はしぬ　蜜と煎薬
抽出は死をいたみ　ひらいた
くもった鏡のなかで
家は死ととけあう(68)

VII

われわれが、これらのきらめくイメージから、われわれに深い過去を執拗におもいださせようとするイメージにうつると、詩人がわれわれの先生になる。永遠に失われた家がわれわれのなかにいきていることを、詩人はなんと力強くわれわれに証明してみせることか。家はわれわれによってその存在を完成することを期待するかのように、ふたたびわれわれのうちによみがえることを主張する。われわれはこれ以上みごとにこの家にすめるものだろうか。なんと突然に、われわれの古い思い出が、生きいきとした存在の可能性を獲得することか。われわれは過去を判断する。古い家において深く十分にいきなかったという一種の悔恨の情が、たましいをみたし、過去から浮上し、われわれをおしながす。リルケは、この身をきるような悔恨を、忘れがたい数行のなかにかたっているが、その表現の点でというよりも、むしろその深い感情のドラマの点で、われわれは胸をいためつつこの詩句をわがものとするのである。[69]

おお　あの束のまのひとときに
おもいきり愛されなかったところへの憧れよ
いま　ゆるがせにした身振りをかなたへおくり
ぼくは　つぐないたい

なぜわれわれは家にすむ幸福にこれほど急速にあいてしまったのか。なぜわれわれは束のまのときを持続させなかったのか。その現実においては、なんらかの現実をこえるものがかけていた。その家にあるときは、われわれはあまり夢みなかった。そしてわれわれがその家をみいだせるのは夢想によってなのだから、適切な連関関係はなりたちにくい。事実がわれわれの記憶をみたしている。われわれはたえずむしかえされる思い出のかなたに、けしさられた印象とわれわれに幸福を信じさせた夢とをよみがえらせたいのだ。

ぼくはどこできみをみうしなってしまったのだ
　ぼくのふみつぶされた映像よ

と、詩人はいう。(70)

さて、もしわれわれが記憶のなかに夢を存続させ、精密な追憶のコレクションのかなたにつきでれば、時間の夜のなかにきえうせた家が、きれぎれに影のなかからあらわれてくる。われわれがその家を再構成するのではない。その存在は、その内密からうまれ、温和な曖昧な内面の生のなかに存在を恢復する。なんらかの液体がわれわれのさまざまな思い出をふたたび統一するようにみえる。われわれはこの過去の液体のなかにとけさる。リルケはこの溶解の内密を経験した。かれは失われた家における存在の溶解についてかたっている。「ぼくはその奇妙な家をのちになってついぞみたことがない。それは祖父がなくなったときに、人手にわたったのだ。子供のこころにきざみつけた思い出をたどってみると、それは建物とはいえない。ぼくのこころのなかですっかり分解してしまったのだ。ここにひと部屋、あそこにひと部屋、それからここに廊下が一つ。この廊下はこの二つの部屋をむすぶものではなく、それだけがまるで断片のように記憶のなかにのこっている。こんなふうになにもかもがぼくのこころのなかに散乱している——部屋、たいそう儀式ばった様子でくだってゆく階段、それからその闇のなかをおりてゆくと、まるで血管をながれる血液のような気持をおぼえる狭い螺旋階段[71]」。

このようにときどき夢は、無限の過去、日附のない過去の奥へと深くふかくおりてゆく。そのために生家の明晰な思い出はわれわれから脱落してしまうようにみえる。これらの夢はわれわれの夢想をおどろかす。ついには自分がすんでいたあそこに自分がはたしてすんでいたのか、とわれわれはいぶかしみはじめる。われわれの過去はどこか別の場所へうつり、場所と時間は非現実性をふきこまれる。ひとは存在の辺土にとどまっているようだ。そして詩人や夢みるひとは、存在の形而上学者が考察して有益な文章を、かきあげることができるのだ。たとえばここに具象形而上学の文章がある。これは生家の思い出を夢想でつつむことによって、われわれを、漠としたところに位置する存在の不確かな場所へみちびいてゆく。そこでわれわれは存在のおどろきにおそわれる。ウイリアム・ゴウイェンはかく[72]。「そのひとびとは最初その名まえさえしらず、かつてなに一つしらなかった場所に、うまれでることができた。そしてこの名のない未知の場所にうまれて成長し、その場所をあるきまわり、ついにかれらはその名をしり、愛情をこめてよぶようになった。そしてその場所を家庭とよび、そこに根をおろし、そこのひとびとを愛することができた。そのためかれらはこの場所をはなれたときはいつでも、この場所を望郷の歌にうたい、まるで恋人のように、それにこいこがれる詩をかくのだった」。偶然が人間植物を種まいた土地にはなんの意味もなかった。そしてこの無を背景にして、人間的価値が成長するのである。逆にもし思い出をこえて、夢の奥底に達するならば、この記憶以前の領野では、無が存在を愛撫し、存在を貫通し、存在の絆をそっとときはなすようにみえる。われわれは自問する。存在したものは真に存在したのか。事実ははたして記憶が付与するような価値をもっていたのか。はるかな記憶が事実をおもいだすのは、事実に一つの価値、幸福の後光をあたえるときにかぎられる。その価値が抹殺されれば、もはやその事実はもちこたえられないのだ。それはかつて存在したのか。われわれの個人的歴史と悠久の先史との境界に存在する、思い出の現実へ、非現実が滲透する。それこそは、われわれのあとから生家がわれわれのなかにうまれでる地点なのだ。なぜならば、ゴウイェンがとくように、われわれ以前には、その家はたしかに無名だったのだから。それは世界のなかにまぎれこんだ場所だった。したがって、われわれ自身の時間以前には、われわれの空間の入口で、存在の生起と存在の喪失がゆらゆらとゆらめいているのである。そして思い出の現実性はことごとく妖怪じみてくる。

しかし、この思い出の夢のなかに表現された非現実性は、もっとも堅固な事物、夢想家が、世界を夢みながら夜ごとにたちかえってゆく、あの石の家のまえにたった夢想家に、なんの影響もおよぼさないのであろうか。ウイリアム・ゴウイェンはこの現実の非現実性を理解する（『呼気の家』p. 88）。「そのために、きみが小雨にけぶる小径をひとり家にもどるとき、しばしば家が、自分のはく息がおりだしたヴェール、このうえなく透明なヴェールのうえにたてられているようにみえるのだ。そしてきみはかんがえた。大工の手になるこの家はあるいは存在しないのかもしれない、またついぞ存在しなかったのかもしれない、きみの息でつくりだされた想像にすぎないのだ、そしてその家をはきだしたきみ自身が同じ息で、それをふきけすこともできるのだ、と」。この種の文章では、想像力と記憶と知覚とがその機能を交換する。イメージは現実と非現実の協力からうまれ、現実の機能と非現実の機能の競合からうまれる。この対立の二者択一ではなくて、この対立の融合を研究するには、弁証法的論理という手段は無効であろう。それは生きた物を解剖してしまうことになろう。しかし家が生きた価値ならば、家は非現実性を内包しなければならない。すべての価値はゆらめかなければならない。ゆらめかぬ価値は死んだ価値なのだ。

それぞれに自分の夢想をおうふたりの詩人の作品、二つの特異なイメージが偶然であうと、この二つはたがいに強めあうようにみえる。この二つの異常なイメージの収斂は、いわば現象学的調査に一つの支点をあたえてくれる。イメージは恣意的性格をうしなう。想像力の自由な戯れはもはや無秩序ではなくなる。そこでウイリアム・ゴウイェンの『呼気の家』のイメージと、拙著『大地と休息の夢想』(p. 96)においてすでに引用したイメージを比較することにしよう。わたくしはこれに類似したイメージをみつけることができなかった。

ピエル・セゲルスはかく。(73)

名をよびながらぼくはひとり家のなかをあゆむ
沈黙と壁はぼくにむかって反響する
ぼくの声のなかにひそむ
風のすむ奇妙な家
ぼくはその家をつくりだす　ぼくの手は　雲を
森のうえにうかぶ大空の舟を
映像のたわむれのように
ちりぢりにきえゆく霧を　えがく

霧のなか、気息のなかのこの家をもっと堅固に建築するには、

……こころとことばの青い香りと

が必要であろうと、詩人はいう。

呼気の家のように、気息と声の家は現実と非現実との境界にゆらめく価値である。おそらく現実的な精神はこのゆらめく境界の手前にとどまることであろう。しかし詩をよむときに想像のよろこびを感じるものは、二つの音域になりひびく失われた家のこだまをきくとることのできる日を、カレンダーに赤くしるしづけることであろう。傾聴できるものにとっては、過去の家はこだまの幾何学ではないだろうか。声、過去の声は、大きな部屋と小さな部屋とではひびき方がちがう。また階段の呼び声もことなった反響をもつ。図形幾何学の遥かかなたのむつかしい思い出の領域では、光の色調を再発見しなければいけないのだ。すると、思い出の家の一つ一つの部屋に空気の封印をほどこして、虚ろな部屋にとどまっている、甘い匂いがやってくる。さらにまた声の音色や、「沈黙したいとしい声の抑揚」ばかりか、また音の家のすべての部屋の共鳴を復原することが可能だろうか。このしごく微妙な思い出については、われわれはひとり詩人にだけ精妙な心理の資料をもとめることができる。

VIII

ときに未来の家は、過去の家よりも、堅固で、明るく、ひろびろとしている。夢みられる家のイメージと生家のイメージは相反する方向にはたらく。晩年になってもわれわれは断固としてまだはたしていないことをしとげよう、いつかは家をたてよう、といいつづける。この夢の家は単なる所有の夢かもしれない。これは、他のひとびとにとって、便利で、快適で、健康で、堅固で、しかも願わしいものとみなされた一切のものの精髄かもしれない。この家は、二つの対立語、誇りと思慮を満足させなければならない。もしこれらの夢が実現するとすれば、夢はわれわれの研究領域からはずれてしまう。それは計画の心理の領域にはいる。しかしすでにたびたびのべたように、わたくしにとっては計画は射程の短い夢像《オニリスム》である。精神は展開するが、たましいは壮大な生命をもたない。われわれははるかのちに、いつでもはるかのちになってから、実際もうわれわれにはこの家を実現する余裕がないほどのちになってから、すむ家についてなんらかの夢をいだくことは、おそらくよいことだ。生家と対称の最後の家は、思想を準備する家であって、夢を準備するものではない、厳粛な悲しい思想を準備するのだ。最後の家にすむよりはかりそめの家にすむ方がよい。

つぎの逸話はためになる。この逸話は、詩人デュシスと詩を論じた、カンプノンがつたえている。(74)「かれの住まいや花壇や野菜畑や小さな森や穴倉をうたった、小さな詩に話がおよんだとき……わたくしはわらいながら、きっときみは百年後に註釈者の脳味噌をしぼらせることになるだろうと、かれにいわずにいられなかった。かれはわらいだし、わたくしにこうかたった。かれは若いときから、小さな庭のついた別荘をもちたいとおもっていたが、望みがかなわなかったので、七十歳のときに、財布の紐をゆるめずに、詩人の特権を利用してこれを手にいれることにした。まず家をもつことからはじめた。ついで所有欲が増大するにつれて、庭を、つぎに小さな森などをつけくわえた。こうしたものはみなかれの想像のなかにしか存在しなかった。しかしこうした小さな空想上の財産も、かれの目に現実感をあたえるには十分だった。かれはまるで本物でもあるかのように、これらのものについてかたり、これをたのしんだ。しかもかれの想像力はきわめて旺盛なので四月や五月の晩霜のころ、マルリの葡萄畑のことを心配しているかれの様子をみたとしても、わたくしはおどろかなかったろう。

これにふれて、かれはわたくしにこんなことをかたった。あるひとのいい朴訥な田舎者が、新聞で、小さな土地をうたったかれの二三の詩をよんで、管理人の仕事をひきうけたいともうしでてきた。その男はわずかに住まいと適当な報酬を希望しただけだった」。

どんなところにもすむ、しかし、どこにも監禁されない、これが住まいを夢想するひとのモットーである。最後の家においても現実の家においても、居住する夢想はいじめられる。つねに別の場所を夢みる夢想がひらかれていなければならないのである。

鉄道旅行は、夢の家にすむことのなんとすてきな練習だろう。この旅行は、夢みられ、承認され、拒否される家のフィルムをくりひろげる……自動車旅行とちがって、ひとはけっしてとまってみたいとはおもわない。ひとは夢想のなかへ深く沈潜しているが、検証しようとする態度は、健康にも禁止されている。こんな旅行の流儀は、個人の単なる偏執にすぎないかもしれない。だからわたくしはつぎの文章をあげてみたい。

「田舎のどんな一軒家のまえにたつときでも、わたくしは、そこで満足して生活をおくることができるだろう、とかんがえる。なぜならば、わたくしはその利点だけをみて、障害をみないからだ。わたくしはまだそのなかに退屈な考えや無趣味な習慣をもちこんでいなかったし、これによってその風景をこわしたりしなかった」と、ヘンリ・デーヴィド・ソローはかいている。[75] さらにのちにソローは、偶然ゆきあたった家の幸福な所有者たちに「わたくしがほしいのは、あなたが所有しているものをみる目だけなのです」と、頭のなかでいう。

ジョルジュ・サンドは、藁葺小屋にすみたいひとと、宮殿にすみたいひととによって、人間を分類できるという。しかし問題はさらに複雑である。城主は藁葺小屋を夢み、藁葺小屋の持主は宮殿を夢みる。それどころか、われわれはそれぞれに藁葺小屋の時間と宮殿の時間とをもっているのである。われわれは大地に近く、藁葺小屋の地面におりてすむ。それから空想の城にのぼって、地平線を一望の下にみわたしたいとおもうのだ。そして読書によってたくさんのすむ場所をあたえられると、藁葺小屋と城の弁証法がわれわれのなかでみごとになりひびきだすのである。これをいきたひとりの大詩人がいる。サン＝ポル・ルーの『内面の夢幻劇』のなかには二つの物語がおさめられているが、二つのことなったブルターニュ像すなわち二つの世界像をえるには、この二つの物語を比較してみればよい。一方の世界から他方の世界へと、一方の住まいから他方の住まいへと、夢はゆきつもどりつする。第一の物語は「藁葺小屋よさらば」(p. 205) と題され、第二の物語は「城主と百姓」(p. 359) と題されている。

藁葺小屋への到着の場面。その家はたちまちこころもたましいもうちひらく。「明方、純白の石灰をぬったばかりのおまえの存在が、われわれにむかってうちひらかれる。子供たちは鳩の懐にとびこんだような気持だった。そしてわれわれはすぐさま梯子——おまえの階段がすきになった」。そして別のページで詩人は、藁葺小屋がいかに百姓の人間性と友愛を放射するかをわれわれにつげている。この鳩の家はいそいそとひとをむかえる方舟である。

しかしある日のこと、サン゠ポル・ルーは藁葺小屋をたちさって「領主の館」にむかう。『奢侈と傲慢』にむかって出発するまえに、かれのこころのなかのフランチェスコのたましいはなげきかなしみ、かれはもう一度ロスカンヴェルの楣《まぐさ》のしたにたたずんでいた」と、テオフィル・ブリアンはいう(76)。そしてかれはさらに詩人のことばを引用する。

「これでお別れだ、藁葺小屋よ、どうかおまえの粗末な壁に、それからぼくの苦悩の色である壁の影までもキスさせておくれ……」。詩人の家となるカマレ領主館は、たしかにいかなる意味においても、詩的創作であり、詩人によって現実化された**夢の城**である。サン゠ポル・ルーは、海辺のブルターニュ半島の住民たちがリオン・デュ・トゥランゲとよぶ砂丘の頂にある、一軒の漁夫の家をかいとった。かれは砲兵士官の友人とともに、八つの塔をもつ城を設計した。いまかれがかいとった家がその城の中心となるはずであった。建築家が詩人の計画を修正し、藁葺小屋の心臓をもった城がつくりあげられた。

「ある日のこと、カマレ半島の全体像をしめすために、サン゠ポルは一枚の紙に石のピラミッドと風のけばと海のうねりをえがいてみせた。そして『カマレは竪琴をかきならす風のなかの石』とかきしるした」と、テオフィル・ブリアンはかたっている(同前文、p. 37)。

数ページまえで、わたくしは息と風の家をうたう詩についてかたった。こうした詩でわれわれは暗喩の極限に到達したとおもった。そしてここには、自分の住まいを、この暗喩の設計図にしたがって建築する詩人がいるのだ。

もしもわれわれがずんぐりした円錘形の風車小屋のしたで夢みはじめると、われわれは類似した夢想にふけることであろう。われわれは風車小屋の大地的な性格を感じ、これを、土ばかりでこねあげられ、大地にしっかと腰をおろして風にさからう、原始的な小屋として想像することであろう。それから巨大な綜合として、同時に、どんなかすかな風にもぶつぶつつぶやきながら、風の力を抜目なく利用する翼をもった家を、われわれは夢みるだろう。風泥棒の粉屋は嵐で上等な粉をつくるのだ。

すでに暗示したように、サン＝ポル・ルーは『内面の夢幻劇』の二番目の物語のなかで、カマレ館の城主が藁葺小屋の生活をおくった有様をのべている。おそらくこれほど単純に、しかも激しく、藁葺小屋と城の弁証法を逆転させたものはない。「わたくしは階段の一段目に鋲をうった靴でしめつけられていたので、土百姓の繭のなかから、急に城主となってあらわれでることをためらうのだ[77]」と、詩人はいう。そしてさらにのちに(p. 362)「わたくしの柔軟な性質は、町や大洋のうえをとぶ鷲の幸福にやすやすとなれしたしむ。想像力が、自然力と人間にたいする優越感を、たちまちわたくしにあたえてくれるあの幸福な状態に順応するのだ。やがて利己的な考えにとらえられ、百姓の成上りものにすぎないのに、この館の本来の理由は二つを対比することによって、藁葺小屋の真の姿をみることだったということをわすれてしまう」。

繭ということばそのものがすでにまぎれもないしるしだ。存在の休息とその飛翔、夕の結晶と昼にむかってひらかれる翼とをかたる二つの夢が合体する。町と大洋と人間と宇宙を支配する翼ある城の肉体のなかに、かれは藁葺小屋の繭をのこしておき、このうえなく大きな休息のなかにとじこもるのだった。

ブラジルの哲学者ルシオ・アルベルト・ピニェイル・ドス・サントスの著作にふれて[78]、わたくしはつぎのようにのべたことがある。生のリズムを細部にわたって検討し、宇宙が課する巨大なリズムから、人間の精妙な感受性にはたらきかける、もっと微細なリズムにくだってゆく。これによってわれわれは、精神分析学者が錯乱した精神のなかにみいだす、反対感情併存を鎮静し軽減するのに有益な、リズム分析を確立することができるだろうと。しかし詩人のことばに耳をかたむければ、相交替する夢想はもはやきそいあわない。藁葺小屋と城という両極の現実は、サン＝ポル・ルーの例にみられるように、われわれが収縮と膨脹、質素と壮麗を必要とすることを考慮しているのである。われわれはここで住むことのリズム分析を体験する。よくねむるためには、大きな部屋でねむってはいけない。よくはたらくためには、奥まった片隅ではたらいてはならない。詩を夢み、詩をかくためには、二つの住まいが必要だ。なぜならば創造するたましいにとってこそリズム分析が有効なのだから。

したがって夢想の家は一切のものをそなえていなければならない。どれほど大きな空間をもとうと、その家は藁葺小屋であり、鳩のからだであり、巣であり、繭でなければならない。内密は巣の心臓が必要である。伝記作者のつたえるところによれば、エラスムスは、ながいこと「立派な家のなかで自分の小さな肉体を安全にかくまえる巣をさがしもとめた。やっとのことでかれは、一つの部屋にとじこもったが、そこでかれはむっとする空気をすうことができた。それこそかれに必要なものだったのだ[79]」。

そして多くの夢想家は、家のなか、部屋のなかに、からだにぴったりあった着物をさがしもとめるのである。

しかしくりかえしていえば、巣や繭や衣服は住まいの一つの要素を形成するにすぎない。休息がいっそう凝縮し、繭がいっそう堅くとざされ、そのなかからうまれでる存在がいっそう他の場所の存在となればなるほど、それはいっそう大きく膨脹するのだ。そしてわたくしの見解では、読者というものは詩人から詩人へとうつってゆくから、大きくあけひろげたドアと窓から、家のなかに全宇宙をまねきいれるシュペルヴィエル[80]のような詩人に耳をかたむけるならば、読者は、読書にかきたてられる想像力によって、力をあたえられるのである。

森や川や空気をつくりあげるものはみな
一つの部屋をとざしていると信じる　この壁と壁とのあいだにある

かけつけたまえ　海をわたる騎士たちよ
ぼくの屋根は空だけだ　きみたちの場所はたっぷりある

家はこのように一切を包含するから、窓からみえるものは家に所属する。

ぼくの窓で　山のからだがためらう
「山ならば　岩と石とをつんでそびえ
天によってかえられた大地のひとかけらならば
どうしてなかへはいれよう」

われわれが凝縮した家から膨脹する家へとうつることによって、リズム分析にたいし鋭敏になれば、振動は反射し、拡大する。シュペルヴィエルのように、偉大な夢想家たちは世界の内密を明言する。しかしかれらは家を考察することによって、この内密をまなびとったのである。

IX

シュペルヴィエルの家は、貪欲にみる家である。その家にとっては、見ることは持つことである。それは世界をみる、それは世界を所有する。しかし食いしんぼうの子供のように、それは胃袋よりももっと大きな眼をもっている。この家は過度のイメージの一つをわれわれにおくってくれたが、想像力の哲学者は、まずどんな合理的な批評をも一笑にふして、この過度のイメージをしるしておかなければならない。

けれどもこの想像力の休暇はすんでしまったから、われわれはふたたび現実に接近しなければならない。家政の仕事にともなう夢想についてかたらなければならない。活潑に家を管理し、家のなかでもっとも近い過去ともっとも近い未来をむすびつけ、家の安全をまもる、それが家政の仕事である。

だがいかにして家政に創造的な活動力をささげられるか。

無意識的な身振りに意識の微光をあたえ、古い家具をみがきながら現象学を実行すれば、われわれはおだやかな家庭の習慣のしたからたちまち新しい印象がうまれでるのを感じる。意識は一切のものを若がえらせる。それはもっとも親しい行為に、始まりの価値をあたえる。それは記憶を支配する。実際ふたたび無意識的行為の創始者になるということは、なんと驚嘆すべきことか。したがって詩人が——身代りの人物によってであれ——家具をみがくとき、またふれるものをみなあたためる毛の布きれでかぐわしいワックスをかるくテーブルにぬるとき、かれは新しい事物を創造し、事物の人間的価値をたかめ、その事物を人間的な家の戸籍に記録することになる。アンリ・ボスコはこうかいている。(81)「手の圧力と毛の有益な熱によって、柔かなワックスがみがかれている物質のなかにしみこんだ。テーブルの板はしだいに鈍い光沢をおびてきた。百年もの年をへたしらたのなかから、死んだ木の心のなかから、摩擦磁気によってひきだされた放射光がたちのぼり、新たな光となってしだいにテーブルの鏡板のうえにひろがってゆくようにみえた。魔力をおびた年老いた指とやさしい掌は、生命のない繊維のどっしりとした塊のなかから、潜在的な生命力をひきだした。驚嘆するわたくしの目のまえにくりひろげられたのは、まさに物の創造であり、奇蹟の行為にほかならなかった」。

このように手厚くあつかわれる事物は、実際内面の光からうまれでるものなのだ。それは冷淡な物、幾何学的現実性によって規定される物よりも、はるかに高い実在の水位へ上昇する。それは存在の新しい現実をうみだす。それは一つの秩序のなかに位置するだけではなくて、共同体としての秩序のなかに位置するのだ。部屋のなかでは、一つの事物からもう一つの事物へと、家政の仕事が糸をかけ、ひじょうに古い過去を新しい日にむすびつける。主婦はねむった家具を目ざます。

もし夢が誇張する極限に達すれば、家の生命を維持し、家に一切の存在の明晰性をあたえようと努力することによって、われわれは家を建築しているのだという一種の意識を経験する。ぴかぴかにみがきあげられた家は内部からたてなおされ、内部から新しくなったようにみえる。壁と家具の内密な平衡のなかに、われわれは女性によって建築された家を意識するといえよう。男性は外側からしか家をたてるすべをしらない。かれらはほとんどワックスの文明をしらない。

夢想と労働との統合、もっとも大きな夢想ともっともささやかな労働との統合を、アンリ・ボスコほどみごとにかたるひとはいまい。かれは忠実な下女シドワヌにふれてつぎのようにいう。(82)「この幸福への召命は、かの女の実生活をそこなうどころか、逆にその活動に糧をあたえた。かの女がシーツやテーブルクロスをあらい、入念に食器戸棚の鏡板の艶だしをし、銅の燭台をみがいていたとき、かすかな悦びの感情がかの女のたましいの奥底からわきあがり、家事の疲れをいやしてくれた。かの女は、仕事がすまないうちから、またも自分のなかへくだってゆき、そこにある超自然のイメージをこころゆくまで観照するのだった。もっとも卑俗な仕事をしているときに、この国のさまざまな像が親しげにかの女のまえにあらわれでた。夢みているかげすらみえないのに、かの女は天使たちとともに洗濯し、埃をはらい、掃除していた」。

わたくしは、あるイタリアの小説のなかで、草をかる男の荘重な身振りそのままに箒をふるっている道路掃除夫の物語をよんだことがある。夢のなかで、かれは舗道のうえで空想の牧場の牧草をかっているのだった。かれは自己の青春、落日をあびて草をかる男の高貴な職業をふたたびとりもどした、真実の自然の宏大な牧場の牧草をかっているのだ。

詩的イメージの「組成」を決定するには、精神分析学の試薬よりももっと純粋な「試薬」が必要である。詩にとって必須の精密な決定をおこなうには、われわれは微量化学の領域にはいらねばならない。精神分析学者のできあいの解釈によって変質した試薬は、溶液を混濁させかねない。窓から山をまねきいれる、あのシュペルヴィエルの招きをいきる現象学者は、そのなかに性的怪物をみとめることはないだろう。むしろこれは純粋な解放、絶対昇華の詩的現象の追体験なのである。もはやイメージは事物の支配下にもなく、また無意識の圧力に屈してもいない。それは渺茫と偉大な詩の自由な大気圏内をただよい、飛翔している。詩人の窓をとおして、家は世界と無限に交流する。形而上学者が好んでいうように、男の家は世界にむかってひらかれているのである。

また女性は毎日ぴかぴかにみがきあげ復活させ、家を建築するが、これをあとづける現象学者は、同じく精神分析学者の解釈をのりこえなければならない。前著のあるものでは、わたくしはこの解釈からはなれることができなかった。[83] しかし現在わたくしはこう信じている。すなわちわれわれはさらに深くわけいることが可能であるとおもうし、また人間存在は、いかに物に没入し、物の美を完成することによって、その物を自己の有とすることができるかを感じとれるのだとおもう。まえよりもやや美しければ、これは別種のものなのだ。まえよりもわずかに美しければ、これはまったく別種のものなのだ。

ここにはきわめて習慣的な行為のもつ原初性のパラドックスがある。家政の仕事によって、家は新奇さよりもむしろ起点を回復するのである。ああ、もしも家のなかで、毎朝一切の対象がわれわれの手によってつくりかえられ、われわれの手から「うまれでる」ことになれば、これはなんと偉大な生活であろうか。テオにあてた手紙のなかで、ヴィンセント・ヴァン・ゴッホは「ロビンソン・クルーソーのある独創的な性格を保持」しなければいけないとのべている（p. 25）。一切のものをつくりだし、一切のものをつくりかえ、どの物体にも「完成する身振り」をあたえ、ワックスの鏡にもう一つの表面をあたえる、これはみな、家の内面の成長を気づかせることによって、想像力がわれわれにさずけてくれる恵みである。活動的な一日とするために、わたくしは「毎朝聖ロビンソンに思いをいたせ」と自分にいいきかせることにしている。

夢みるひとがある事物を手入れして魔術的にかえ、この物体を基礎にして世界を再構成するのをみると、詩人の生においては、一切が胚種であるということがたしかめられる。つぎのリルケのながい文章は、難解な点もあるが（手袋と洋服）、われわれに素朴な感情を体験させてくれる。

『女流音楽家への手紙』(フランス訳 p.109)のなかで、リルケはベンヴェヌータにあてて、家政婦の留守に、家具をみがいたことをつたえている。「だからぼくはすばらしい孤独にありました――そのとき突然この古い熱情におそわれたのです。おわかりにならねばいけません。これはぼくの幼年時代のもっとも大きな情熱であり、それどころか音楽にたいする初めての接触なのでした。というのはピアノはぼくの掃除担当でしたから。そしてピアノはすすんで身をゆだね、熱心に雑巾をかけても、退屈するどころか、逆に突然金属的になりだし、そのうえみがけばみがくほど美しく鈍くひかるのでした。この体験によって、なんとさまざまなことをしったことでしょう。大きな前掛け、働きものの手にはこれを保護する掃除用皮手袋、掃除に必要な身仕度をしただけで、もうぼくは誇らしい気持になりました。そして入念にとりあつかわれて元気づいた物がぼくにむかって友情をしめすと、ぼくはこれにたいしていたずらっぽく礼儀正しくこたえたものです。そして今日でも、ぼくはこう告白しなければなりません。ぼくの身のまわりが一面に明るくなり、一切の中心に位置する大きな平滑な黒い書物机が……高く明るいほぼ四角い灰色の部屋をいっそう明らかにうつして、いわばこの部屋をあらためて意識しました。そのときぼくには、文字どおり、表面的なものばかりではなくて、ある美しいものがたましいからたましいへとよぎるような気持がしたのでした。それは、皇帝が老人たちの足をあらい、あるいは聖ボナヴエントゥーラが僧院で食器をあらうような気持だったのです」。

ベンヴェヌータは、リルケの母は「リルケがまだ幼いときに、家具の掃除や、家事をさせていた」とこのエピソードを註釈しているが、それではリルケの文章のしなやかさをそこなってしまう(84)。リルケの文章に仄みえる労働への郷愁をなぜ感じられぬのか。ここにはさまざまな精神年齢の心理的記録が集積されていることを把握できないものだろうか。母の手助けをする悦びに、貧しいひとびとの足をあらう地上の王であるという誇りがむすびついているのであるから、ここにはことなった精神年齢の心理的記録が集積されていることを把握できないものだろうか。この文章はさまざまな感情の複合であり、礼儀正しさといたずらとを、謙虚と行為とを結合している。そしてまたこの文章の冒頭をかざって「ぼくはすばらしい孤独にありました」というみごとなことばがある。一切の真の行為、はたす「必要」のない行為の根源にあるような孤独。そしてそれにもかかわらず、このようなたやすい行為がわれわれを行為の根源にみちびいてゆく。それこそこの種の行為の不思議なのである。

前後の文脈を無視してきりとられたこのながい引用文は、読者の興味をためす絶好の試薬のようにみえる。鼻の先であしらわれるかもしれない。これがひとの興味をそそることにおどろくひともあろう。逆に、それとはいわぬが、興味をいだくひともある。さらにはこの文章が生気にみち、有益であり、慰めになることもある。部屋のなかにすむ一切のもの、われわれに友情をしめすどの家具もしっかりと綜合することによって、われわれが自分の部屋を意識する方法をこの文章はおしえてくれるのではないだろうか。

またこの文章には、「些細な」告白を禁止する検閲をものともしない作家の勇気がないだろうか。しかし些細なものの重要さを認識することは読書のなんと大きな悦びだろう。作家がわれわれにうちあける「些細な」思い出を、個人の夢想によって完成するときは。すると些細なものが、作家とその読者とのあいだのたましいの共同体を形成する内密な意味作用にとって、またとなく鋭い感性のしるしとなる。

そして皮手袋は別として、リルケの時間を体験したと自分にいえるとき、われわれの思い出はなんと甘美になることか。

X

偉大な単純なイメージはみな一つの精神状況をあらわしている。家は風景以上に「一つの精神状況」である。家は外面的にその姿を再現されたばあいでも、内密をかたる。心理学者たち、ことにフランソワーズ・ミンコフスカ(85)とかの女の指導する研究者たちは、子供たちのえがいた家の画を研究した。これはテストの主題としてつかうことができる。多くの子供たちは、自発的に夢みながら、鉛筆を手にして家をえがくから、家のテストには、内発性を発揮できるという利点がある。しかもバリフ夫人はこういっている。[86]「子供に家をえがかせることは子供の幸福の隠れ家であるもっとも奥深い夢をもらさすことにほかならない。もしもその子供が幸福ならば、閉じた保護された家、深く根をはった堅固な家をみいだすことができよう」。その家はかたち正しくえがかれるが、たいていのばあい、なんらかの線が内密の力をさししめす。ある絵では、明らかに「内部は暖かく、火がある、煙突からたちのぼるさまがみえるほど強い火がある」と、バリフ夫人はいう。家が幸福なときは、煙はおだやかに屋根のうえにうかんでいる。

もしも子供が不幸なばあいには、家はえがいた子供の不安のあとをとどめる。フランソワーズ・ミンコフスカは、第二次大戦中ドイツ占領軍によって虐待されたポーランド人とユダヤ人の子供たちの絵のまことに感動的な展覧会をもよおした。警報がでるといつでも戸棚のなかにかくまわれた子供は、この呪わしい時代がとうにすぎさってからも窮屈な寒い閉じた家をえがきつづける。そしてこれがフランソワーズ・ミンコフスカのいう「静止した家」であり、硬直して「静止した家」である。「この硬直と静止は煙にも窓のカーテンにもみとめられる。家のまわりの木々は**直立し**、まるで家を護衛しているようにみえる」(『ヴァン・ゴッホとスーラから児童画まで』p. 55)。フランソワーズ・ミンコフスカは、生きている家はけっして「静止」していないことをしっている。とくに家は、ひとが玄関にちかづく運動を自己にとり入れる。家に通じる**道**はしばしば上りになる。ときにその道はひとをまねきよせる。つねに運動感覚 *Kinesthésie* の要素が存在するのである。ロールシャハ派[87]ならば、家はKをもつということであろう。

偉大な心理学者であるフランソワーズ・ミンコフスカは、細部に着目して、家の運動を認識した。八歳の子供のえがいた家に関して、フランソワーズ・ミンコフスカは、玄関には「把手がある。つまりひとはその家にはいり、そこにすむのだ」と注意している。これは単なる建築物としての家ではなくて、「住まいとしての家なのである」。玄関の把手は明らかに機能的な意味をもっている。これによって運動感覚がしるしづけられており、このしるしは「硬直した」子供たちの絵ではしばしばわすれられている。

もちろん玄関の「把手」を家の寸法にあわせてえがくことは、まず不可能なことである。どんな寸法の問題よりもまず機能が優先する。把手はひらく機能を表現する。論理的な人間だけは、把手はドアをひらくにもとじるにもつかうものだ、と反対することであろう。価値の領域においては、鍵は、ひらくよりも、とじるものなのである。そしてとじる動作は、ひらく動作よりも、つねに明確であり、力強く、簡潔である。こうした微妙な点を測定して、はじめてひとは、フランソワーズ・ミンコフスカのように、家の心理学者になれるのだ。

第三章　抽出箱　および戸棚

I

大作家がある単語を貶下的な意味でもちいると、わたくしはいつも小さな衝撃をうけ、軽いことばの苦しみをおぼえる。まず単語、すべての単語は、日常生活のことばのなかにおいて、忠実に職務をはたしている。つぎにもっとも日常的な単語、もっとも平凡な現実に密着した単語も、だからといって、その詩的可能性をうしないはしない。ベルクソンが抽出についてかたるときのなんという軽蔑ぶり。この単語はつねに論争的な暗喩としてあらわれる。それは命令し、判決をくだし、いつも同じ流儀で判決をくだすのである。この哲学者は抽出型の議論をこのまない。

これは、わたくしには、イメージと暗喩との著しい相違をしめす好例のようにみえる。内密のイメージの研究にかえるまえに、少しこの相違にたちいってみようとおもう。内密のイメージは、抽出や箱とかたくむすばれ、錠の偉大な夢想家である人間が自分の秘密をしまいこみ、かくしている一切の隠し場所とかたくむすばれている。

ベルクソンのばあい、夥しい暗喩が存在するが、どうみてもイメージはめったにあらわれない。ベルクソンにとっては、想像力は完全に暗喩的なものらしい。暗喩は、なかなか表現しにくい印象に、具象的な実体を付与する。暗喩は自己とはことなる精神存在に関係する。絶対的想像力からうまれたイメージは、逆に、その全存在を想像力からうけている。暗喩とイメージの比較をさらにおしすすめれば、暗喩を現象学的に研究することは不可能であることを理解するだろう。その労苦はむくわれない。暗喩には現象学的な価値がないのである。それはせいぜい**つくりあげられたイメージ**であって、深い真実の実在の根をもたない。それは束のまの表現である。あるいはただ一度、ゆきずりにもちいられ、短命とならざるをえない表現なのだ。あまりこれを考究しすぎぬよう注意しなければならない。読者は暗喩を考究することをはばからなければならない。それはそうと、ベルクソン派に関しては、抽出の暗喩がなんとみごとな成功をおさめたことであろう。

暗喩とは逆に、イメージにたいしては読者の存在をささげることができる。イメージは存在の贈与者なのだから。絶対想像力の純粋な産物であるイメージは、存在の一現象であり、かたる存在の特殊現象の一つである。

II

周知のようにベルクソンは、**抽出**の暗喩を、たとえば「既製服」のような他の暗喩とともに、概念哲学の欠陥をかたるためにもちいている。概念は知識の分類につかわれる抽出なのだ。概念はいきられる知識の個性をとりのぞく既製服なのだ。どんな概念でも、カテゴリーの家具のなかにこれをおさめる抽出がある。概念は、定義によれば、分類された思想だから、死んだ思想なのである。

ベルクソン哲学における、抽出の暗喩の論争的な性格を明確にになっている文章を、二三あげておこう。

『創造的進化』(一九〇七年、p. 5)においては、「すでに証明しようとこころみたが[88]、記憶は思い出を抽出のなかに分類したり、あるいは記録にのせる能力ではない。記録も抽出も存在しない……」と、よまれる。

どんな新しい対象に直面しても、理性は自問する(『創造的進化』p. 52)。「その古いカテゴリーのどれが新しい対象にふさわしいか。ひらく用意のできたどの抽出にこれをいれるのか。まえもって裁断してあるどの服をこれにきせるのか」と。なぜならば、哀れな理性主義者を服のなかにしまいこむには、もちろん既製服で十分だからだ。一九一一年五月二十七日のオックスフォードの第二回講演において(『思想と動くもの』所収、p. 122)、ベルクソンは「脳のそこここには、過去の断片を保存する思い出の箱」がある、というイメージの貧弱さを指摘している。

「形而上学序論」において(『思想と動くもの』p. 221)ベルクソンは、カントにとっては、科学は「枠のなかにはめこまれた枠しかしめさない」という。多くの点でこの哲学者の哲学を要約しているエッセー『思想と動くもの』（一九二二年）をかくときにも、まだこの暗喩がかれにつきまとっている。記憶のなかの単語は「脳の抽出やその他の抽出のなかに」あずけられていたわけではない、ともいう（p. 80. 二十六版）。

もしここで指摘することが適切ならば、つぎの事実を指摘することができよう(89)。現代の科学においては、科学思想の発展にともなって必然的に要求される概念発明の活動は、単なる分類によって決定される概念、哲学者の表現によれば「たがいにはめこまれた」（『思想と動くもの』）概念を超越する。現代科学における概念作成にまなぼうとする哲学にたいしては、抽出の暗喩は初歩的な論争の一手段である。しかし暗喩とイメージを区別するという当面の問題にとっては、これは硬化して、ついにはイメージの内発性をもうしなう暗喩の一例にほかならない。これはなによりもまず、教育的に単純化したベルクソン主義において著しい。整理箱の抽出という論争的な暗喩は、型にはまった観念を告発する基礎的分析のなかに、しばしばあらわれる。ある講義をきいていると、抽出の暗喩があらわれてくるのを予見することもできる。ところで暗喩を予感できるときには、想像力は存在しない。この暗喩――これは初歩的な論争の手段である――およびこれとほとんどかわらぬ他の暗喩は、認識哲学、ことにひどく断定的な形容詞をつけてベルクソンが「ひからびた合理主義」とよんだものにたいする、ベルクソン主義者の論争を機械的なものとしてしまった。

III

このあわただしい説明は、暗喩は偶然の表現にすぎないし、これについて思想を展開することは危険だということを、指摘するためのものにほかならない。かたられる夢想のなかで形成されて表現を創造するイメージのもつ、あの直接の力をもたないから、暗喩はにせのイメージなのである。

ある大小説家が、偶然、ベルクソンの暗喩を発見した。しかしこの暗喩は、カントふう合理主義者の心理ではなくて、名うての馬鹿者の心理の特徴をあらわすためにもちいられた。その文章はアンリ・ボスコのある小説(90)のなかにある。しかもこれは哲学者の暗喩を裏返しにする。ここでは知能は抽出のついた家具ではない。抽出つきの家具が知能なのだ。自分の家具のうちでカル＝ブノアが愛着をおぼえたたった一つのもの、それは樫の整理箱であった。そのどっしりとした家具のまえをとおりすぎるとき、かれはいつも満足そうにこの家具をながめた。すくなくともそこではいつも一切のものが堅固で忠実であった。みようとするものがみえ、ふれようとおもうものがたしかに手にふれた。横幅が高さのなかへおしいったり、空虚が充満のなかへおしいったりすることはなかった。細心綿密な精神が、実用のために、あらかじめ用意し、計算しなかったものはなに一つなかった。そしてまたなんとみごとな道具だ。なんの役目でもはたすのだ。すなわちそれは記憶であり、知能であった。この巧みにくみたてられた立方体には、とらえどころのない漠としたものはなに一つない。一回、百回、一万回といれても、一度そのなかにいれたものを、いわばまたたくまにさがしだすことができた。四十八の抽出！　整然と分類された実際的知識の全世界をおさめるのに十分だ。カル＝ブノア氏は抽出に一種の魔術的な力をみとめていた。「抽出は人間精神の基礎である」(91)と、かれはよくいっていた。

くりかえしていうが、この小説でかたっているのは平凡な人間である。しかしかれにかたらせているのは天才的小説家なのである。そして小説家は、この抽出つきの家具によってばかげた管理精神を具象化してみせるのだ。また愚鈍は必然的に嘲笑とむすびつけられるから、アンリ・ボスコの主人公が、箴言をいって、「崇高な家具」の抽出をあけると、女中が抽出に、辛子や塩や米やコーヒーやえんどう豆やレンズ豆をいれておいたのを発見する。思考する家具が食品戸棚にかわっていたのだ。

要するにこれは、おそらく「所有の哲学」を説明できるイメージであろう。これは文字どおりにも比喩的な意味にもつかえよう。貯蔵物をかきあつめる碩学がいる。これを摂取するかどうかのちにわかる、とかれらは自分にいっている。

IV

秘密のイメージの実証的研究にたいする前提のかたちで、軽率に思考し、外面の現実と内部の現実とを真に結合しない暗喩を考察した。ついでアンリ・ボスコの文章によって、輪郭のさだかな現実から性格学の直接的な手がかりをえることに成功した。さてつぎに創造的想像力に関するまったく実証的な研究にもどらなければならない。抽出、箱、錠前および戸棚のテーマによって、われわれは無尽蔵にたくわえられた内密の夢想とふたたび接触することになる。

戸棚とその棚、書物机とその抽出、箱とその二重の底は、秘密の心理生活の真の器官である。こうした「物体」や同じく貴重な少数の他の物体がなかったならば、われわれの内密の生活は内密の模型をかくことであろう。これらのものは混成の物体であり、主体的客体である。それは、われわれと同じく、われわれによって、またわれわれのために、内密をもつのである。

戸棚 *armoire* という単語に共鳴をおぼえぬことばの夢想家がいるだろうか。*armoire*

これはフランス語のもっとも偉大な単語の一つであり、荘厳でもありまた親しくもある。なんと美しく大きな気息！　一番目の綴りの*a*で気息がながれはじめるさま、そして終りの綴りではなんと優しくゆっくりと気息をとじることか。ひとがことばに詩的存在をあたえるときには、けっしていそがない。そして*armoire*の*e*は無声であり、どんな詩人もこれをひびかせようとはしない。この単語が詩においては、つねに単数でつかわれるのは、おそらくこれが理由なのであろう。複数では、どんな連音をしても三綴りとなる。フランス語では偉大な単語、詩において支配的な単語は二綴りにすぎない。

そして美しい単語には、美しい事物。重々しくひびく単語には、深い存在。家具の詩人はみな——屋根裏部屋の詩人、家具をもたぬ詩人であっても——古い戸棚の内部空間は奥深いことを本能的にしっている。戸棚の内部空間は**内密の空間**であり、だれかれかまわずにひとにむかってひらくことのない空間である。

そして単語は拘束する。貧しいたましいだけが手当りしだいに戸棚にほおりこむことであろう。手当りしだいに、手段をえらばず、どんな家具のなかへでもほおりこむのは、住むことのなみはずれた衰弱の証拠である。戸棚のなかには無限の無秩序から家をまもる秩序の中心がいきている。秩序がそこを支配する、あるいはむしろここでは秩序が王国なのだ。秩序は単に幾何学的なものではない。秩序は家族の歴史を記憶している。つぎのようにかく詩人はこれをしっているのだ(92)。

配列　調和
戸棚のなかのシーツの山
下着のなかのラヴェンダー

ラヴェンダーとともに、季節の歴史も戸棚のなかにはいりこむ。ラヴェンダーだけがシーツの序列のなかへベルクソンの持続をもたらすのである。フランスでいわれてきたように、これに十分に「ラヴェンダーの匂いがうつる」のをまたなければならない。おもいおこし、静かな生活の国へかえるならば、なんと多くの夢がたくわえられていることであろう。レースやカンブレ麻布やモスリンが、もっと硬い布のうえにつまれてしまいこまれている棚を記憶のなかでふりかえってみると、思い出はどっとめざめてくる。「戸棚は追憶の無言の喧騒でいっぱいだ」と、ミロシュはいう(93)。

ベルクソンは記憶を思い出の戸棚とみなすことをのぞまなかった。しかしイメージは観念よりも命令的である。そしてもっとも忠実なベルクソンの弟子である詩人は、記憶は戸棚であることを認識する。ペギイはつぎの偉大な詩句をかいている。

記憶の棚のうえと戸棚の聖堂のなかに(94)

しかし真の戸棚は日常の家具ではない。それは毎日ひらくものではない。秘密をうちあけないたましいのように、戸には鍵がささっていない。

――戸棚には鍵がなかった！ ……大きい戸棚には鍵がない
ぼくはその茶と黒の戸をしばしばながめた
鍵がない！ ……なんという不思議！ ぼくはいくたびも
板と板のあいだにねむる神秘なものを夢みた
そして大きく口をあけた錠前の奥に
遠い音　にぶいたのしげな囁きを　ききとれるようなきがした(95)

ランボーはこんなふうに希望の方向をしめしている。閉じた家具のなかには、なんとすばらしい賜物がたくわえられていることか。戸棚は約束にみち、このばあい戸棚は年代記以上のものである。

一言でいえば、アンドレ・ブルトンは非現実的なものの不思議をひらいてみせる。戸棚の謎に倖せな不可能性をつけくわえる。『白髪の拳銃(96)』のなかで、かれは超現実主義の冷静さでつぎのようにかく。

衣裳戸棚は下着でいっぱいだ
くりひろげることのできる月の光さえもはいっている

このアンドレ・ブルトンの詩句によって、イメージは、合理的精神がけっして到達したいとおもわぬ、極端な点にみちびかれた。しかし生きたイメージの頂点にはつねに法外なところがある。妖精の下着をつけくわえることは、ことばの渦巻装飾をもちいて、そのむかしの衣裳戸棚の側翼と側翼のあいだにたたまれ、かさねられ、つみあげられた夥しい富をありたけえがくことではないか。古いシーツをひろげると、なんと大きく、またなんと大きくひろがることであろう。そして古いテーブルクロスはなんと白く、牧場にてる冬の月のように純白だったではないか。ほんの少し夢みれば、ブルトンのイメージはしごく自然なイメージだとおもう。

このように大きな内密の豊かさをもつ存在は、主婦のもっとも優しい心遣いをうける対象であるという事実におどろいてはならない。アンヌ・ド・トゥルヴィルは貧しい樵夫の妻についてかたる。「かの女はまたみがきはじめた。そして衣裳戸棚のうえにたわむれる光沢がかの女のこころを明るくした」(97)と。衣裳戸棚は、ひどくおだやかなうちとけた光を部屋のなかに放射する。当然のことながら詩人は衣裳戸棚のうえに、十月の光があそびたわむれているのをみる。

十月のたそがれの残り火をうつす
古い衣裳戸棚の反映(98)

対象にたいしそれにふさわしい友情をささげるときには、衣裳戸棚をあけようとすると、かすかに身震いをおぼえずにはいられない。焦茶色の板のしたでは、衣裳戸棚はまっ白な巴旦杏だ。それをひらくこと、それは白の事件を体験することだ。

V

「小箱」のアンソロジーは心理学の重要な一章をなすことであろう。職人がつくった複雑な家具は、**秘密の必要**、隠し場所にたいする知能の明らかな証拠である。財産を確実にしまっておくことだけが問題なのではない。圧倒的な暴力に抵抗できる錠はない。錠はみな泥棒への呼びかけである。錠はほんとうに心理的なしきいなのだ。一面に装飾をほどこした錠はわざと無遠慮にふるまう。装飾された錠のなかにはなんという複雑さがあることか。

ドニーズ・ポームはかいている。[99] バンバラ族のあいだでは、錠の中央の部分は、「人間や鰐やとかげや亀をかたどって」彫刻されている。ひらき、しめる力は、生命の力、人間の力、神聖な動物の力をもたなければならない。「ドゴン族の錠にはふたりの人物（祖先の夫婦）の装飾がついている」（『黒アフリカの彫刻』p. 35）。

しかしながら侵入者に挑戦し、力の象徴によって脅迫するよりも、これをあざむく方がよい。こうして複雑な小箱がはじまるのである。第一の秘密は第一の箱にいれる。もしもこれが発見されたならば、好奇心は満足させられるだろう。この好奇心はまた嘘の秘密でいっそうたかめられる。要するに複雑をもとめる家具製作が存在するのである。

小箱の幾何学と秘密の心理とのあいだに相同があることについては、ながながと註釈するまでもないとおもう。ときに小説家たちはわずか数行のうちにこの相同をかきとめている。フランツ・エランスのある人物は、娘の贈物に絹のスカーフをえらぼうか、それとも日本漆の小箱にしようかとまよう。かれは「娘の内気な性格にふさわしいとかんがえて」[100] 小箱をえらぶことにする。このように簡潔で単純な記述は、おそらく性急な読者はみのがしてしまうことであろう。しかしながらこの物語では、父と娘が**同一**の秘密をいだいているから、この記述こそ不思議な物語の中心なのである。この同一の秘密が同一の運命を準備する。小説家は全力をあげてこの内面の影の同一性を感じとらせようとする。実際この書は、小箱というしるしの下に、閉鎖的なたましいの心理に関する記録につけくわえらるべき書物なのだ。だから拒絶を総計し、冷淡な態度を列挙し、沈黙をかぞえあげても、閉鎖的なひとの心理はえがかれない、ということをひとはしるだろう。むしろ新しい箱をひらくときの積極的な悦びの瞬間にそのひとを観察しなければならない。たとえば父から秘密をいだく、つまり機密をもらさなくともよいという暗黙の許可をもらうこの若い娘のばあいである。フランツ・エランスの物語においては、ふたりの人物がたがいにそれといわず、また無言のままに、またそれとしらずに、たがいに「理解」しあう。ふたりの閉鎖的な人物は同一の象徴によって気持を通じあうのである。

VI

前章においてわたくしは、家をよむ、部屋をよむということは無意味ではないとのべた。同じく、ある作家たちはわれわれにかれらの小箱をよませる、ということができよう。もちろん正確な幾何学的表現だけが「小箱」をかく方法ではない。けれどもすでにリルケは、かたく閉じた箱をみる喜びをかたっている。『マルテの手記』のなかで(フランス訳、p. 266)、つぎのことばをよむことができる。「箱の蓋、蓋と同じように彎曲した縁をもった健康な箱の蓋、こうした蓋は箱のうえにありたいという願いしかしらないにちがいない」。文芸批評家は、『マルテの手記』のように彫琢された文章のなかに、リルケがなぜこんな「通俗さ」をのこすことができたのか、とたずねることであろう。しかしなめらかにとじられた箱のなかにふくまれた夢想の胚種をうけいれるならば、このような異論にかかずらうことはないだろう。そして願いということばはなんと遠くまでとどくことだろう。わたくしは「壺はみんな自分にあった蓋をみつける」というフランスの楽天的な諺をおもいだす。壺と蓋がいつもぴたりとあっていれば、世の中は万事なんとうまくゆくことであろうか。

　なめらかにとじ、なめらかにひらく、そしていつも十分に注油されている――われわれはそうした人生をねがうのだ。

　しかしリルケの箱を「よもう」。いかなる宿命によって、密かな思想が小箱のイメージにであうか、それをみよう。リリアーヌにあてた手紙にはこうよめる。[101]「この表現できぬ経験に関するものはみな、まだ遥かかなたにとどまるか、あるいはいつの日か、きわめて密かに関係をつけることができるものなのです。そうです。うちあけてもうしますと、十七世紀のあの大型の頑丈な錠のばあいと同じことになろうとおもいこんでいるのです。あの錠は、閂と爪と棒とレバーとで、櫃の蓋をすっかりおおいつくしているのですが、たった一つのなめらかな鍵がこうした防禦し妨害する道具をことごとく中心からしりぞけてしまうのです。しかし鍵だけの働きではありません。ごぞんじのように、こうした櫃の鍵穴はボタンや舌のしたにかくされており、この方はまた別の場所をおすとひらくのです」。「ひらけ、胡麻」という文句のなんと具体的なイメージだ。あるたましいをひらき、リルケふうのこころをしずめるには、秘密の場所をおし、優しいことばをかたることがなんと必要なことであろう。

リルケはたしかに錠を愛していた。しかし鍵と錠を愛さぬものがあろうか。このテーマについては夥しい精神分析学上の文献がある。したがって一件書類を作製することはとくに容易である。しかしわれわれの目的のために性的象徴を強調したならば、内密の夢想の深さをおおいかくすことになろう。おそらくこうした例ほど、精神分析学でもちいられる象徴体系の単調さを痛切に感じさせるものはなかろう。夜の夢のなかに鍵と錠との葛藤があらわれれば、これは精神分析学にとっては、なによりも明瞭なしるしであり、事を簡潔につげている。鍵と錠の夢をみたら、これ以上告白することはなにもない。ところが詩は、どの面においても、精神分析学を凌駕する。それはいつも夢を夢想にかえる。そして詩的夢想は物語の基礎となることに満足できない。詩的夢想はもつれた複合のうえに接合しないのだ。詩人は目ざめた夢想を体験し、そしてなによりも詩人の夢想は、世界の事物を直視しながら、世界のなかにとどまる。それは宇宙を事物のまわりに、事物のなかへ集積する。そしてそれは櫃をひらき、宇宙の豊饒を華奢な小箱のなかへ凝縮するのだ。小箱のなかに宝石や石がおさめられていれば、それは過去であり、遠い過去であり、詩人が小説にかたる幾世代にもわたる過去である。たしかに石は愛についてかたる。しかしまた力や運命についてもかたるのだ。こうした一切のものはみな鍵とその錠よりもはるかに偉大なのである。

小箱のなかには**わすれられぬ物**、われわれにとってわすれがたい物、だがわれわれが宝をおくるひとびとにとってもわすれがたい物がはいっている。過去と現在と未来とがそこに凝縮している。こうして小箱は太古の記憶となるのだ。

心理を研究するために種々のイメージを利用すると、どんな大きな追憶――ベルクソンの純粋追憶――も小箱のなかにはめこまれていることをみとめるだろう。純粋追憶、自分ひとりのイメージは、ひとにつたえようとは**おもわない**。ひとにはその絵画的な細部をもらすだけだ。しかしその存在そのものは自分ひとりのものであり、われわれは、その全貌をかたろうとはしない。これにはなんら抑圧に類似した点はない。抑圧は拙い力である。そのためにそれは顕著な徴候をしめすのだ。しかし秘密はみなそれぞれに小箱をもち、しっかりとしまいこまれたこの絶対の秘密はなんら力の作用をうけない。ここでは内部の生は記憶と意志の綜合を経験する。ここには**鉄**の意志があるが、外部にたいするものでも他者にたいするものでもなく、対立の心理を超越したかなたにある。われわれの存在の思い出のまわりには**絶対の小箱**の安心がある。[102]

しかし絶対の小箱ということによって、わたくしもまた暗喩でかたっている。われわれのイメージにもどることにしよう。

VII

箱、とくにわれわれがもっと確実に所有している小箱は、**ひらかれる事物**である。小箱は、しめられると、ふたたび事物の共同体へかえされる。すなわちそれは外部空間のなかに位置する。だがそれはひらかれるものなのだ。すると数理哲学者ならば、このひらかれる事物は発見 *découverte*（蓋をとることを意味する）の第一微分であるというだろう。わたくしはのちの章において内部と外部の弁証法を研究するつもりである、しかし小箱がひらかれる瞬間からもはや弁証法は存在しない。外部は一気にけしさられ、すべてが新奇であり、驚愕であり、未知である。外部にはもはや意味はない。最高のパラドックスだ。すなわち新たな次元、内密の次元がひらかれたために、主体の次元は無意味になってしまった。

正しく評価するもの、内密の価値の角度からものをみるものにとっては、おそらくこの次元は無限であろう。

あるおどろくほど明晰な文章が、この事実を証明し、内密の空間の地形分析《トポアナリーズ》に関する真の定理をわれわれにあたえてくれる。

この文章は、文学作品を主たるイメージの機能に着目して分析する、さる文筆家の著作からとられている。ジャン＝ピエル・リシャールは、[103] エドガー・アラン・ポーの短篇小説のなかで、黄金虫の力で発見された箱がひらく瞬間を、われわれに追体験させてくれる。まず、はかりしれぬ価値の宝石がおさめられている！ それは「ありふれた」宝石であるはずはない。公証人ではなくて、詩人がその宝石を評価するのである。それは「なにか未知の、可能な力」をおびており、「たからはふたたび仮説や夢をうむ空想の物体となって、無数の他のたからへむかって、くぼみ、自分自身からすべりおちてゆく」。この短篇小説は、結末に達する瞬間、つまり警察の調書めいた冷い結末に達する瞬間にも、その豊かな夢幻状態をなんら喪失しないようだ。これでおしまい、と想像力はけっしていえない。つねにそれ以上のものがある。すでにたびたびのべてきたように、想像力のイメージは現実による評価をうけつけないのである。

そして内容物の価値付与を容器の価値付与によってなしとげたうえで、ジャン＝ピエル・リシャールは、「われわれは絶対に小箱の底には到達しないのだ」という凝縮した表現をする。内密の次元の無限性をこれ以上巧みにいいあらわすことはできまい。

愛情こめてつくられた家具が、夢想によってたえず修正される内的眺望をもつことはめずらしくない。家具をひらくと、ひとは住まいを発見する。家が小箱のなかにかくされている。だからシャルル・クロ(104)の散文詩のなかに、詩人が高級家具師の仕事をうけつぐ、というひどく不思議なことばがみられるのである。器用な手によって実現された美しい物体が、ごく自然に詩人の夢想によって「ひきつがれる」。シャルル・クロにとっては、寄木細工の家具の「秘密」から空想の存在がうまれでる。

「家具の秘密を発見し、寄木細工の視界の裏側に透徹し、小さな鏡をとおりぬけて空想の世界に到達するには」、「十分にすばやい目、十分に繊細な耳、十分に鋭い注意」が必要だった。想像力はたしかにわれわれの感覚をとぎすますのだ。想像力ゆたかな注意は、瞬間にたいするわれわれの感覚を準備する。そして詩人はつづける。

「だがぼくはついに秘密の祝祭を瞥見し、小さなメヌエットをきき、家具のなかでくわだてられたこみいった陰謀をかぎつけた。

扉をあけると、いわば虫たちの客間がみえ、誇張したパースペクティヴで、白、茶、黒のタイルばりの床がみえる(105)」。

小箱をとじると、詩人はその内部に夜の生活をよびさますのだ(p. 88)。

「小箱がとじられ、邪魔者の耳が眠りにふさがれ、あるいは外界の音に充満し、人間たちの思いがある現実の事物に集中するとき、

そのときその小箱の客間では奇妙な光景が現出する。異常な身の丈と風貌の人物たちが小さな鏡のなかからあらわれでる」。

いまのばあい、この小箱の夜のなかで事物を再生させるのは監禁された反射光である。内部と外部との反転は、詩人によってきわめて強烈にいきられるので、この反転が事物と反射光の反転をもたらすのである。

そして古風な人物たちの舞踏会で熱気をおびたこの小さな客間を夢みたあとで、詩人はもう一度この家具をひらく (p. 90)。「灯火はきえ、しゃれ者やコケットや年とった両親たちという客人たちは、見栄もすてて、大混乱のうちに鏡のなかや廊下や柱廊へきえさる。椅子やテーブルやカーテンは蒸発してしまう。

そして客間は相かわらず空虚で静かで清潔だ」。すると生真面目なひとは、詩人のことばをかりて、「これは寄木細工の家具だ、それだけのことだ」ということであろう。大きなものと小さなもの、外部と内部の反転をおこなうことをこのまぬ読者は、この分別くさい批判をおうむがえしにして、こんどはこういうだろう。「これは詩だ、それだけのことだ」。*And nothing more.*

実際、詩人はきわめて普遍的な心理上のテーマを具象へとうつしかえた。すなわち物は、開いた小箱よりも、閉じた小箱のなかの方に、いつもたくさんはいっていることであろう。評価はイメージをころす。**想像すること**はつねに**体験すること**よりも偉大であろう。

秘密の作業は、物をかくす存在から身をかくす存在へと絶えまなくうつってゆく。小箱は事物の牢獄である。そしてここに自分の秘密の牢獄にあるおもいをする夢想家がいる。

われわれは物をひらこうとおもう。そしてまた自分をひらきたいとおもうのだ。つぎのジュール・シュペルヴィエルの詩句を二重の意味でよむことはできまいか。(106)

ぼくは兇暴にぼくをとりかこむ櫃のなかをさぐり
まるでもはやこの世のものではないような
深いふかい箱のなかの
闇をかきみだす

たからをうずめるものは、それとともに自分を埋葬してしまう。秘密は墓穴であり、秘密をまもるひとが、自分は秘密の墓であるとほこるのもいわれのないことではない。一切の内密は身をかくす。ジョー・ブスケは「ぼくの変身をみるものはいない。だがぼくをみるのはだれだ。ぼくは**ぼく自身の隠れ場所**だ(107)」と、かく。

わたくしは本書においては、物質の内密の問題をあらためて考察するつもりはない。この問題は別の著作においてスケッチしておいた(108)。しかしすくなくとも、人間の内密と物質の内密をもとめる二つの夢想家の同向運動を指摘しておかなければならない。ユングは錬金術的夢想家のこの照応に照明をあてた（『心理学と錬金術』参照）。いいかえれば、**隠された**ものの**最高級**にとってはただ一つの**場所**しか存在しない。人間のなかに隠されたものと物のなかに隠されたものとはこの最高級の奇妙な領域にはいりこむと、たちまち同一の地形分析《トポアナリーズ》に支配される。これは心理学にはほとんど研究できぬ領域である。実をいえば、一切の実証性は最高級を比較級にもどしてしまう。最高級の領域にはいるには、実証的なものをさって、空想的なものにむかわなければならない。詩人の声をきかなければならない。

第四章　巣

ぼくはきづたの蔓のなかの巣をとった
野の苔と夢の草でつくられたやわらかな巣を
　　　イヴァン・ゴル『父の墓』『今日の詩人』
　　　五十巻、セゲルス版、p. 156

純白の巣よ　きみたちの鳥はいま花さくだろう
……………………
きみたちは飛翔するだろう　羽毛の小径よ
　　　ロベール・ガンゾ『詩集』グラッセ版、p. 63

I

ヴィクトール・ユゴーは、一つの短い文章のなかに、居住のイメージと存在とを結合する。かれはいう[109]、カジモドにとって、伽藍は順次に「卵、巣、家、祖国、宇宙」であった。「かたつむりが殻の形をとるように、かれもそれにあわせて形をとったということができよう。それがかれの住まいであり、巣穴であり、外皮であった。……いわば亀と甲羅との関係のように、かれはこれに執着した。このごつごつした伽藍がかれの鎧だった」。不倖せな人間が、この複雑な建物の片隅にある自分のすべての隠れ場所の歪んだ形をとるということをかたるには、やはりこのイメージがみな必要なのだった。このように詩人は、多様なイメージによって、さまざまな避難所の力をわれわれに感得させる。しかしかれはただちに、この夥しいイメージを抑制する合図をつけくわえる。「ここでは、ひとりの人間と建物とのこの特異な、相称的な、直接的な、ほとんど同質的な順応性を表現するために、やむなく比喩をもちいるが、読者にたいして、この比喩をそのままうけとらぬよう警告するまでもあるまい」と、ユゴーはつづける。

しかも明るい家のなかにいても、幸福を意識すると安全な巣にひそむ動物と比較しないではいられない、ということはたいへん不思議なことだ。画家ヴラマンクは静かな家にすみながら、こうかく。「嵐があれくるっているときに、火をみながらおぼえるわたくしの幸福は、まったく動物的である。穴のなかの鼠、巣のなかの兎、牧舎のなかの牛はきっとわたくしのように幸福なのだ(110)」。このように幸福はわれわれをふたたび避難所の原始性へつれもどす。避難所を触知する存在は、肉体的には、ちぢこまり、ひきこもり、身をひそめ、身をかくし、かくれる。われわれの豊かな語彙のなかに、この引きこもりの力学をあますところなくかたる動詞をさがしもとめると、動物的な運動のイメージ、筋肉のなかにきざみこまれている屈曲後退運動のイメージをみいだすことであろう。一つ一つの筋肉の心理学を提出することができたならば、いかに心理学を深化することになることか。人間存在のなかには、いかに多くの動物的存在がひそんでいることか。しかしわれわれの研究はそこまではおよばない。隠れ場所のイメージを理解することによって、これをある意味で体験できるのだということをしめし、これによって隠れ場所の有効なイメージを提示できれば、それだけで十分立派なことだ。

巣、なによりも貝殻によって、われわれは一連のイメージをみいだすが、これを第一イメージ、つまりわれわれのうちに原始性をよびさますイメージとして、その特徴をえがきだそうとおもう。つぎに存在が好んで「片隅にひきこもり」、肉体的な幸福をおぼえるさまをしめしたい。

II

すでに生命のない事物の世界において、巣は特殊な評価をえている。巣は完璧であり、きわめて確実な本能のしるしをおびていてほしい、とひとはねがう。ひとはこの本能に驚嘆し、そして巣はひろく動物の生の不思議とみなされている。アンブロワーズ・パレの著作に、ひろくほめそやされたこの完璧の一例がみられる。(三)「どの動物でも、巣をつくるあの器用な技巧は、これ以上のものをのぞめぬほどに的確であり、どんな石工をも大工をも建築家をも凌駕するほど的確だ。なぜならばこの小動物たち以上に、自分や子供たちにふさわしい建物をつくれる人間はいないからだ。たとえばこれについては、人間には鳥の巣をのぞいてはつくれないものはない、という諺がつくられているほどだ」。

事実しかあつかわぬ書物をよむと、たちまちこの熱狂もさめてしまう。たとえばランズバラ゠トムスンの著作をみると、巣はやっと粗造りしただけでおわることがよくあり、ときにはぞんざいに片づけられるということもおしえられる。「金鷲が木に巣をつくるときには、その鷲はときとして恐ろしいほどの枝の山をつみあげ、そのうえに毎年毎年新しい枝をつぎたしてゆく。そしてついにある日のこと、この枝の山は重みにたえかねてくずれおちてしまう」[112]。鳥類学の歴史をあとづけたならば、熱狂と科学的批評とのあいだに数しれぬ微妙な差異をみいだすことであろう。これはわれわれの主題ではない。ただこのばあいわれわれは、しばしば事実を両面から変形する価値論争の現場をおさえることになるとだけいっておこう。鷲そのものの墜落ではなくて、鷲の巣の墜落は、これを報告する著者にわずかながらも不遜なよろこびをあたえはしまいか。

III

事実に即していえば、巣のイメージに人間的価値付与を行うことほどばかげたことはない。巣は鳥にとってはたしかに温かい心地よい住まいである。それは生の家であり、卵からうまれでた鳥をいだきつづける。卵からうまれでる鳥にとって、裸の皮膚に羽毛がはえでるまでは、巣は外側の羽毛にほかならない。しかしこのように貧弱な事物を人間的なイメージ、つまり人間のためのイメージにかえるとはなんとせっかちなことだ。恋人たちが期待するしっかりと閉じた温かい「巣」と木の葉のかげにかくれたほんとうの巣を実際に比較したら、このイメージの滑稽さが感じとれるだろう。鳥たちはたしかに茂みの愛しかしらないのだ。巣はもっとのちになって、野原での愛の狂乱をおえたあとでつくられる。

もしわれわれがこれら一切のことを夢想し、そこから人間的な教えをひきださなければならないとしたら、われわれはまたも森のなかの愛と町の部屋のなかの愛の弁証法を展開しなければならないだろう。これはもはやわれわれの主題ではない。「夢は高所にすむことをこのむのではないか[113]」というたった一つの考察にもとづいて、屋根裏部屋を巣とくらべるには、アンドレ・トゥリエにならなければならない。要するに文学においては、巣のイメージは一般に幼稚である。

　したがって「いきられる巣」は出発点をあやまったイメージである。にもかかわらずこのイメージには、小さな問題を愛する現象学者に発見できる、原初の力がある。これは哲学的現象学の基本的な機能によせられる誤解をうちけす新たな機会である。この現象学の任務は、自然のなかででくわす巣を記述することではない。それは鳥類学者にまかされた完全に事実に即した作業である。もしわれわれが巣のアルバムをめくるときにいだく関心を解明できるならば、あるいはもっと大胆にいえば、もしわれわれが巣を発見したときの素朴な驚嘆を再発見できるならば、巣についての哲学的現象学がはじまることであろう。この驚嘆は持続する。巣を発見すること、これはわれわれをわれわれ個人の幼年時代、幼年時代そのものへおくりかえす。われわれがもつべきであった幼年時代へ。生によって豊かに宇宙性を賦与されているものはわれわれのなかにはめったにないのだ。

　わたくしは**時期はずれに**庭の巣を発見してなんど失望したことであろう。秋がきて、木の葉はもうまばらになった。木の枝の股に見すてられた巣がある。だからそこには父と母と子供たちがいたはずだが、わたくしはそれをみなかったのだ！

時期はずれに森のなかでみつけられた、空っぽの巣は、発見者を嘲笑する。巣は翼ある生命の隠れ家である。いかにしてひとの目をにげることができたのか。大地の堅固な隠れ家から遠くはなれているのに、なぜ空からもみられないのか。しかしあるイメージの存在の陰翳を十分に測定するには、これに映像をかさねあわせなければならない。だから目にみえない巣についての想像力を極限までひろげる伝説がここで役だつ。これはシャルボノ＝ラッセー著『キリストの動物物語』[114]からとられる。「やつがしらは、どんな生きものの目からも完全に身をかくすことができるといわれていた。そのため中世末にはまだ、やつがしらの巣のなかには、これをきると人間の姿をかくす、さまざまな色の草があると信じられていた」。

それはおそらくイヴァン・ゴルの「夢の草」でもあろう。

しかし現代の夢はそこまで遠くはしらないし、また見すてられた巣にはもはや姿をかくす草もない。枯れた花のように垣根でひろわれた巣は「物」にすぎない。それはわたくしが手にとって、むしりとってもよいものである。メランコリックな気持で、わたくしはふたたび野と茂みのひとになる。そして「これはしじゅうからの巣だよ」と、子供におしえられることをいくぶん誇らしくおもうのだ。

したがって古い巣は事物の範疇にはいる。事物の種類がことなればことなるほど、概念は単純になる。巣をたくさんあつめると、想像力は不活潑になる。われわれは生きた巣との接触をうしなう。

だがしかし生きた巣こそが、実在の巣、自然のなかにみいだされる巣の現象学を導入できるのであろう。この巣は一瞬宇宙の中心——これは誇張ではない——になり、宇宙状況の答えとなる。わたくしがそっと枝をもちあげると、鳥が卵をあたためている。その鳥はとびたたない。ただわずかにふるえる。わたくしは鳥に身震いさせたかと、自分で身震いする。卵をだいた鳥が、わたくしが人間であること、つまり鳥の信頼をうしなった存在であることをしりはしまいかとおそれる。しだいに——これはわたくしの想像だが——鳥の恐怖と恐怖させたというわたくしの恐怖がしずまってくる。わたくしはまえよりもらくに呼吸する。枝をおろしてもとにもどす。わたくしは明日またくるだろう。今日、わたくしのこころには悦びがある。鳥がわたくしの庭に巣をかけたのだ。

そしてその翌日、夜警よりももっとしずかに並木道をとおってまたやってくると、巣の底には白っぽいピンクの卵が八つみえる。ああ！　なんと小さい卵だ！　茂みの卵はなんと小さいのだろう！

これが生きた巣であり、鳥のすむ巣である。巣は鳥の家である。このことならわたくしもむかしからしっているし、むかしから話にもきいていた。これは古い古い話であり、この話をあらためてまたひとや自分にくりかえすのは気がすすまない。けれどもわたくしはいま体験したばかりなのだ。そしてわたくしは生きた巣を発見したのはわが生涯のいつの日だったか、ほんとうにはっきりとおぼえている。一つの生涯において、こうした真の思い出はなんと稀なことであろう！

　いまわたくしはトゥスネルの文章をなんと深く理解できることであろう。「わたくしがひとりでみつけた最初の小鳥の巣の思い出は、学校の翻訳で一等賞をとった思い出よりも深く記憶にきざまれている。それはかわらひわのすばらしい巣で、図解地図のように赤い線がはしっている灰紅色の卵が四つはいっていた。わたくしはたちまちいいようのない悦びの衝撃をうけ、一時間以上も目と足を釘づけにされていた。その日わたくしは偶然に自分の天職をおしえられたのだった[115]」。興味の目覚めをさぐるわれわれにとって、なんとすばらしい文章であろう。出発点においてこのような「衝撃」に反応したという事実をかんがえれば、トゥスネルが、その生涯においても作品においても、フーリエふうの調和哲学をすべて体現し、鳥の生命に宇宙的次元の寓意的な生命をあたえることができたこともいっそうよく理解できる。

　しかしもっとも日常的な生においても、森や野にすむ人間にとっては、鳥の巣の発見はつねに新鮮な感動である。植物の愛好者フェルナン・ルケンヌは、妻のマチルドとの散歩の途中、りんぼくの茂みのなかにうぐいすの巣をみつける。「マチルドはひざまずき、指をさしのばし、柔かな苔をなで、指を宙にうかしている……

突然わたくしは戦慄をおぼえる。二本の枝の股にかかった巣の女性的な意味が急にわかったのだ。茂みがあまりにも人間的な性質をおびてきたので、わたくしはさけぶ。

『それにはさわらないでおくれ、どうかさわることだけはやめておくれ』と[116]」。

IV

トゥスネルの「衝撃」、ルケンヌの「戦慄」は誠実の刻印である。わたくしはそれをよんで反響した。なぜならば書物においてこそわれわれは「巣を発見する」おどろきをたのしむからである。だから文学にあらわれた巣の研究をすすめよう。つぎに一例をあげるが、ここでは作家が巣の住まいとしての価値を一音階たかめている。この例をヘンリ・デーヴィド・ソローにかりることにする。ソローの文章においては、小鳥にとっては一本の樹木全体が巣の玄関である。巣をかくまう光栄に浴した木は、すでに巣の神秘にあずかっている。その木は小鳥にとってはすでに隠れ家なのだ。ソローは、一本の木全体を自分の住まいにしているみどりきつつきを、われわれにしめす。かれは、この所有の行為を、永らく留守にしていた家にすむためにかえってくる家族の悦びと比較している。「永らく留守にしたあとで、隣の家族が人けのない家にふたたび足をふみいれると、子供たちの楽しげな話し声や笑い声がきこえ、台所から煙がたちのぼるのがみえる。戸は大きくひらかれている。子供たちはわめきながらホールをはしる。そのようにみどりきつつきは木立の廊下にとびこみ、こちらの窓をあけ、きゃっきゃっととびだして、あちらへとんでゆき家に風をいれる。あるいは上で、あるいは下で、かれは声をひびかせ、住まいの用意をととのえ……そして所有するのだ[117]」。

ソローは巣と家を拡大してみせた。ソローの文章が暗喩の両方向にむかって等しく活潑なことはおどろくべきことではないか。すなわち、楽しい家は力強い巣である――みどりきつつきが自分の巣をかくした木の隠れ家にたいしてよせる信頼は、住まいの所有行為なのである。ここでは比喩やアレゴリーの範囲をこえる。木の窓にあらわれ、バルコニーでうたう「所有者」のみどりきつつきは「誇張」だと、合理的な批評家ならきっとそういうことであろう。しかし詩的たましいは、木と同じ大きさの巣によってイメージを拡大してくれたことにたいして、ソローに感謝することであろう。偉大な夢想家が木のなかに身をかくすと、その木は巣になる。『墓のかなたの回想』のなかで、シャトーブリアンはつぎのような思い出を告白している。「わたくしはこの柳の木の一本に、小鳥の巣のような席をしめていた。その天と大地との間に孤立したところで、何時間もうぐいすたちとすごした」。

実際、小鳥が巣をかけた庭の木はいっそう好ましくなる。葉むらのなかの緑の服をきたきつつきは、しばしば秘密めき、目にみえなくなるが、それでもわれわれには親しみぶかい。きつつきは物静かな住人ではない。そしてわれわれがそのきつつきをおもうのは、かれがうたうときではなくて、仕事をするときだ。かれの嘴は木の幹を端から端までこつこつと音をたてながらうつ。かれはよく姿をけしてしまうが、いつもかれの音はきこえる。それは庭師だ。

こうしてきつつきはわたくしの音の世界にはいってきた。わたくしはこれをわたくしにとって有益なイメージにかえる。わたくしのパリのアパートで、隣人のひとりが夜もおそくなってから壁に釘をうつときに、わたくしはこの音を「自然化する」。不快なものにたいしては一切こころをしずめることにしているわたくしの流儀で、わたくしはディジョンの家にいるのだと想像する。そしてきこえてくるものはみな自然の音だとかんがえて、「あれはアカシアの木のなかで仕事をしているわたくしのきつつきだ」と、自分にいいきかせる。

V

すべての休息や静寂のイメージと同じく、巣は単純な家のイメージと直接むすびついている。巣のイメージから家のイメージへの移行、あるいはこの逆の移行は単純のしるしの下でだけはたされる。数多くの巣や藁葺小屋をえがいたヴァン・ゴッホは、弟に「葺でふいた屋根の家はわたくしにみそさざいの巣を連想させた」[118]と、かいている。もしかれが巣をえがきながら藁葺小屋を夢み、藁葺小屋をえがきながら巣を夢みるならば、この画家の目にとっては関心の倍加を意味するのではないか。こうしたイメージの結節点では、ひとは二倍夢み、二つの音域で夢みるようにみえる。もっとも単純なイメージが二重になり、それはそれ自身であるとともにまたそれとは別種のものである。ヴァン・ゴッホの藁葺小屋は藁をつみすぎている。粗くあんだ厚い藁は壁からつきでて、庇護する意志を強調している。ここではどの庇護の力とくらべても、屋根がもっとも力強くこの力をあらわしている。屋根におおわれた壁は土をこねあげたものだ。入口は低い。藁葺小屋は野の巣のように大地のうえにおかれている。

そしてみそさざいの巣は、覆いのついたまるい巣だから、たしかに藁葺小屋なのである。

ヴァンスロ師はこれをつぎのようなことばで叙述している。「みそさざいは巣をたいそうまるい球形状につくる。その巣には水がはいらないように、下方に、小さな穴があいている。この入口は普通は枝でかくしてある。巣を四方八方からしらべてみなければならないことがしょっちゅうだった。そしてやっとのことで雌のはいる入口をみつけることができた」[119]。ヴァン・ゴッホの巣＝藁葺小屋という明白な関係を体験して、突然わたくしのなかでことばの戯れがはじまる。小さな王さま（みそさざいを意味するフランス語 *roitelet* はまた小国王の意味がある）がこの藁葺小屋にすんでいるのだとひとりごちたくなる。これはたしかに童話のイメージであり、さまざまな物語を暗示する。

VI

巣＝家はけっして若くはない。それは居住の自然の場所である、と、てらっていうこともできよう。鳥が巣にかえり、羊が小屋にかえるように、ひとはそこに**かえり**、そこにかえることを夢みる。この**帰還**のしるしが無数の夢想を刻印している。なぜならば人間の帰還は、人間の生の偉大なリズム、年をのりこえ、夢によって一切の不在とたたかうリズムにもとづいてなしとげられるからである。巣と家という似かよったイメージには、忠実という内密な構成要素がはたらいている。

この領域では、一切が単純微妙におこなわれる。たましいはこれらの単純なイメージにたいしてきわめて鋭敏であり、そのため調和する読書においては、たましいはのこらず共鳴をききとるのである。概念の段階の読書は色あせ、冷く、直線的であろう。これはわれわれにイメージをつぎつぎと理解することを要求する。そしてこの巣のイメージの領域では、線はたいそう単純なので、詩人がこれに陶酔できるのをみてひとはおどろいてしまう。しかし単純は忘却をもたらす。そしてわれわれはたちまち、稀有の筆触でその様相を一新できる詩人に感謝するのである。現象学者ならば、この単純なイメージの更新に反響しないでいられようか。ジャン・コーベールの「温かい巣」という単純な詩をよむと、われわれは深く感動する。この詩が沙漠のテーマの下にかかれた峻厳な書物(120)におさめられていることを考慮すれば、この詩はさらに大きな意味をもつことになる。

小鳥のうたう
温かいしずかな巣は
…………
うたと魅惑をよびおこす
それは古い家の

そしてこのばあいのしきいとは、ひとを歓迎するしきいであり、いかめしくひとを威圧しないしきいである。静かな巣と古い家の二つのイメージは、夢の機《はた》で、丈夫な内密の布をおる。そしてこのイメージは、なんら絵画的な色彩をもとめず、徹頭徹尾単純である。詩人は、巣や、小鳥の歌や、われわれを初めての住まいである古い家の方へまねく魅惑をあげるが、これによって一種の音楽的な和音が読者のたましいのなかにひびくことを正しく感じとっていたのだ。しかし家と巣をこのように優しく比較するには、幸福の家をすでにうしなってしまっていなければならない。この優しい愛情の歌には歎きがある。巣にかえるように、古い家にかえるならば、それは、思い出が夢となり、過去の家が偉大なイメージ、失われた内密の偉大なイメージとなったからである。

VII

こうして価値は事実を変化させる。われわれがあるイメージを愛すると、もうそのイメージは事実の写しではありえなくなる。翼ある生のもっとも偉大な夢想家のひとりであるミシュレは、新たにこの証明をしてみせる。しかしながらかれは「鳥の建築」についてはわずかに数ページしかついやしていないが、この数ページは思考し、同時に夢想する文章である。

ミシュレによれば、鳥は道具をもたない労働者である。それは「りすの手もビーバーの歯も」もたない。「実際、道具といったら、それは鳥自身の肉体、その胸である。鳥はその胸で材料をおしつけ、しめつけ、そしてついにはこれを完全に柔軟にし、まぜあわせ、どんな用途にも適応させる」[121]。そしてミシュレは、肉体が肉体のためにつくった家を暗示するが、これは物質的に作用する内密のうちに、貝殻のように、内部から形をなしてゆく。巣の内部が巣の形をきめる。「巣を球形にする道具は鳥のからだにほかならない。たえずぐるぐるまわり、壁を四方八方におしつけ、そして初めてこの球形を完成する」。生きた轆轤の役の雌が家をえぐる。雄が外からさまざまな材料や硬い茎をはこんでくる。雌はせっせとからだをおしつけて、この材料をフェルトにかえる。

そしてミシュレはつづける。「家は鳥そのものであり、その形であり、そのもっとも直接の努力であり、さらにはその苦しみである。胸をたえずおしつけるほかに結果はえられない。この曲線をつくりあげ、保持するために、胸や心臓を何千回となくおしつけられなかった草の茎は一つもない。その胸はきっと息づかいも苦しく、動悸していたことだろう」。

なんと信じがたいイメージの反転か！　これは胚によってつくられた胸ではないか。すべてが内部からの圧力であり、物質的に支配する内密である。巣は、ふくらみ、外皮にむかっておしよせる果実である。

いかなる夢想の奥底からこのようなイメージがたちのぼるのか。それはもっとも身近な保護、われわれの肉体にあわせた保護についての夢想からくるものではないか。この衣服＝家の夢は、居住の空想的な訓練にふけるものにとっては未知のものではない。もしわれわれが、ミシュレが小鳥の巣について夢みている、あの方法で住まいをつくりあげるとすると、われわれは、ベルクソンによってしばしば非難されてきた既製服をきることはないだろう。これは、われわれはみなそれぞれに個人の家を、自分の寸法にあわせてフェルトをつめた、自分のからだの巣をもつことであろう。ロマン・ロランの小説の主人公コラ・ブルニョンはさまざまな人生の苦難をなめたあとで、まえよりも大きな快適な家をおくられたとき、かれは、この家は自分のからだにあわない洋服だからといって拒絶する。「その家はわたしにはだぶだぶか、あるいはわたしがはいるとはちきれてしまうだろう」と、いうのである。(122)

もしミシュレがあつめたイメージをこのように人間的なものにまでおよぼしてゆくと、こうしたイメージは本来人間的なものであったことをわれわれはさとる。ある鳥類学者がミシュレ流に巣の建築を叙述することがあったとしたら、これには疑問がのこる。この方法でつくられた巣はミシュレ巣とよばなければならない。現象学者はこれを、奇妙な潜伏の活力、たえず新たにはじまる活潑な潜伏の活力を検査するのにもちいることであろう。これはひとがベッドのなかで輾転と寝返りをうつあの不眠症の力学ではない。ミシュレは住まいが成型され、元来いろいろな材料をよせあつめてささくれだった表面を、微妙なタッチで、手ざわりのよい、なめらかな表面にしあげるさまをわれわれにみせてくれる。ミシュレのこの文章は、偶然、物質の想像力のめずらしい、しかしそのため貴重な資料となっている。物質のイメージを愛するものは、ミシュレの文章が**乾式成型**をえがいてみせるから、これをわすれることができない。これは乾いた空気と夏の太陽のなかでの苔と草の茎の成型であり、結婚である。ミシュレの巣はフェルトの栄光をたたえる讃歌である。

唾液と泥とでつくられているという、燕の巣を愛する巣の夢想家はほとんどいないことを注意しておこう。家や町ができるまえには、燕はいったいどこにすむことができたのか、と不思議におもわれてきた。したがって燕は「正常な」鳥ではない。シャルボノ＝ラッセーはかいている（前掲書、p. 572）。「わたくしはヴァンデーの百姓たちが、燕の巣は、冬のさなかでさえも、夜の悪魔をこわがらせるといっているのをきいたことがある」と。

いっそう深く巣の夢想に没入すると、たちまちわれわれは一種の感性のパラドックスに遭遇する。巣は——われわれはこの事実をただちに理解するが——不安定であるが、しかし巣はわれわれのこころのなかに安全の夢想をよびおこす。この明白な不安定がなぜこのような夢想を阻止しないのか。このパラドックスにたいする答えは簡単だ。すなわちわれわれはそれと自覚しないが、現象学者として夢みているのである。ある種の素朴な態度で、鳥の本能を追体験するのだ。われわれは、緑の葉むらのなかにある緑色の巣の擬態を強調してたのしむ。われわれはたしかに巣をみたのだが、その巣はちゃんとかくされていたという。この動物の生の中心は厖大な植物の生のなかにつつみかくされている。巣はうたう木の葉の花束だ。それは植物の平和にあずかる。大きな木々の幸福な世界の一点である。

詩人はかく。(123)

ぼくは巣をゆめみた　巣のなかで木々は死をしりぞけた

巣を考察するならば、われわれは世界にたいする信頼の根源に達し、信頼の糸口をつかみ、宇宙にたいする信頼への招きをうける。世界にたいして本能的に信頼をいだいていなかったならば、鳥は巣をつくったであろうか。もしわれわれがこの招きをききとり、この巣という不安定な隠れ家を——たしかに逆説的ではあるが、想像力の純粋な飛躍によって——絶対的な避難所とするならば、われわれは夢の家の根源にたちかえることになる。潜在的な夢幻の力で把捉されたわれわれの家は世界のなかの巣である。もしわれわれが夢のなかで、最初の住まいの安全を感じとるならば、われわれは生来の信頼をよせてその家にすむことになろう。われわれの眠りのなかに深くきざまれたこの信頼を体験するためには、信頼の物質的な根拠をかぞえあげる必要はない。巣も夢の家も、また夢の家も巣も——もしわれわれが真に夢の根源に達すれば——世界の敵意をなんらしらない。人間にとって、生は熟睡にはじまり、そして巣の卵はみな温かにしっかりとだかれている。世界の敵意の経験は——したがってわれわれの防禦と攻撃の夢は——もっとのちにやってくるものである。胚種の時期には、生はみな幸福である。存在は幸福からはじまる。巣を観察するとき、哲学者は静かな世界存在のなかにある自己の存在をおもい、こころの平静をえる。そしてかれの夢想の純粋な素朴さを今日の形而上学者の用語にうつしかえるとしたら、夢想家は、世界は人間の巣である、ということであろう。

世界は巣である。すなわち無限の力がこの巣のなかの諸存在を保護している。『ヘブライ詩の歴史』(カルロヴィッツ訳、p. 269)のなかで、ヘルダー[124]は無限の大地にもたれかかった無限の天のイメージをあげている。すなわち「大気は巣にもたれて雛をあたためる鳩である」。

＊

わたくしがこの考えをいだき、この夢をみていたそのときに、『カイエ・G・L・M』一九五四年秋季号所載の一文をよんだが、この文章によってわたくしは、巣を「世界化し」、巣を世界の中心とする公理を主張するうえで示唆をえた。ボリス・パステルナークは「本能」についてかたっているが、「この本能にたすけられて、われわれは燕のように世界をつくりあげる――それは大地と天、死と生、および自由にあつかえる時間と欠乏する時間という二種類の時間をかためあわせた巨大な巣である」[125]。たしかに二つの時間である。なぜならば、静寂の波がわれわれの内密の中心から発して、世界の境界にまで達するには、われわれはなんとながい時間を必要とすることであろうか。

ところでボリス・パステルナークの燕の巣としての世界には、なんと強烈なイメージの集中があることだろう。そうだ、世界の粘土をわれわれの隠れ家のまわりにこねあげ、かためることを、なぜわれわれはやめなければいけないのか。人間の巣、人間の世界はけっして完成しない。そして想像力はわれわれがこの仕事をつづけるのをたすけてくれる。詩人はこのように大きなイメージからはなれることはできない。あるいはもっと正確にいえば、こうしたイメージはその詩人からはなれることができないのだ。ボリス・パステルナークは「人間は無言で、かたるのはイメージである。イメージだけが自然と足並をそろえられることが明らかだからだ」と、かいているが、これは正しい(同前、p. 5)。

第五章　貝　殻

I

貝殻にはきわめて明晰、確実、硬質な概念が対応するので、貝殻をただ単純にえがくことができない詩人、これについてかたらなければならない詩人は、さしあたってイメージに不足する。夢想される価値にのがれようとしても、形状がしめす幾何学的現実によってひきとめられてしまう。しかもその形状はまことに多種であり、しばしばひどく新奇なので、貝殻の世界を実証的に検証すると、想像力は現実によって圧倒されてしまう。ここでは自然が想像し、自然がすぐれて博学なのだ。アンモン貝のアルバムをみれば、これだけで、中世代から軟体動物が、先験的幾何学の教えにしたがって、貝殻をつくったことが認識できる。アンモン貝は対数曲線を軸にしてその家をつくりあげた。モノ＝ヘルツェンのすぐれた著書には、生命によるこの幾何学形状の形成についてたいへん明快な記述がみられる。(126)

もちろん詩人はこの生命の美学的範疇を理解することができる。ポール・ヴァレリーの『貝』という表題の美しい文章にはくまなく幾何学的精神がかがやいている。この詩人にとっては、「ある**結晶**、ある**花**、ある**貝殻**は、感覚できるすべてのものがもつあの通例の無秩序から脱却している。それは特殊な対象であり、われわれが無差別にながめる他の一切のものとくらべて、思考にとっては神秘的であるが、目にとってはいっそうわかりやすい(127)」。偉大なデカルト学徒であるこの詩人にとっては、貝殻はみごとに凝固した、したがって「明晰で、明瞭な」動物幾何学の真理であるらしい。うみだされた物体はきわめて理解しやすい。つねに神秘的なのは、形ではなくて、その形成である。しかしその形態に関しては、貝殻の巻き方を左にするか右にするかをきめる最初の選択にあたって、なんという生命の決定がくだされていることであろう。この最初の渦巻についてはなんと夥しくかかれたことか。実際、生命はのびあがるよりも、むしろまず回転することからはじまるのである。回転する生の飛躍とはなんと油断のならぬ不思議、生のなんと微妙なイメージ！　そして左にまいた貝殻についてはなんという夢！　同類の渦巻をうらぎった貝殻についてては！

ポール・ヴァレリーは、美しい堅固な形態の幾何学によって存在の価値をかちえ、単にその本体を保護するという意識をすてさっている、成型され、ほりきざまれた物体の理想をいつまでもおもいめぐらす。したがって軟体動物のモットーは、いきるために家をたてるのではなくて家をたてるためにいきなければならない、ということになろう。

第二段階の考察においては、詩人はつぎのことを意識する。人間によってほりきざまれた貝殻は、一種の計算可能な行為によって外側から獲得され、彫琢の美をとどめるが、一方(p. 10)「軟体動物は貝殻を放射し」、建築材料を「滲出させ」、「霊妙な釉薬を必要なだけしたたらせる」。そして滲出がはじまったときから、家は完成する。こうしてヴァレリーは造形する生命の神秘、ゆるやかな持続的な形成の神秘にもどってくる。

しかしこのゆるやかな形成の神秘にふれているのは、詩人の思索の一時期にすぎない。かれの書は形態の博物館への序論である。コレクションはポール・A・ロベールの水彩画でえがかれている。かれは水彩画にとりかかるまえに、貝殻をみがきあげて、対象を準備した。この微妙な研磨によって色彩の根が明らかにされた。これによって色彩の意志、彩色の歴史そのものに参与する。そしてこのとき家は、この家にすむことを夢想したならば、それは冒瀆ともなろうほどに美しい、強烈なまでに美しい姿をとってあらわれる。

II

住むことのイメージをいきようとおもう現象学者は、外面の美にまどわされてはならない。一般に、美は内密の省察を外在化し、さまたげる。現象学者は、無限に多様な貝殻を分類しなければならない貝類学者のあとを、いつまでもおいかけるわけにはいかない。貝類学者は多様性をもとめる。けれどももしも貝類学者が、かれがいだいた最初のおどろきをおしえてくれるなら、現象学者も貝類学者にまなぶことができよう。

なぜならば、ここでも巣のばあいと同じく、素朴な観察者の持続的な興味は、最初のおどろきにはじまるはずだからである。一つの存在が石のなかでいきている、石のかけらのなかでいきている、そんなことが可能なのであろうか。このおどろきを二度と体験するひとはほとんどいない。生は最初のおどろきを急速に浪費してしまうのだ。しかも「生きた」貝殻にくらべて、なんと死んだ貝殻の多いことか。貝のすむ貝殻にくらべて、空っぽの貝殻のなんと多いことか。

しかし空っぽの貝殻も空っぽの巣と同じく、隠れ家の夢想をよびさます。このように単純なイメージをあとづけることができるのは、たしかに精練された夢想である。しかし現象学者は単純の極限にむかってすすまなければならない、とわたくしはおもう。したがって貝のすむ貝殻の現象学を提出することは興味ぶかいことだと信じている。

III

驚嘆のもっともすぐれたしるしは誇張である。貝殻の住人がわれわれをおどろかすと、想像力はただちに、ひとをおどろかす存在、現実よりもさらにひとをおどろかす存在を貝殻から出現させる。たとえばユルジス・バルトルシャイティス著『空想の中世』という美しいアルバムをくってみると、「まったく予想外の動物、すなわち、兎、鳥、鹿、犬が、まるで奇術師の箱からでてくるように、貝殻のなかからあらわれでてくる」[128]、そのむかしの宝石の複写をみることであろう。この奇術師の箱との比較は、イメージが展開するまさにその中心に身をおくものにとっては、たしかに無用であろう。小さなおどろきをうけいれるものは、大きなおどろきを空想する準備をするのだ。空想の秩序においては、巨大な動物、象がかたつむりからあらわれでても、それが正常になる。しかしながら、想像力の様式では、その象にふたたびそのなかにもどることをのぞんだら、それは例外である。別の章において、想像力においては、入ることと出ることとは、けっして対称的なイメージではないことをしめす機会があろう。「巨大な自由な動物が、不思議にも、小さな物から出現する」と、バルトルシャイティスはいい、「アフロディテはこの条件の下にうまれたのだ」[129]と、つけくわえる。美しいもの、大きなものは胚種を膨脹させる。のちにしめすように、大きなものが小さなものから出現すること、それはミニアチュールの力の一つである。

貝のなかから出現する存在においては、すべてが弁証法的である。そしてその全体が外にあらわれでるわけではないから、外へあらわれでるものは、内部にとじこめられているものと矛盾する。その存在のうしろの部分はこの堅固な幾何学的形態のなかに監禁されている。しかし出現の際、この生はひどくせっかちなので、かならずしも小兎やらくだのように一定の形をとらない。多くの版画には奇妙なあいの子の出現がえがかれているが、これはたとえばユルジス・バルトルシャイティスの著書にうつされているかたつむりのばあいでもある（p. 58）。「ひげをはやした人間の顔と兎の耳をもち、僧帽をかぶり、四足獣の脚をもつ」。殻は動物性がとろとろと煮こまれる魔女の鍋である。バルトルシャイティスはつづける。「マルグリト・ド・ボージューの時禱書には、この種の妖怪がはびこっている。その多くのものは殻をなげすて、わずかに渦形をとどめている。犬と狼と鳥と人間の首が、直接この無防備の軟体動物のからだにくっついている」。こうして奔放な動物の夢は動物進化の凝縮した図式をつくりあげる。グロテスクなものをうみだすには進化を短縮すればよい。

実際、貝殻のなかから出現する存在はわれわれにあいの子についての夢想を示唆する。それはけっして「半ば肉、半ば魚」の存在ではない。それは半ば死、半ば生の存在であり、極端なばあいには、半ば石、半ば人間である。ひとを石化する夢想のまさに逆である。人間が石からうまれでる。ユングの著書『心理学と錬金術』の八十八ページにあげられている人物を少し仔細に観察すれば、メルジーネたちの姿がみえる。このメルジーネは湖水のなかからあらわれでるロマンティックなメルジーネではなくて、生命の原質をうみだす石の夢想を明確に表現するのをたすけてくれる、錬金術の象徴としてのメルジーネである。

たしかにメルジーネは、鱗状の石質の尻尾から、遠い過去にさかのぼる軽く渦をまいた尻尾のなかからあらわれでる。この低次の存在が力をのこしているという印象はうけない。貝殻＝尻尾はそのなかにすむ住人を追放しない。むしろ高次の生による低次の生の否定なのである。このばあいも他のばあいと同じく、生命はその頂点がもっとも力強い。そしてこの頂点は、人間存在という完成された象徴から、活力をくみとる。動物進化の夢想家はみな人間を頭においている。錬金術的なメルジーネの絵においては、人間の姿は貧相なほっそりとした形態からあらわれ、画家もこれには最小の注意しかはらわない。生命のないものは夢想をかきたてない。貝殻はやがてすてさられる外皮である。そして出現の力は強烈である。つまり生産と誕生の力は、ユングの著書の第十一図では、ぶざまな貝殻から、王冠をいただいた二人の人間を出現させることができるほど力強い。それは *doppelköpfige Melusine* 双頭のメルジーネである。

こうした例はみな、出現するという動詞の現象学にたいして現象学的資料を供給してくれる。これは虚構の「出現」に対応するからますます純粋に現象学的である。ここでは動物は「出現する」というイメージを多様化する口実にすぎない。人間はイメージによっていきる。すべての偉大な動詞と等しく、**のなかから出現する**という動詞は、具体的な例とともに、ある種の抽象のほとんど知覚しがたい運動をも綜合するような多数の研究を必要とすることであろう。文法的な推論、演繹、帰納には、ほとんど活動を感じとれない。動詞すらも名詞のように凝固する。イメージだけがふたたび動詞を活動させることができるのである。

IV

貝殻のテーマは、大きなものと小さなものとの弁証法のほかに、さらに自由な存在と鎖につながれた存在との弁証法によって想像力を刺戟する。縛めをとかれた存在にたいしては、なにを期待してもよいのではなかろうか。

たしかに現実においては、軟体動物はのろのろと殻からでてくる。もしわれわれがかたつむりの「行動」という現実の現象を研究するとすれば、この行動はかなり容易に観察できるであろう。けれども、もしわれわれがその観察において、完全な素朴さを復原できる、すなわち最初の観察を真に再体験できるならば、地上におけるどの最初の行動にもともなうこの恐怖と好奇心の複合を、ふたたびめざますことになろう。ひとはみたいとねがいながら、みることをおそれる。これは一切の認識の感覚可能な入口である。この入口で、興味は波だち、動揺し、ひきかえしてくる。わたくしが恐怖と好奇心の複合を指摘するため にもちいる例は、大きい例ではない。かたつむりにたいする恐怖心はたちまちしずめられ、おとろえ、「無意味」になる。しかしいましばらくは無意味なものの研究をおこなうことにしよう。これはときとして異常なほどの繊細さをしめしてくれることがある。これを明らかにするために、想像力の拡大鏡をあててみることにしよう。

この恐怖と好奇心の波だちは、現実がその場にいあわせてこの波だちをしずめないとき、すなわちわれわれが空想しているときに、いっそうたかまってゆく。しかしここでは作りばなしはよそう。実際に空想され、現実にえがかれ、宝石や石にきざみこまれているイメージに関する資料を提出することにしよう。もう一度ユルジス・バルトルシャイティスの著書の文章を二三考察することにしよう。かれは「貝殻からとびだし」、兎にとびかかる犬のめざましいはたらきをえがいてみせる、ある画家の活動をわれわれにおもいおこさせる。攻撃的性格がさらにたかまれば、貝殻にひそむ犬は人間を攻撃する。これは想像力が現実を超越する際の拡大する行為の明快な例である。ここでは想像力は幾何学的次元のほかに、また力や速度にも作用し——拡大された空間ばかりでなく加速された時間にも作用する。映画において、花の開花を加速すると、われわれは供物の崇高なイメージをもつ。このときためらわず速かにひらいてゆく花は、贈物の意味をもち、世界の贈物であるといいたい。もし映画が、殻からでてきて、すばやく角を天にむけてつきだすかたつむりを加速してしめしたならば、なんと鋭い攻撃！　なんと攻撃的な角！　恐怖が一切の好奇心を窒息させてしまうことだろう。恐怖＝好奇心の複合はひきさかれてしまうことであろう。

異常に刺戟された生物が生命のない貝殻からでてくるという、この種の絵にはみな、ある暴力のしるしがみえる。画家は動物の夢想をせっかちにあつかう。同じ型の夢想に属しているということで、四足獣、鳥、人間がなかからでてくるかたつむりの殻に、頭と尻尾とを接合して短くつめた動物をむすびつけずにいられない。絵はからだの中間部をわすれる。中間物を省略することは迅速の理想である。空想の生の飛躍をある意味で加速すれば、大地からあらわれでる存在はただちに顔をもつことになる。

しかしこの過激なイメージの明白な活力はいったいどこに由来するのであろうか。このイメージは隠されたものと明らかなものとの弁証法に生命をえている。身をかくす存在、「殻のなかへもどる」存在は「出現」を準備する。埋葬されたものの復活から、ながく沈黙した人間の突然の爆発まで、どの段階の暗喩についてもこれは真実である。問題のイメージの中心になおもとどまるならば、われわれには、貝殻の不動のなかにとじこもりながら、生物はその存在の一瞬の爆発、存在の旋風を準備しているようにみえる。もっとも力強い脱走は圧縮された存在から生じる。ただひたすらどこかでのらくらしていたいとしかねがえない、怠惰な存在のなまぬるい怠惰のなかではおこなわれない。もしわれわれが力強い軟体動物という逆説的な空想をいきると――問題の版画がこれについてすぐれた描写をしている――延期された攻撃的性格、時機の到来をまつ攻撃的性格、という攻撃的性格のなかでももっとも断固たる性格に到達する。殻のなかにとじこめられた狼は迷い狼よりも残忍である。

V

イメージの現象学において鍵をにぎっているとおもわれる方法、すなわちもっぱらイメージを想像力の過剰とみなす方法にしたがって、わたくしは大きなものと小さなもの、隠されたものと現れでたもの、温和なものと攻撃的なもの、軟弱なものと逞しいものの弁証法を強調した。また拡大作業にたずさわる想像力を現実のかなたにまであとづけた。超越するには、まず拡大しなければならない。われわれは想像力がなんと自由に空間や時間や力に作用するかをみてきた。しかし想像力が作用するのはイメージの平面上だけではない。観念の平面においても想像力は極端へはしる。夢想する観念があるのだ。科学的だと信じられていた理論が、じつは宏大な夢想、果しない夢想であることも稀ではない。生命が形態をつくりあげる能力のもっとも明快な証拠として、貝殻をとりあげる、この種の夢想＝観念の一例をあげることにしよう。これによれば、形態をもつものはすべて貝殻の固体発生を経験した。生命の最初の努力は貝殻をつくることにある。J・B・ロビネ(130)の著作が提出している広汎な生物進化表の中心には、貝殻についての大きな夢があるようにおもう。

ロビネの著作の一つの標題そのもの、すなわち『生物形態の自然の段階についての哲学的考察、あるいは人間の創造法を習得する自然の試み』（アムステルダム、一七六八年）がかれの思想の方向を十分にしめしている。この著作を通読する忍耐力のある読者ならば、独断的なかたちではあるが、すでにまえにふれた型の絵のイメージを実際にときあかす註解をみいだすことであろう。いたるところに**部分的な動物性**があらわれる。ロビネにとっては、化石は生命の断片であり、諸器官の粗描であって、これは人間を準備する進化の頂点においてはじめて緊密に結合した生命を獲得する。人間は、内面的には、貝殻の集合体であるといえよう。それぞれの器官は形態上独自の因果性をもつが、これは自然が、なんらかの貝をもちいて人間を創造する方法をまなんできたながい世紀のあいだに、すでに吟味されてきた因果性である。機能は古い型にしたがってその形をつくりあげ、部分的な生命は、貝類がその殻をつくるように、自分の住まいをつくりあげる。

もしわれわれが、自分自身に形態を付与する生命の精緻さそのままに、この部分的な生命を再体験することができるならば、形態をもつ存在は数千年を包含するのである。形態はみな生命を保持する。化石は過去にいきた存在であるとともに、またその形態のなかにねむって、いまだにいきている存在である。貝殻は貝殻形を指向する普遍的な生命のもっとも明白な例なのである。

これら一切がロビネによってきっぱりと断言されている。かれはつぎのようにかく（前掲書、p. 17)。「わたくしは化石はいきていると確信している。化石にはおそらく肢体や感覚がかけているから、外面の生命はいきていないとしても――しかしわたくしはこれを断言する気にはなれない――しかしすくなくとも内部のかくされた生命については存在を確信できる。この生命は眠った動物や植物のずっとしたにあるが、それなりにたいへん真実な生命である。わたくしはそれには自己保存の機能に必要な器官がかけているというつもりはない。そしてそれがどのような形態をとろうと、それは植物界、昆虫、大きい動物、および最後に人間における類似体の形態をめざす進展として理解する」。

ロビネの著書ではつぎにたいそう美しい版画を配した記述がくる。この版画はリトカルディト、すなわち心臓石、脳を準備するアンセファリト、顎、足、腎臓、耳、目、手、筋肉のかたちを模した石、――それからオルシス、ディオルシス、トリオルシス、プリアポリト、コリト、および男根をかたどったファロイド――女陰をかたどったイステラペティアをあらわしている。

このなかに、新しい対象をありふれた事物と比較して名づける言語習慣にたいする暗示しかみなかったならば、それは誤りであろう。ここでは名前が思考し、夢想し、想像力がはたらいている。リトカルディトは心臓の貝殻、いつの日か鼓動する心臓の下図なのである。ロビネの鉱物標本は、将来自然が人間を創造する方法をしりえたならば、人間となるべきはずのものの解剖学的断片である。批評家は、この十八世紀の博物学者は「空想力の犠牲」だと反対することであろう。しかし原則として批評的態度をとることを自分にたいしてきっぱりと禁じている現象学者は、ことばにあたえられた存在の過剰そのもの、イメージの過剰そのもののなかに深い夢想があらわれでることをみのがせない。いかなるばあいにも、ロビネは形態を内部からかんがえる。かれにとっては、生命は形態の原因なのである。形態の原因である生命が生きた形態を形成することははなはだ自然である。もう一度いえば、このような夢想にとっては、形態は生命の住まいなのである。

化石と同じく、貝もまた人間の肉体の各部の形態を準備する自然の試みである。すなわちこれは男性の断片、女性の断片である。ロビネはヴィーナスのほらがいを叙述しているが、これは女性の陰門をしめすものである。精神分析学者は、かならずやこの細部にわたる描写記述に、性的強迫観念をみとめることであろう。かれにとっては貝殻の博物館で、歯のはえた膣の幻に類する幻の再現をみいだすことはむつかしくないだろう。これはマリー・ボナパルト夫人がエドガー・アラン・ポーにささげた研究の主題の一つである。ロビネのことばをきくと、ひとは、自然は人間存在以前からすでに色情狂だったとかんがえたくなる。そしてロビネならば自分の体系を擁護するために、精神分析学や心理学の考察にたいしてなんと茶目な返答をすることであろう。かれは冷静に簡潔に「生殖器の重要さにかんがみて、われわれはこの生殖器のモデルを数かぎりもなくうみだす自然の配慮におどろいてはならない」と、かいている（同前、p. 73）。

*

ロビネのように、幻影=観念を体系づける、学問知識にひいでた夢想家にたいしては、なじみの複合をときほごすことになれた精神分析学者はまったく無力であろう。これには宇宙的精神分析学、すなわちしばらく人間的な関心をはなれて、宇宙の矛盾をきづかう精神分析学が必要であろう。また物質の想像力の人間的な伴奏をうけいれながら、物質のイメージの深い戯れをいっそう仔細にあとづける、物質の精神分析学が必要であろう。われわれがイメージを研究するこのたいそう狭い領域においては、ときに外側はひどくざらついているのに、内部はすべすべと真珠母色にひかる貝の矛盾を解決しなければならない。軟い生物の摩擦がどうしてこんな光沢をうみだすのか。内側と真珠層をなでながら夢想する指は、人間的な、あまりにも人間的な夢をとびこえてしまうのではなかろうか。もっとも単純なものが心理的には複雑なことが少なくない。

もしもわれわれが生物がすみついた石をさまざまに夢みると夢想はいつはてるともない。奇妙なことに、こうした夢想はながく、また短い。われわれは果しなくこうした夢想をおいつづけることができるが、それなのに反省はたちまちこの夢想を阻止してしまう。どんなかすかな合図にも貝殻は人間的になるが、けれどもわれわれはすぐに貝殻は人間的ではないことをみとめる。貝殻に関しては、居住に関する生の飛躍は、あまりにもすばやく終結する。自然は閉じこめられた生の安全をあまりにもすばやく獲得してしまう。しかし夢想家にとっては壁がしっかりときずかれたからといって仕事がすんだとはおもえない。こうして貝殻の建築家の夢はきわめて幾何学的に結合された分子に生命と活動をあたえるのだ。この夢にとっては、貝殻はその物質の組織そのものにおいていきている。われわれは自然の偉大な伝説のなかにこの証明をみいだすことであろう。

VI

ジェスイットのキルヒャー神父は、(131) シチリアの海岸では「貝を粉末にしてから、この粉に塩水をふりかけると、貝はふたたびいきかえり、繁殖する」と、主張する。ヴァルモン師(132)はこの話を、灰からよみがえるフェニックスの話とくらべている。これはまさに水のフェニックスである。ヴァルモン師はいずれのフェニックスも信じてはいない。しかし想像力の王国にあるわたくしは、この二つのフェニックスが想像力の所産であることを記録しなければならない。これは**想像力の事実**であり、空想の世界のきわめて確実な事実なのである。

しかもこの想像力の事実はひじょうに起源の古い比喩と関係している。ユルジス・バルトルシャイティスは「カロリンガー朝時代まで、墓穴にはしばしばかたつむりの殻がおさめられている――これは人間がふたたび目ざめる墓の比喩である」と、のべている（前掲書、p. 57）。ところがシャルボノ゠ラッセーはこうかいている（『キリストの動物物語』p. 922）。「外殻と感覚する有機体とをともなった全体としてみれば、貝は古代人にとっては完全な人間、すなわち肉体とたましいの象徴であった。古代人の象徴表現は貝殻をわれわれの肉体の象徴としたが、この肉体は、軟体動物の有機体によって表現される存在全体に生命をあたえる、たましいを外皮のしたにつつんでいる。したがって貝がこれに生命をあたえる部分からきりはなされると運動できなくなるように、たましいが肉体からきりはなされると、肉体はうごかなくなる、とかれらはいった」と。「復活する貝殻」については夥しい記録があつめられるだろう(133)。本書でおこなう簡単な研究においては、遠いむかしの伝統を強調する必要はない。この研究における課題は、ある種の素朴な夢想におけるもっとも単純なイメージがいかにして伝統の糧となることができるか、ということをたずねることにある。シャルボノ゠ラッセーはきわめて簡単に、のぞみうるもっとも素朴なかたちでこれをのべている。ヨブ記のおさえがたい復活の希望を引用したあとで、『キリストの動物物語』の著者はつけくわえていう（p. 927）。「大地の静かなかたつむりがなぜこの熱烈なおさえがたい希望を象徴するためにえらばれることになったのであろうか。冬の死が大地をしめつけるあの陰鬱な時期に、かたつむりは大地にもぐりこみ、まるで棺にはいるように、頑丈な石灰質の蓋をして殻のなかにとじこもり、やがて春がその墓のうえで復活祭の讃美歌をうたうときをまつ……そのときかたつむりは隔壁をやぶり、みなぎる生命をたたえ、陽をいっぱいにあびてあらわれでるのだ」。

このような熱狂を冷笑する読者がいたら、わたくしはこの読者に、ある考古学者がアンドル・エ・ロワール県の墓のなかに「約三百ものかたつむりの殻を、骸骨の足から腰まで、ならべておいた棺」を発見したときのあのおどろきを再体験してほしいとおもう。このようにある信仰と接触すると、われわれはこの信仰の根源にさかのぼることができる。失われた象徴表現がふたたび夢をあつめはじめる。

ところでわたくしは、存在の更新、復活、目覚めの力を立証する一切の証拠をつぎつぎにしめさなければならないのだが、さまざまな夢想の融合のなかにこの証拠をもとめなければならない。

この復活の比喩と象徴に、物質の力の夢想がもつ綜合する性格をつけくわえるならば、偉大な夢想家が水のフェニックスの夢をしりぞけるわけにはゆかぬことをわれわれは理解する。綜合的な夢においては、復活が準備される貝殻そのものが復活の素材である。貝殻のなかの粉末が復活を経験することができるならば、粉末にされた貝殻がどうして螺旋を形成する力を恢復できないことがあろう。

もちろん批評精神は無制約のイメージを嘲笑する。これが批評家の役目なのだ。現実主義者ならば実験を要求することであろう。かれはこのばあいも他の例にもれず、このイメージを現実と対比して検証することを希望する。すりつぶした殻をいっぱいにいれた乳鉢をまえにおいて、かれは、さあかたつむりをつくってみたまえ、とわれわれにいうことだろう。だが現象学者の企図は**もっと**野心的である。かれはイメージの偉大な夢想家が体験した**そのもの**を体験しようと欲するのだ。そしてわたくしは単語をいくつか強調しておくから、読者は、**そのもの**ということばは、たしかに現象学的ニュアンスをなおざりにする**のように**ということばのうえにあることに注意してほしいとおもう。**のように**ということばは模倣する。**そのもの**ということばは、われわれが夢想をいだく主体そのものに同化することを意味している。

したがってかたつむりが家を製作し、もっとも軟い生物がもっとも硬い殻をつくり、閉じこめられた存在に冬と春の大きな宇宙的リズムが反響するさまを**現象学的に理解**しようとするならば、どんなにたくさんの夢想をあつめても十分ということはなかろう。そしてこの問題は心理学的に無意味な問題ではない。現象学者がいうように、われわれが物そのものにかえり、なかにすんでいる肉体が成長するにしたがって大きくなる家を夢みると、たちまちこの問題がひとりでにあらわれてくる。石の牢獄のなかの小さなかたつむりがいかにして成長できるのであろうか。これは**自然の**問いであり、自然にうかんでくる問いである。しかしわたくしはこの問いを発したくはない。なぜならばこの問いは子供のころの問いにたちかえらせるからである。ヴァルモン師にとってはこの問いには答えがない。「自然のなかでは、われわれはむかしなじみの土地にいることはめったにない。一歩ごとに高慢な精神をはずかしめ、腹だたしい思いをさせるものがある」と、かれはいう。別のことばでいえば、かたつむりの殻、住人の成長につれて大きくなる家は宇宙の不思議なのだ。そしてヴァルモン師は、一般に貝類は「精神にとって崇高な瞑想の対象」であると結論した(『植物にたいする自然と芸術の好奇心』p. 255)。

VII

寓話の破壊者が寓話の犠牲になるのをみるのはいつでもおもしろいことだ。十八世紀初頭のヴァルモン師は、もはや火のフェニックスも水のフェニックスも信じていない。だがかれは転生、すなわち火のフェニックスと水のフェニックスの一種の化合を信じている。羊歯《しだ》を灰にせよ。この灰を純粋な水に溶解し、溶液を蒸発させせよ。そうすれば羊歯の葉のかたちをした美しい結晶がのこるだろう。また明白な因果関係で飽和した、おそらく生長塩とよぶべきあるものを発見するために、夢想家が瞑想にふける多くの例をほかにもあげられよう(134)。

しかし当面のわれわれの問題をさらに細かくみれば、ヴァルモン師の著書には、巣のイメージと貝殻のイメージを混淆する身振りが感じとれる。ヴァルモン師は船の板につくアナティフェール草、あるいはアナティフェール貝についてかたっている（前掲書、p. 243）。「これは八つの貝の集りで、いわばチューリップの花束ににている。……その物質は貽《い》貝の貝殻をつくる物質とまったく同一である……入口は上にあり、そして小さなドアがしまる。そのあわさり方のみごとさはことばにつくせない。のこる問題は、この海草とこの巧みにつくりあげられたアパートにすむ小さな住人がどのようにつくりあげられるかをしることだけである」。

数ページさきにゆくと、貝殻と巣の混淆はまったく明瞭になる。これらの貝殻は鳥がとびたつ巣なのだ（p. 246）。「わたしのアナティフェール草の種々の貝殻は……素性の不明な、フランスでマクルーズ（黒鴨）とよぶ鳥が生じ、孵化する巣であるといいたい」。

ここには前科学時代の夢想に共通するジャンルの混乱がある。黒鴨は冷血の鳥とかんがえられていた。この鳥の卵のかえし方をたずねてみると、この鳥は元来卵や雛をあたためることができないのだから、巣につく理由があるだろうか、という答えがしばしばかえってきた。「ソルボンヌの神学者会議は、黒鴨を鳥の種類から魚の種類にうつす決定をくだした」と、ヴァルモン師は附言している（p. 250）。だから黒鴨は四旬節の食物になっているのである。

黒鴨は貝＝巣をはなれるまでは、この魚＝鳥は茎＝嘴で巣にむすびつけられている。このように学問的な夢想においては、伝説上の連結線がどんどんつみかさなる。巣と貝殻の偉大な夢想は、ここでは、相互変体とよべる二方向でしめされる。巣と貝殻はたがいに夢想を反射しあう二つの偉大なイメージである。このような親近性を決定するには、このばあい形状だけでは不十分である。この種の伝説を歓迎する夢想の原理は経験を超越する。夢想するひとは、みえるもの、手にふれられるものの彼岸で確信がうまれ形成される領域に足をふみいれたのである。もしも巣や貝殻が価値そのものでなかったならば、ひとはこのイメージをこれほど気軽に軽率に綜合することをしないだろう。目をとじ、色彩や形状に目をむけないで、夢想家は避難所の確信に身をまかせる。この避難所において、生は集中し、準備し、変形する。巣と貝殻がこれほど強く融合できるのはその夢のなかだけである。「夢の家」の枝全体がここに二本の深い深い根をもっている。人間的夢想では「深い」ものはみなからみあっているが、この二つの根も同じくからみあっている。

こうした夢想を明らかにすることにはためらいをおぼえる。どんな思い出もこれをときあかし、説明することはできない。上に引用した文章のなかにみとめられるように、この夢想がふたたび浮上してくるのをみると、想像力は記憶にさきだつとかんがえたくなる。

VIII

夢想の遥かなる国をながいこと散策したが、こんどはもっと現実に近くみえるイメージにたちもどることにしよう。しかしながら、括弧していえば、想像力のイメージがはたして現実に近いかどうか疑問におもう。われわれは記述しているのだとおもいながら空想していることがしばしばある。われわれは、ひとをたのしませながらひとをおしえる記述をなしとげられるとかんがえる。この誤った流儀が文学全体をおおっている。若い騎士の教科書と自称する十八世紀のある書[135]においては、著者は小石に附着した口をあけた貽《い》貝を「これは綱と杭のあるテントとかんがえられよう」と、「記述する」。この細い綱で織物をおったことがあるとかたることもわすれない。実際貽貝の足糸で糸をつくったのだった。著者はまたたいへん通俗的なイメージで哲学的な結論をくだしているが、これも一度はしるしておかなければならない。すなわち「かたつむりは小さな家をたて、一緒にもちあるく」と。だから「かたつむりはどんな国へ旅しようとつねに自宅にいる」。もしわたくしが本文のなかで何百回となくであっていなければ、これほどつまらぬ事柄をのべはしないだろう。ここではこれが十六歳の騎士の瞑想の材料として提出されているのである。

また自然の家の完全についてたえず言及されている。著者はいう（p. 256）。「これらの家はみな動物の庇護を目的とした同一の構想の下につくられている。しかしこれほど単純な構想になんという多様さ！　これらの家はみなそれぞれに完成し、優美であり、心地よくできている」と。

こうしたイメージや思索はみな、子供っぽい、皮相な、散漫な驚嘆に対応するものではあるが、しかし想像力の心理学はこれをのこらずかきとめておかなければならない。もっとも小さな興味が大きな興味を準備する。

またあまりにも素朴なイメージをしりぞけ、陳腐なイメージを軽蔑する時期がくる。家＝貝殻のイメージほど陳腐なものはない。これはみごとに複雑化するには単純にすぎ、若がえらせるには古すぎる。これはかたらなければならない事柄を一言ですましてしまう。だがそれにもかかわらずこれは**原初イメージ**であり、不滅のイメージなのだ。これは人間の想像力の古道具をあきなう不滅の市場の品物なのである。

事実、民俗伝承には、角をだせ、とかたつむりにうたいかける夥しい歌がある。子供はまた草の茎でかたつむりをいじめ、殻のなかへ退却させてたのしむ。この退却を説明するのに、まったくおもいがけない比喩がもちいられる。ある生物学者は、かたつむりは「まるでからかわれた少女が部屋にはいってなくように、感情をおさえてその小さな家に[136]」ひっこんでしまう、とかいている。

ここに一つの例をみるが、あまりにも明らかなイメージは一般的な観念となる。すると、これは想像力をさまたげる。みて、理解して、かたった。これでおしまいだ。そうすると一般的なイメージをよみがえらせるには、ある特殊なイメージを発見しなければならない。このパラグラフではわたくしは通俗の犠牲になってしまったようだが、このパラグラフにふたたび生命をあたえるイメージがここにある。

かたつむりは螺旋状に回転して「階段」をつくったとロビネはかんがえた。したがってかたつむりの家全体が階井である。一度ねじれるたびに軟い動物は螺旋階段の一段をつくりあげる。まえにすすむため、大きくなるためには、この動物はからだをねじまげる。巣をつくる鳥はぐるぐるとまわるだけで十分だった。ロビネの殻の力動的なイメージは、ミシュレ巣の力動的なイメージと比較されよう。

IX

自然はたいへん単純な方法でわれわれをおどろかす。すなわち大きくすることだ。一般にしゃこ *Grand Bénitier*（大聖水盤の意味がある）とよばれる貝によって、自然が壮大な保護の夢をみ、保護の妄想にふけり、ついに保護の異形に到達したのをみることができる。

軟体動物は「十四ポンドの目方しかないのに、二つの貝殻の重さはそれぞれ二百五十キログラムから三百キログラムあり、そして長さは一メートルから一・五メートルにおよぶ」[137]。かの有名な『驚異文庫』の一冊におさめられたこの書物の著者は、さらに、「中国では……富裕な大官たちはこの貝を浴槽にしている」と、いう。こうした軟体動物の住まいで入浴すると、身もこころもなんとやわらぐことか。このように広闊な空間をしめた十四ポンドの動物は、なんと寛ぎの力を感じられたことであろう。わたくしは動物学上の事実はなに一つしらない。わたくしは書物の夢想家にすぎない！　しかしアルマン・ランドランの文章をよむと、わたくしは宇宙性の巨大な夢におちいるのだ。しゃこの貝殻で入浴することを空想するときに、宇宙的な励ましをおぼえぬものがあろうか。

しゃこの力はその外壁の量と大きさとに対応する。しゃこを「無理にひらく」には、貝殻一つごとに二頭の馬をつながなければならないと著者はいう。

できればこのめざましいはたらきを定着する版画をみたいものだ。だがわたくしはこれまでなんどもながめてきた古い絵をたよりにこれを想像することができる。なかを真空にした二つの半球を馬にひかせたあの「マクデブルクの実験」の絵である。この科学発展の初期の伝統的なイメージが生物学上の説明にもなるだろう。七キログラムの軟い肉体を征服するのに四頭の馬！

しかし自然はたしかに大きくすることができるが、もっと大きな空想をらくらくとはせるのは人間である。「水上をはしる貝」という標題でしられるヒエロニムス・ボスの構図によるコークの版画にはおよそ十人の大人と四人の子供と一匹の犬がのった巨大な貽貝の貝殻がえがかれている。ラフォンのすぐれたヒエロニムス・ボス論には、人間たちがすんでいるこの貽貝の美しい複写がみられる（p. 106）。

世界のくぼんだ物体にはどこにでもすみつくというこの夢の肥大は、ボスの想像力に特有のグロテスクな場面をともなっている。貽貝のなかで航海者たちは大饗宴をもよおす。「自分の貝殻にはいる」ときにみたいとねがう平穏の夢は、この画家の才能を刻印するあの熱狂への意志によってけしさられてしまっている。

この肥大した夢想のあとで、われわれはいつも原初の単純さによってしめされる夢想にかえらなければならない。貝殻のなかにすむにはひとりでなければならないことをわれわれは熟知している。われわれはこのイメージをいきることによって、孤独に同意することをしっている。

ただひとりですまうこと、これは偉大な夢だ！　貝殻のなかでいきるというイメージのように、もっとも無気力な、物理的にもっとも不合理なイメージがこのような夢の胚種となることがある。人間や運命の不正をみて人生の大きな悲しみをなめるとき、弱者強者をとわず、すべてのひとびとにこの夢がおとずれる。これはたとえば、狭くるしい部屋にはいって慰めをおぼえる、優しい悲しみのひと、サラヴァンのばあいだ。それはその部屋が狭くるしいからであり、「ぼくはこの小さな部屋、貝殻のように深く秘密にみちた部屋をもっていなかったらどうしよう。ああ、かたつむりには自分の幸福が理解できないのだ[138]」と、ひとりごとをいえるからなのだ。

ときにはこのイメージはたいそう控えめで、ほとんど感じられないくらいだ。だがこれはひとをゆりうごかす。これは思いにふけるひとの孤独をかたる思い出によって美化された子供時代の家、

星とばらが
ゆききする古い家

を夢みるそのときに、詩人はこうかく。

ぼくの影はなりひびく貝をつくる
そして詩人はかれのからだの影の貝殻のなかで
かれの過去に耳をかたむける[139]

またこのイメージはすべての休息の空間の同形性によって力をえてくる。このばあい、

ひとを歓迎するくぼみは静かな貝殻になる。ガストン・ピュエルはかく。[140]

「けさはぼくは舟のくぼみで手足をのばした男の単純な幸福についてかたろう。

小舟の長方形の貝殻はかれをかくした。

かれはねむる。それはたね。舟はベッドのように眠りと結婚する」。

人間、動物、たね、これらのものはみな貝殻のなかに最大の休息をみいだす。休息の価値はこのイメージをのこらず支配する。

X

想像力がもっとも単純なイメージに生命をあたえる、あの弁証法的なニュアンスをことごとくあつめるのがわたくしの努力であるから、貝の攻撃的性格にもすこしふれておくことにしよう。待伏せの家があるように、罠＝貝殻がある。これをもちいて想像力は、餌も締金もついた完全なやなをつくりあげる。かくれ蟹のたいらぎ貝はつぎのようなぐあいにいきていると、プリニウス[141]はものがたっている。「盲目の貝は口をあけ、まわりをあそびたわむれている小魚に自分のからだをみせびらかす。とがめられないので大胆になった小魚たちは、貝のなかにいっぱいにはいりこむ。この瞬間見張りにたっていたかくれ蟹は、たいらぎ貝を軽くかんで警告する。貝はとじ、二つの貝殻のあいだにとらえたものをことごとくおしつぶし、そしてその獲物を仲間とわけあう」[142]。

動物物語の道をたどるばあいは、これ以上先にすすむことはできない。さらに多くの例をあげることをやめて、ただある偉大な名にささえられたつぎの寓話をあげるにとどめよう。レオナルド・ダ・ヴィンチの『手帖』にはこうよまれる。「牡蠣は満月のときに口を大きくあける。するとそれをみた蟹は石ころか木の枝を牡蠣になげこみ、ふたたびとじるのをさまたげる。こうして牡蠣は餌食になってしまう」。そしてレオナルドは例によってこの話に「このように秘密をもらす口は、口の軽い聞き手の意のままになるのだ」という教訓をつけくわえる。

動物の生活からよくとってきた教訓的な手本の価値を決定するには、長期の心理研究をおこなわなければならないであろう。わたくしはこの問題に偶然ふれるにすぎない。ついでに指摘するにとどめる。しかし名が体をあらわすものがある。やどかり *Bernard l'Ermite* という名はそのたぐいである。この軟体動物は自分の貝殻をつくらない。好んでいわれるように、これは空っぽの貝殻にすみつく。窮屈だとおもうときには貝殻をかえる。見すてられた貝殻にすみつくやどかりのイメージに、他の鳥の巣に卵をうみにゆく郭公鳥の習性をむすびつけることが少なくない。いずれのばあいにも、自然は自然の道徳にそむいて興ずるようにみえる。想像力はどんな例外にも刺戟される。想像力は、無断ですみつくこの鳥の習性に、さらに智慧や策略をつけくわえて満足する。郭公鳥は、巣についている母鳥がとびたつのをたしかめてから、自分の卵をうみつけようとおもう巣のなかの卵を一つわるという。卵を二つうむときには二つわる。*cou-cou*（かっこうのなきごえ。また『ばあ』とひとをおどろかすことば）となくこの鳥は、かくれる術をよくこころえている。かくれんぼ遊びの達人なのだ。だがこれをみたひとがいるのだろうか。現実世界の多くの存在のように、実体よりも名前の方がしられているのである。茶いろ郭公鳥と灰いろ郭公鳥とを区別できるひとがいるだろうか。ヴァンスロ師によれば（前掲書、p. 101）、茶いろ郭公鳥は灰いろ郭公鳥の幼鳥であり、一方は「北国にわたり、他方は南国へわたる。そして年とったものと若いものはめったに同じ地方をおとずれないという渡り鳥の規則にしたがって、この両者を同一の土地でみることはない」と、主張したものがいるそうだ。

このように巧みにかくれる術をこころえた鳥に変身の能力があるとされてもおどろくにはあたらない。ヴァンスロ師によれば（p. 102）、何世紀ものあいだ「むかしのひとは郭公鳥がはいたかに変身するとかんがえていた」ほどである。こうした伝説を夢想し、郭公鳥は卵どろぼうだということをおもいだすと、はいたかに変身する郭公鳥の物語は諺をわずかにかえてつぎのように要約できようかとおもう。*Qui vole un oeuf, enlève un boeuf.* 卵をぬすむものは、牛をさらう。

XI

あるひとびとにとっては、ある種のイメージがいつまでもかわらぬ特権をしめている。ベルナール・パリッシーはこの種のひとであり、そして貝殻のイメージはかれにとっては生命のながいイメージである。もしわれわれが物質の想像力の支配的な要素によってベルナール・パリッシーを名づければ、むろんかれは「大地的なもの」のなかに分類されよう。しかし物質の想像力においては一切がニュアンスをおびているから、パリッシーの想像力は、硬い大地をもとめる大地的なものの想像力として、精密に規定しなければならないだろう。この大地は、火によって硬くされなければならないが、また内部の塩、凝固塩の作用によって自然に硬化する可能性をもっている。貝殻はこの可能性を表現する。軟い、ねばねばした、「粘液状の」存在がこの点で貝殻の堅固さに一役をかうのである。そしてこの硬化作用は激しく追求され、徹底的に硬度の征服がおこなわれるため、貝殻は、まるで火の助けをえたように、琺瑯の美しさを獲得する。幾何学的な形態の美に物質の美がくわった。陶工とエナメル工にとって貝殻はなんと偉大な沈思の対象であろうか。この天才陶工の皿のなかには、自分の皮膚でもっとも硬い貝殻をつくったエナメル色にひかる多数の動物がいる。もしわれわれがさまざまな物質の宇宙劇や、陶土と火の戦いにおけるベルナール・パリッシーの情熱を再体験するならば、殻を分泌するまったくとるにたりぬかたつむりが、のちにみるように、なぜかれに無限の夢をふきこんだかその理由を理解することだろう。

これらの夢想のうちで、ここでは家のもっとも奇妙なイメージをさがしもとめる夢想だけをしるすことにしよう。一つは「砦の町について」と題されて、『真の処方』[143]という著作におさめられている。これを要約するに際しては、この物語の豊かさをそこなわないですませたいものだ。

ベルナール・パリッシーは「恐ろしい戦争の危険」に直面して、「砦の町」の設計図を作成しようとかんがえる。かれは「今日建設されている町になんらかの手本」を発見できようとはもはや期待しない。ウィトルウィウス[144]もこの大砲の時代にはなんの役にもたたないとかれはいう。かれは「なにか巧妙な家をつくりあげた器用な動物を発見できはしまいかとかんがえて、森や山や谷を」さまよう。十分な探索をおえて、ベルナール・パリッシーは「自分の唾液で自分の家と砦を建設した若いなめくじ」について瞑想する。**内部**から建築する、その夢が数カ月ものあいだパリッシーのこころをしめている。暇があればいつもかれは海岸を散歩し、そこで「ある種の小魚たちが自分の液体や唾液でつくった多種多様な家や砦をみたので、そのときからわたくしは、自分の目的にかなったなんらかの物をここで発見できるかもしれない、とかんがえはじめた」。「海の戦闘や掠奪」は陸上よりも激しいから、神はもっとも無防備な軟体動物たち「それぞれに、幾何学と建築術によって、測量され建築された家をつくる巧みな手腕をあたえたのであった。それはソロモンがあらんかぎりの智慧をかたむけても、類似物をつくりだせないほどの巧みさだった」。

そして螺旋状の貝殻に関していえば、これは「単に美の要求からでたのではなくて、それ以上のものがある。多くの魚の口は恐ろしく尖っているので、上述の大部分の魚（これは上の小魚、すなわち貝類をさす）は、もし家が直線的であったならば、これにくわれてしまうという事実を読者は理解しなければならない。しかしこの魚たちが敵に入口をおそわれたときには、中へにげこみ、まわって退却し、螺旋状の道にそってゆく。こうして敵はかれらを害することができないのだ」。

そうするうちにベルナール・パリッシーのもとにギニアから「あっきがいとえっちゅうばい」の二箇の大きな貝がとどけられる。あっきがいはひどく弱かったから、パリッシーの哲学によれば、いっそうよく防禦されなければならない。事実その貝殻には「まわりに多数のかなり大きな棘がでていたので、わたくしはその棘がなんらの理由もなくつくられたはずはないし、またこれは砦を防禦する前進堡塁であろうと確信した」。

わたくしはこの前提部を細部にわたってのべておく必要があろうとかんがえた。なぜならばこの細部をしめすことによってベルナール・パリッシーが自然の霊感をもとめていることを十分にしめせるからである。「上述のあっきがいの砦に範をとる以外、砦の町」を建設する恰好の例はほかにない。こうおしえられたかれは、コンパスと定規をもちいて、設計をはじめる。砦の町の中心には四角い広場をもうけ、そこに司令官の本部をおく。この広場からただ一本の道路がはしりでて、広場を四周する。まず最初の二周は四角形にはしり、つぎの二周は八角形にはしる。四周するこの道路では、ドアや窓はすべて砦の内側に面していて、家の裏側がどこまでもつづくひとつづきの壁になるようにする。家の最後の壁は町の城壁によりかかり、こうして巨大なかたつむりをつくりあげることになる。

ベルナール・パリッシーはこの自然の砦の利点を詳述する。この砦の一部が敵の手におちても、退却できる核はいつものこされている。螺旋状の退却運動がこのイメージの大綱を決定したのであった。敵の大砲はこの退却のあとをおうことができないし、またこの螺旋形の町の道路を「縦射」することもできないだろう。敵の砲兵は、螺旋形の貝をまえにして、「尖った口の」掠奪者のように、失望することであろう。

この要約は読者にはながすぎるかもしれないが、それでも証拠とイメージが交錯した細部にまでたちいることはできなかった。パリッシーの文章を行をおってあとづけてゆくならば、心理学者は証明するイメージ、論理的に思考する想像力を証しするイメージをみいだすことであろう。この単純な文章は心理学的には複雑である。現代のわれわれにとっては、このようなイメージはもはや「論理的に思考」しない。もうわれわれには自然の砦が信じられない。兵隊が「はりねずみ状」の防禦態勢をとるときには、かれらは、自分たちがイメージの領域ではなくて、単純な暗喩の領域にあることをしっている。この種別を混淆して、パリッシーのかたつむりの砦を単なる暗喩とみなしたならば、なんと大きな過ちをおかすことになろう。これは偉大な精神のなかでいきてきたイメージなのだ。

個人的なことをいえば、イメージを一つ一つのこらずたのしむこの種の楽しみの本をよんでいるときは、わたくしはこの巨大なかたつむりをみて先をいそぐことができなかった。そして想像力の単純な戯れによって、イメージがみな拡大することをしめすために、かたつむりが村の大きさにまで成長するつぎの詩を引用しよう。(145)

それは山をくだる
巨大なかたつむりだ
そして白いのろをのこして
小川があとをおう
年老いたかれには角はただ一つしかない
それは低い四角い鐘楼だ

そして詩人はつけくわえる。

城はその殻……

しかしベルナール・パリッシーの著作には、われわれがパリッシーによっていきられる家＝貝殻のなかにみとめなければならない、このイメージの宿命を強調する文章がほかにもある。実際この砦＝殻の建設予定者はまた造園家でもある。庭の設計図を完成するために、かれは「あずまや」の設計図をつけくわえる。この「あずまや」は牡蠣の殻のように外側がごつごつとした隠れ家である。ベルナール・パリッシーは、「前記のあずまやの外側には、みがきもしない、切りこみの跡もない大きな石をつみあげ、前記のあずまやの外側はなんらの建造物の形もとらせない(146)」と、かいている。これとは逆に、内部は貝殻の内部のようにみがきあげるつもりである。「あずまやがこのように石でおおわれたら、円天井の頂点から床まで何層もの釉薬をぬりたい。これがすんだら、そのなかで火をどんどんたきたい……そうするとついには前記の釉薬も前述の石組のうえでとけ、あるいはながれだすことであろう……」。こうしてあずまやは「内側からみると、一つにみえ……ぴかぴかにみがかれているので、このなかにはいってくる蜥蜴やみみずはまるで鏡のようにうつされた自分の姿をみるだろう」。

煉瓦に釉薬をかけるためにこの家のなかでたく火は、「石膏をかわかす」焔とはことなる。おそらくここでパリッシーは火が壁に煉瓦の涙をながした陶工の窯の映像をおもいおこしているのだ。とにかく特殊なイメージは特殊な方法を要求する。ここでは人間は貝殻のなかにすもうとするのである。まるでかれの敏感な肉が家の壁に直接接触しなければならないとでもいうように、かれの存在を保護する壁が平滑で、研磨され、堅固にとじられていることを希望するのである。ベルナール・パリッシーの夢想は居住を接触の秩序にうつしかえる。貝殻は完全に生理的な内密の夢想をあたえる。

　支配的なイメージはたがいにむすびつきやすい。ベルナール・パリッシーの第四のあずまやは家と貝殻と洞窟との綜合である。かれはつぎのようにいう（前掲書、p. 82）。「この内側はきわめて巧みに石をつみ、そのためそれはまさに石をきりだすためにうがたれた岩のようにみえることであろう。ところで上述のあずまやはねじれ、多数の瘤や歪んだくぼみででこぼこし、鑿をふるった気配も形もなく、また人間の手がはたらいたあともとどめない。そしてねじれた円天井は、たくさんの瘤がぶらさがっているので、いまにもおちてきそうな様子になる」。もちろんこの螺旋状の家の内部は釉薬がかけられている。これは巻貝形の洞窟であろう。夥しい人間の力をもちいて、狡猾な建築家はこの洞窟を自然の住まいにするのだ。あずまやの自然の性格を強調するために、これを土でおおい、「そしてその土のうえにはたくさんの木をうえるから、これは、まったく建造物の様子を呈しないだろう」。したがってこのパリッシーのように、偉大な大地型の人物の真の家は地下の家である。かれは岩の奥底、岩の貝殻のなかでいきたいとねがう。この岩の住まいは、ぶらさがった瘤のために、いまにもおしつぶされはしまいかという悪夢にうなされる。岩のなかにつきいる螺旋によって、この住まいは不安な深部を獲得する。しかし地下の住まいを**欲する**ひとはありふれた恐怖をおさえることができる。ベルナール・パリッシーは、その夢想のなかでは、地下生活の英雄なのだ。かれはこうかたる。かれは空想のなかで、洞穴の入口でほえたてる犬の恐怖をたのしみ、曲りくねった迷路のなかで歩みをとめる訪問者のためらいをたのしむ。ここでは孤独な人間にとって、すなわち単純なイメージによって身をまもり、かばうことをこころえた偉大な孤独者にとって、貝殻＝洞窟は「砦の町」にほかならない。柵や鉄の扉は必要ない。中へはいってゆくのがこわい……**暗い入口**というテーマについては、なんと深い現象学的研究をおこなわなければならないことか！

XII

読者の忍耐力をためすほどの危険をおかして、われわれは巣や貝殻をたよりにイメージを多様化してきた。これはおそらくあまりにも空想的であるかもしれないが、基礎的な形で居住のあり方をときあかしてくれるとわたくしはおもう。ここには想像力と観察のいりまじった一つの問題があることが十分に感じられる。生物学的空間の実証的研究は、もちろん、わたくしの問題ではない。生命が住まいをみつけ、身をまもり、身をひそめ、身をかくすと、たちまち想像力は保護された空間にすむ存在に共感する、ということをわたくしはしめしたいだけだ。想像力は、もっとも物質的な貝殻のなかの生命から、表面の単純な擬態によるもっとも狡猾な偽装にいたるまで、さまざまにことなる安全度をしめす保護をくまなく体験する。詩人ノエル・アルノーが夢みるように、生物は類似物のしたに身をひそめる。[147] ある色彩に保護されているということは、住むことの安心感を、いわば軽率さをまねくほどに、頂点までたかめるのではなかろうか。影もまた住まいなのだ。

XIII

この貝殻の研究がすすめば、亀の甲に関する物語や話を二三報告することができよう。あるく家をもった動物である亀は、すでにこれだけで好都合な註釈をあたえてくれよう。しかしこの註釈は、すでにあつかったテーマを、新たな例で解明するだけにとどまろう。したがって亀の家についての章は節約しよう。

それはそれとして、原初的なイメージにたいするわずかな矛盾がときに想像力を刺戟することがあるから、イタリアの詩人ジュゼッペ・ウンガレッティのフランドル旅行記からとった文章を註釈することにしよう(148)。詩人フランツ・エランスのところで——このような宝ものをもつのは詩人だけだ——ウンガレッティは木版画をみた。その画では「芸術家は、亀におそいかかったが、甲羅のなかににげこまれて、飢えをしずめられずに、いかりくるう狼の怒りを表現していた」。

わたくしはこの三行の文章がわすれられず、たえずこれをさまざまな話にしあげてみる。わたくしは遠い飢餓の国からやってくる狼をみる。それはひょろひょろに痩せこけて、真赤な熱い舌がたれさがっている。そのとき茂みから亀がでてくる。これは世間の美食家にひどく珍重されているものだ。一跳びで狼は獲物におそいかかるが、自分の家のなかへ頭と四肢と尻尾をひっこめるときには、自然から恐ろしい敏捷さをあたえられている亀の方が、狼よりもすばやい。飢えた狼にとって、この亀は道にころがった石ころにすぎない。

この飢餓の劇では、どちらに組すべきなのだろうか。わたくしは公平になろうとつとめた。わたくしは狼は好きではない。けれども、一度くらい亀は狼の意のままになれなかったものだろうか。そしてながいことこの古い版画について夢想したウンガレッティは、断固として、この芸術家は「狼に共感させ、亀を憎たらしく」みせることに成功したといっている。

この註釈を、現象学者はさまざまに註釈できることだろう。実際われわれはいま註釈された版画の好例をみているのである。心理的解釈はもちろん事実を超越する。えがかれた線はどれ一つとして憎たらしい亀を説明することはできない。自分の箱のなかにおさまった動物は秘密をもらさない。それは不可解な相貌の怪物となったのだ。したがって現象学者は狼と亀の寓話を自分にかたりきかせなければいけない。かれはその劇を宇宙のレベルにたかめ、世界内の飢え *la-faim-dans-le-monde*（ハイフンをつけていうが、これは現象学者たちが、自分たちが世界のなかへはいる線をしめすために好んでつけるものだ）についておもいめぐらさなければいけない。もっと簡単にいえば、現象学者は、石に身をかえる獲物をまえにして、一瞬狼の内臓をもたなければならないのだ。

もしわたくしがこの種の版画の複製を所有していたならば、わたくしはこれをもちいて、世界内の飢えの劇にたいする関心の視角と深度を区別し、測定するために、一つのテストをおこなうだろう。この関心の曖昧なことはおおよそ明らかにできよう。あるものは寓話の雰囲気がさそうまどろみにふけり、古い無邪気なイメージの戯れをさまたげようとはしないだろう。かれらはおそらく邪まな動物の口惜しさをたのしむことであろう。甲羅のなかへ身をちぢめた亀と一緒に、密かに忍び笑いをもらすことであろう。だがウンガレッテイの解釈によって警告された他のひとびとは、その立場をかえるかもしれない。伝統のなかにねむる寓話をこのように転換してみると、いわば物語の機能の若返りがおこなわれる。

このばあい、現象学者が利益をうけられる、想像力の新たな出発がある。このような立場の転換は、総体としての世界にむかいあってこれをとりあげる現象学者にとっては、きわめて小さな資料にみえることであろう。かれらは世界内に存在し、世界にいきることをただちに意識する。だがしかしこの問題は想像力の現象学者にとっては複雑である。かれはたえず世界の珍奇に直面させられる。そしてさらにまた想像力は、新鮮な力によって、また独自の活動によって、慣れしたしんだものを新奇なものにかえる。詩の一細部によって想像力はわれわれを新しい世界のまえにたたせる。そのときからその細部は全景に優先することになる。ある単純なイメージは、もし新しければ、世界をひらく。空想の無数の窓からみれば、世界はたえず変化している。したがってそれは現象学の問題を更新する。ひとは小さな問題をとくことによって、大きな問題をとく方法をまなぶ。わたくしはわたくしの演習を基礎的な現象学の平面にかぎることにした。しかもわたくしは、人間のたましいのなかに無意味なものはなに一つない、とかたく信じているのである。

第六章　片　隅

空間をとざせ！　カンガルーの袋をしめよ！　そこはあつい

モリス・ブランシャール「詩のとき」

G・L・M、一九四八年七月、(p. 32)

I

巣と貝殻によって、われわれは居住の転置をみてきた。木にかけられた巣のように空気的なものであれ、あるいは軟体動物のように石のなかにかたくはめこまれた生命の象徴であれ、空想的な内密やあるいは粗野な内密を研究することがわれわれの問題であった。これからわたくしは、うつろいやすく、あるいは空想的なものではあるが、しかしもっと人間的な根をもつ内密の印象に注意をむけたいとおもう。本章において考察する印象は転置する必要はない。たとえ実証主義的なひとびとはこれを空虚な夢とみなしたとしても、われわれはこれから直接の心理学をつくりだすことができる。

わたくしの考察の出発点は以下のとおりである。家のすべての片隅、部屋のすべての角、われわれが身をひそめ、からだをちぢめていたいとねがう一切の奥まった片隅の空間は、想像力にとっては一つの孤独であり、すなわち部屋の胚種、家の胚種である。

文献のなかで利用できる資料は数少ない。なぜならばこのまったく肉体的な自己への収縮にはすでに拒絶症のしるしがあるからである。多くの点で、「いきられる」片隅は生を拒絶し、生を抑制し、生をかくす。ここでは片隅は世界の否定にほかならない。片隅においては、ひとは自分にむかってかたりかけない。われわれは片隅の時間をおもいだすときには、沈黙、思考の沈黙をおもいだす。ではなぜこのように貧しい孤独の幾何学を記述しようとするのか。心理学者、そしてなによりも形而上学者は、地形分析《トポアナリーズ》のこの回り道はまったく無益なものだとかんがえることであろう。かれらは「閉鎖的な」性格を直接観察することができる。かれらには不機嫌なものを片隅においやられた存在として記述する必要はない。しかしわたくしにはこれほど容易に場所の要因を抹殺することはできない。そしてわたくしは、たましいの隠れ場所にはみな避難所のおもかげがあるとおもう。避難所のうちでももっともみすぼらしいもの、片隅は検証にあたいする。片隅にひきこもるというのはたしかに貧しい表現だ。その表現はたとえ貧しいとしても、夥しいイメージ、恐ろしく古いイメージ、おそらく心理的に原始的なイメージさえももっている。ときにはイメージが単純であればあるほど、夢想はますます大きくなる。

しかし片隅はまず、われわれの存在の第一の価値、すなわち不動をたしかなものとしてくれる避難所である。それは確実な場所、わたくしの不動にもっとも近い場所である。片隅は、半ば壁、半ば戸である一種の半分の箱なのだ。これはのちの章であつかう内部と外部の弁証法の例解となることであろう。

片隅で安らかな思いにひたるその意識は、あえていえば、不動の気持をうみだす。不動がかがやきでる。われわれが片隅に避難するとき、しっかりとかくまわれたと信じるわれわれの肉体の周囲には、空想の部屋が建築される。影そのものがすでに壁であり、家具が柵となり、つづれ織の壁掛が屋根となる。しかしこのイメージはみなあまりにも空想的である。そしてわれわれは不動の空間をわれわれの存在の空間とすることによって、これをしめさなければならない。ある詩人は『粗描のままで』という書においてつぎの小さな詩句をかいている。(149)

ぼくはぼくの存在する空間だ

この詩句は偉大だ。しかしこれは片隅以外のどこでさらに深く感じとることができようか。「ぼくのいないぼくの生」(150)(アルマン・ロバン訳)においてリルケはこうかいている。「突然灯のともった部屋がぼくと顔をあわせた。ほとんどぼくのなかで知覚できるほどだった。ぼくはすでにそのなかの片隅だった。だが鎧戸はぼくを感じ、とじてしまった」。片隅は存在の小さな家であることを、これほど的確に表現できるだろうか。

II

さて二重の意味をになった文章を一つとりあげよう。ここでは存在は、自分の片隅からあらわれでる瞬間に姿をあらわす。

サルトルはボードレール論において、ながい註釈をつける価値のある文章を引用している。これはヒューズの小説からとられた。[151]「エミリーは船首のはしの片隅で家をつくってあそんでいた……」。しかしサルトルがときあかしている文章はこれではなく、つぎの文章である。「この遊びにあいたエミリーはぶらぶらと船尾の方へあるいていった。そのときかの女のこころに、突然、かの女は**かの女**であるという考えがひらめいた……」。この思想をさまざまな角度から検討するまえに、ヒューズの小説におけるこの思想は、おそらくは**架空の幼年時代**とよばざるをえないものに対応することを指摘しておこう。小説はこうしたものでいっぱいだ。小説家たちは体験しない架空の幼年時代のうえにさらにある架空の素朴な事件をなげかける。創作活動によって物語の背後に投射された非現実の過去は、しばしば夢想の現実性をおおいかくす。この夢想は、真に現実的な素朴なかたちでわれわれにあたえられるならば、現象学の価値をのこらずそなえもつことであろう。しかし**ある**と**かく**というこの二つを一致させることはむつかしい。

しかしながらサルトルが引用した文章はそれ自体貴重な文章である。なぜならばそれは地形分析《トポアナリーズ》的に、すなわち空間の用語で、外部経験と内部経験の用語で、精神分析学者が外向性と内向性ということばによってしるしづけるあの二つの方向を規定するからである。

生や情熱よりもまえに、実存の図式そのものにおいて、小説家はこの二元性にであう。この物語において、子供が自分について発見する稲妻のような考えは、その子供が「わが家」をはなれるときにみいだすのである。われわれには自己にとじこもる人間の**コギト**はあたえられない。出現の**コギト**が問題となるのだ。最初はデカルト流の「暖かい部屋[152]」、すなわち船の片隅に空想の家をつくってあそんでいる存在の、多少とも暗い**コギト**が問題となる。子供はたぶん自分の存在の片隅への集中にたいする反動から、外へむかって爆発するそのときに、かの女は**かの女自身**であったことを発見した。なぜならば船の片隅は存在の片隅だからだ。その子が宏大な世界、大海原にうかぶ船の探検をすませたときに、かの女は自分の小さな家にもどるだろうか。かの女は**かの女自身**であることをしったいまとなっても、家をつくる遊びをつづけ、自分の家にもどる、すなわち自分自身のなかへもどるだろうか。たしかに空間からにげさることによって実存することを意識できるが、しかしここではこの存在の物語は空間性の戯れとむすびついている。小説家は、存在を発見するためにわが家をでて宇宙にむかう夢の反転をのこらず細部にわたってわれわれにかたる義務がある。架空の幼年時代、物語化された形而上学が問題とされているのであるから、作家は二重の領野の鍵をもっている。かれはその相関関係を感じている。おそらくかれは「存在」への目覚めを別なかたちでえがくこともできるだろう。しかしわが家が宇宙に先行しているのだから、われわれに小さな家のなかの夢想をかたらなければならなかったはずである。このように作者は片隅の夢想を犠牲にした——おそらく圧殺してしまったのだ。かれはこの夢想を子供の「遊び」の部類にいれて、これによっていわば生の厳粛な事柄は外にあるとみとめたのだった。

しかし片隅の生について、自己に沈潜した夢想家とともに片隅にひきこもったすべてのものについては、詩人たちはさらにわれわれにものがたることであろう。かれらはこの夢想に一切の現実性をあたえることを躊躇しないだろう。

III

詩人ミロシュの小説『愛の手ほどき』には（p. 201）、なに一つとしてわすれずにおぼえているシニックな真率な中心人物があらわれる。若い時代の思い出は問題にならない。ここでは一切がいきられる現在におかれている。そしてかれの宮殿のなかには、熱烈な生活をおくるかれの宮殿のなかには、かれがよくおとずれる定まった片隅がいくつかある。女友だちがさったときに、「おまえが身をひそめた、煖炉と樫の長持のあいだのこの薄暗い片隅」のような片隅である。かれが不実な女をまつのは、ひろい宮殿のなかではなくて、陰鬱なおもいをいだいてまつ片隅である。ここでこそかれは怒りをおさえることができるのだ。「硬い冷い大理石の床に腰をおろし、目は天空をえがいた天井をぼんやりとながめ、手にはまだページをきらない本がある。おお老いぼれめ、おまえはそこでなんと心地よい悲しみのときをまつことができたことか！」。これは一種の相反する感情の避難所ではないか。夢みるひとは悲しみをよろこび、孤独とまつことに満足しているのだ。情熱の頂点においてはよくあることだが、この片隅で、かれは生と死についておもいめぐらす。「この感傷的な部屋の片隅でいき、そしてしぬのだ、とおまえはかんがえた。ああそのとおりだ。ここでいき、そしてしぬのだ。いったいなぜいけないのだ、ド・ピナモント氏よ。きみは暗い埃っぽい小さな片隅の友ではないか」。

そして片隅の住人がそろってやってきてこのイメージに生命をあたえ、この片隅の住人の存在の陰翳をさらに多様化する。片隅や角や穴の偉大な夢想家にとっては、空虚なものはなに一つなく、満ちあふれたものと空虚なものとの弁証法は二つの幾何学的非現実性に対応するだけだ。居住が満ちあふれたものと空虚なものをむすびつける。生きた存在が空ろな避難所をみたす。そしてそこにイメージがすみつく。すみつくものがなくとも、片隅にはみな亡霊がさまよっている。ミロシュが創造した片隅の夢想家、ド・ピナモント氏は長持と煖炉のあいだの要するに広びろとした「洞窟」のなかにおさまって、つづける。「ここでは瞑想的な蜘蛛は力強く幸福にいきている。ここでは過去は萎縮し、すっかり小さくなる。恐怖におののく老いぼれてんとう虫だ。……皮肉な狡猾なてんとう虫だ。過去はここでみいだされるのだが、綺麗なこまごましたものを蒐集するひとの博学な眼鏡にもみつからない」と。そしてひとは、詩人の魔法の杖のしたではてんとう虫になり、そしてまるい、動物のうちでもっともまるい翅鞘のしたに追憶と夢をあつめざるをえないのだ。この赤い生命の大地の球は、なんと巧みに飛翔する力をかくしていたことであろう。それはまるで穴からぬけだすように、その球形からにげだす。あの小説の子供のように、おそらく青空のなかで、それは**それ自身**であるという稲妻のような観念をえるのではないか。突然空にとんでゆくこの小さな貝殻をみては、どうして夢想をとどめられようか。

そしてミロシュの小説では、動物の生と人間の生の交換がしばしばおこなわれることになる。かれのシニックな夢想家はまたつぎのようにいう (p. 242)。この長持と煖炉のあいだの片隅に、「おまえは退屈をいやす数かずの薬と、永遠におまえのこころをしめるにたる無数の物をみいだすのだ。三世紀まえの時間のかびくさい臭い。蝿の糞の象形文字の秘密の意味、鼠の穴の凱旋門、おまえのまるい骨ばった背をもたせかけるほつれた壁掛、大理石のうえをあゆむおまえの踵のかじるような音、埃まみれのおまえのくしゃみの音、……それから、羽箒にわすれられてしまった広間の片隅のありったけの古い埃のたましい」。

しかしわれわれのような「片隅の読者」をのぞいては、この**埃の巣**の読書をつづけるものがあろうか。おそらくは床の溝からピンで埃をかきあつめたミシェル・レーリスのようなひとだけだ。(153) しかしくりかえしていえば、これはだれしもが白状する事柄ではない。しかしながら、このような夢想においては、過去はなんと古いことであろう。夢想は日附のない過去の大きな領域のなかへはいりこむ。想像力を記憶の地下室にさまよわせ、われわれはそれとしらずに、家の小さな隠れ穴やほとんど動物の巣にちかい夢の巣のなかでいとなまれる夢の生をみいだすのだ。

しかしこの遠い背景に幼年時代がかえってくる。ミロシュの夢想家は、かれの**瞑想の片隅**において意識の検証をおこなう。過去は浮上し、現在の水面と水平になる。そして夢想家はおもわず自分がないていているのにきづくのだ。「なぜならば子供のころからおまえはもう城の屋根裏やがらくた本をおさめた書斎の片隅をこのんでいたからだ。そしておまえは一語も理解できないのに、オランダ版の藪医者《ディアフォアリュス》の二折版をむさぼるようによんでいた。……ああ、悪党め、メローヌ宮の郷愁をまぶした隠れ場所で、おまえはなんと悪党ぶった態度であの心地よい時をすごしたことか！　生をおえた事物のたましいにつきいるために、おまえはそこでどれほど時間を浪費したことであろう。おまえは、溝からひろいあげられ、掃き屑のなかからたすけだされた、おきわすれられた古いスリッパに変身してなんという幸福によったことであろう」。

ここで突然夢想をうちきり、読書を中断すべきであろうか。蜘蛛やてんとう虫や鼠をのりこえて、さらに片隅のわすれられた事物と一体化するところまでゆくひとがあるだろうか。ところでわれわれがうちきる夢想とはなにか。なぜ夢想をうちきるのか。ためらいからか、趣味のうえからか、それとも古ぼけた物にたいする軽蔑からか。ミロシュはやめない。かれの小説にみちびかれながら、かれの小説をこえたかなたにまで夢想をはせると、われわれはかれとともにある片隅を夢みる。それは「まえの世紀に、小さな女の子がこの広間の片隅におきわすれた木の人形」の墓である。些細な物の宏大な博物館をみて感動するには、夢想の奥底へしずまなければならない。古い物の隠れ家でもなく、自分の古い物を保存してもおかない古い家、単なる骨董趣味から古い輸入品でいっぱいになった古い家、われわれはそんな家を夢みることができようか。片隅のたましいを恢復するには、ミロシュの夢想家の瞑想をひきつける古いスリッパや人形の首の方が有効なのである。詩人はつづける（p. 243）。「物の神秘、時間のなかの小さな感情、永遠の大きな空隙！　一切の無限が煖炉と樫の大箱のあいだのこの石の片隅にふくまれている。……いまはどこにあるのだ、どこにあるのだ、いったい、おまえの大きな蜘蛛の巣の幸福は、いたんだ小さな死んだ物にたいするおまえの深い想いは」と。

そうして夢想家は、自分の片隅の奥から孤独の事物をのこらずおもいおこす。それは孤独の思い出であり、ただわすれさる行為によってうらぎられ、片隅にみすてられているのだ。「ランプをおもいおこせ。遠くからおまえの想いの窓ごしに、昔日の太陽に完全にやけこげた窓ごしにおまえに挨拶した古い古いランプをおもいおこせ……」。夢みるひとは、かれの片隅の奥に、ふたたびもっと古い家、別の国の家をみ、これによって生家と夢の家の綜合をはたす。事物、古い事物はかれにこうたずねる。「冬の孤独の夜のあいだ、親しい古いランプはおまえのことをなんとおもうだろうか。おまえにたいして優しく、兄弟のように優しかった事物はおまえのことをなんとおもうことだろうか。その暗い運命はおまえの運命と密接にむすびつけられてはいなかったのか。……身じろぎもせぬ沈黙した物はけっしてわすれない。それは陰気でしかも軽蔑されてはいるが、それにたいしてわれわれは、われわれが自分の奥底にになうもっともみすぼらしく、すこしもかえりみられないものをゆだねるのだ」(p. 244)。夢みるひとはこの片隅で、なんという謙虚への招きをききとったことであろう。片隅は宮殿を否定し、埃は大理石を否定し、使いふるされた事物は華麗と奢侈を否定する。自分の片隅にかくれた夢想家は、世界の一切の事物を一つ一つと破壊する細心な夢想によって、世界を抹殺した。片隅は思い出の戸棚になる。塵まみれになった無秩序な物の無数の小さなしきいをとびこえて、思い出＝事物は過去を秩序づける。凝結した不動と消えうせた世界へのもっとも遠い旅とがむすびつく。ミロシュにおいては、夢はいわば記憶の彼岸にふれるほど、過去のなかへ深くしずんでゆく。「これらの物はみな遥かなかなたにあり、もはや存在しない。それは存在したことがなかったのだ。過去はその記憶をうしなってしまった……みよ、さがせ、そしておどろき、ふるえよ……おまえ自身もう過去をもたないのだ」(p. 245)。この作品の文章を考究すると、まるで夢の彼岸にみちびかれるように、一種の存在の先在にみちびかれるようなおもいがする。

IV

ミロシュの文章によって、陰気な夢想、片隅にじっとすわっている存在の夢想のもっとも完全な経験の一つをしめそうとした。かれはそこに使いふるされた世界をみいだす。ついでに、形容詞が生に適用されると、たちまちこの形容詞が獲得する力を指摘しておこう。陰気な生、陰気な存在、これはある世界の目印になる。これは物のうえにひろがった色どり以上のものであり、悲しみや後悔や郷愁となって結晶する物そのものである。哲学者が詩人たち、ミロシュのような大詩人に、世界をいかにして個性化するかという教えをもとめると、哲学者はただちに、世界は名詞の秩序にもとづくものではなくて、形容詞の秩序にもとづくことを確信するにいたる。

もしもわれわれが世界に関する哲学体系の想像力を公平にあつかうならば、その胚種として形容詞があることが理解できるだろう。世界哲学の精髄をもとめるものはその形容詞をさがせ、このような忠告をあたえることができよう。

V

しかしふたたびもっと短い夢想と接触することにしよう。これは物の細部や、一見無意味にみえる現実のさまざまな相貌によって触発される夢想である。レオナルド・ダ・ヴィンチは自然をみて霊感をおぼえぬ画家たちに、夢想する目で古い壁の割れ目を凝視することをすすめた、という事実がしばしばかたられている。古い壁に時間がえがいた線のなかに世界の見取図がないだろうか。天井にあらわれた何本かの線のなかに新大陸の地図をみたものはなかったか。詩人はこれをみなしっているのだ。しかし偶然が模様と夢想との境界に創造したこの世界を自分流に叙述するために、かれはこの世界にすんでみようとする。かれは片隅をみいだし、このひびわれた天井の世界にとどまる。

こうして詩人は刳形《くりがた》のくぼんだ道をたどって、蛇腹の角のところにふたたび小屋をみいだす。ピエル・アルベール゠ビローに耳をかたむけよう。かれは『別のぼくにあたえる詩』において、かれのことばによれば、「あたためる曲線をあとづける」。その温和な温かさはたちまちわれわれにそのなかにくるまり身をつつむことを厳命する。

まずアルベール゠ビローは刳形にすべりこむ。

……ぼくはまっすぐに刳形のあとをおう
刳形はまっすぐに天井のあとをおう

しかし物の模様に「耳をかたむける」と、ある角につきあたる。夢想家をひきとめる罠につきあたる。

だが角がある　そこからはもはやにげだせない

この牢獄にすら平和がおとずれる。この角、この片隅に、夢想家は存在と非存在の境界の休息をみとめるようにみえる。かれは非現実の存在である。かれを外へほうりだすには事件が必要だ。ここのところで詩人はつづける。「しかしぼくが天使の夢をみてしのうとしていた角から、クラクションがぼくをおいだした」。

修辞家はこのような文章を容易に批判できる。批評家は多くの理由からこのようなイメージやこの種の夢を分解して、抹殺することであろう。まずなによりもそれらが「理にかなって」いないからである。快適なベッドではゆっくりとくつろぐことができるが、「天井の片隅」にはひとがすまないからだ。また詩人がいうように、蜘蛛の巣はつづれ織の壁掛けではないからだ——そしてもっと個人的な批評だが、自己の中心に存在を集中しようとつとめ、存在の中心に一種の場所、時間および筋の一致をみいだす哲学者にとっては、イメージの放逸は嘲笑にみえるにちがいないからだ。それはそうと、合理的な批評、哲学の軽蔑、詩の伝統、これらが一つになってわれわれを詩人の夢の迷路から遠ざけようとするときでも、詩人は夢想家のためにかれの詩を罠にしたということは事実なのである。

わたくしはその罠にかかった。わたくしは刳形をつたっていった。

＊

家を論じたさきの章で、わたくしは、版画にえがかれた家は、そこにすみたいという願望を容易にかきたてる、とのべた。われわれは美しくほりきざまれた画の線と線とのあいだでいきてみたいとおもう。われわれに片隅でいきてみたいとおもわせる空想もまた単純な画の魅力からうまれてくることが多い。だがそのばあい、曲線の魅力は適切に屈折したベルクソンの運動ではない。それは展開する時間的経過だけなのではない。それはまた均斉のとれたすがたに構成された、ひとのすめる空間でもある。この「版画＝片隅」、この美しいことばの版画をあたえてくれるのは、これもピエル・アルベール＝ビローである。

『別のぼくにあたえる詩』でこうかく（p. 48）。

そしてぼくは装飾模様になった
多感な渦巻
螺旋回転
白と黒に組織された表面
だがぼくはいまぼくが呼吸するのをきいた
これはたしかに模様なのか
これはたしかにぼくなのか

螺旋は両手をくみあわせてわれわれをつかまえるようにみえる。この模様は、これがはぎとる対象にたいしてよりも、これがとじこめる対象にたいしていっそう積極的である。渦形の彎曲のなかにすみこみ、曲線のふところのなかに熱と生命をみいだそうとする詩人は、これを感じる。

単語の厳密な意味を維持し、単語を明晰な思想の無数の小さな道具とみなす主知主義の哲学者は、詩人の無謀な用語をみておどろかざるをえない。しかしながら感性の融合は単語が完全な固体に結晶するのをさまたげる。予期しなかった形容詞が名詞の中心的な意味のまわりによりあつまる。新しい環境が単語に、思想のなかばかりではなくて、夢想のなかへもはいるのをゆるす。ことばが夢想するのである。

批評的な精神はこれには手のくだしようもない。夢想家が、曲線は暖かい、とかくことができるのは、詩的事実である。ベルクソンが曲線は優雅であり、またもちろんのことだが、直線は硬直しているといったとき、ベルクソンはその意味をこえなかったと信じられようか。われわれは、角は冷たく、曲線は暖かいといってはいけないか。曲線はわれわれを歓迎し、あまりにも鋭い角はわれわれを放逐するといってはいけないか。角は男性で、曲線は女性だといってはいけないか。わずかな価値が一切を変化させる。曲線の優雅はそこにすむ招きなのである。ふたたびかえれる希望がなければ、たちさることはできない。愛された曲線は巣の力をもつ。すなわちそれは所有せよとよびかける。それは曲線の片隅である。ひとのすむ幾何学なのだ。われわれはいま、休息の夢想の超単純化した図式において、避難所の極微に到達した。彎曲をながめて身をまるくする夢想家だけが、このえがかれた休息の単純なよろこびを理解する。

一つの章の最後のページで、連関のない思想、細部においてしかいきていないイメージ、きわめて真率だが一瞬しか持続しない確信をかきあつめたら、これは著者としてたしかに軽率である。しかし蝟集した想像力にたちむかおうとする現象学者にとってこれ以上なにができようか。かれにとっては、ただの一語が夢の胚種となることもめずらしくはない。

ミシェル・レーリス（とくに『抹殺』をみよ）のような偉大なことばの夢想家の作品をよむとき、われわれはことばにおいて、あることばの内部で、内密の運動を体験しておどろく。時おりことばは、友情のように、夢想するひとの意のままに、綴りの曲線をえがいて膨脹する。別のことばにおいては、一切が明晰で静謐である。ジュベール[154]、賢者ジュベールが奇妙にも「小屋」のような概念についてかたるとき、かれはこのことばのなかの内密の休息を理解していたのではないか。ことばは——わたくしはしばしば想像しているのだが——地下室も屋根裏部屋もある小さな家である。常識は一階にとどまり、つねに「外との交際」の用意をととのえ、他のひとたち、けっして夢想することのない通りすがりのひとと同一平面にいる。ことばの家の階段をのぼること、それは一段一段と捨象することである。地下室へおりること、それは夢想すること、不確かな語源の遠い廊下にきえさること、ことばのなかに未発見のたからをさがしもとめることである。ことばそのものの内部で、のぼること、おりること、それが詩人の生である。あまりにも高くのぼること、あまりにも低くおりること、これは大地的なものと空気的なものとをむすびつける詩人にゆるされる。哲学者だけが、自分の仲間によって、つねに一階にとどまるよう宣告されているのであろうか。

第七章　ミニアチュール

I

心理学者は――とくに哲学者は――お伽話のなかにしばしばあらわれるミニアチュールの戯れにほとんど注意をはらわない。心理学者の目には、作家は一粒のエジプト豆のなかにおさまる家をつくってたのしんでいるにすぎない。これこそがお伽話をもっとも単純な空想と同列におく根本的な不合理なのである。この空想は、作家がほんとうに偉大な幻想の領域にはいるのをさまたげる。作家自身、軽い着想を――しばしばきわめて重苦しく――展開するときには、こうしたミニアチュールに対応する心理的現実を信じていないようにみえる。作家から読者につたえられる夢の粒子がここにはない。ひとを信じさせるには、自分が信じなければならないのだ。この「文学上の」ミニアチュール、文学者によってひどくらくらくと小さくされてしまったこれらの事物に関して、現象学的な問題を提起することは、哲学者にとって、はたしてやりがいのあることだろうか。意識――作家の意識と読者の意識は、真にこの種のイメージの根源に作用することができるのだろうか。

しかしながらこれらのイメージにはある種の客観性をみとめなければならない。それはこのイメージが数多くの夢想家の同意をえ、しかも興味をひいているという事実からである。このミニアチュールの家は真の心理的客観性をもつ虚の事物であるといえる。この想像力の過程は典型的な過程である。これは幾何学的相似という一般的な問題とは区別しなければならない、一つの問題を提出する。幾何学者は、たがいにことなった寸法でえがかれた二つの相似形のなかに、**正確に同一物**をみとめる。縮尺であらわされた家の設計図は、想像力の哲学と関係する問題をなんらふくんでいない。これを表現の一般的な観点から考察する必要はない。むろん相似の現象学を研究することはこの点からみれば大いに興味ぶかいことであろうが。われわれの研究は、たしかに想像力にかかわるものとして、規定されなければならない。

たとえばもしわれわれが、空想の領域にはいるために、不条理のしきいをとびこえさせられたならば、すべてが明らかになるだろう。妖精の馬車にのりこむ、シャルル・ノディエ『そらまめの宝』の主人公の例をしばらくあとづけよう。その若い男は十六「リトロン」(ボワソー〔十二・五リットル〕の十六分の一)のいんげん豆をかついで、いんげん豆ほどの大きさのこの馬車にのる。このようにこの数も空間の大きさも矛盾している。たった一粒のいんげん豆のなかに六千粒のいんげん豆がはいる。大男のミシェルがびっくりしながら草むらのなかの乞食妖精の家にはいりこみ、居心地よく感じるときも同じことである。かれはそこに「おちつく」。小さな空間のなかで幸福をおぼえたかれは、場所《トポフィリ》への愛を経験する。ひとたびミニアチュールの内部にはいると、かれはたくさんの宏大な部屋をみるだろう。かれは内側から**内面**の美を発見するだろう。ここで展望の逆転、話し手の才能と読者の夢の力にしたがって、束のまの逆転、またはもっとひとを魅する逆転がおこなわれる。ノディエは「気持よく」ものがたりたいという欲望がしばしばあまりにも強く、想像力を極限までおうにはあまりにもたのしみすぎ、拙劣に偽装した論理的な説明をのこしておく。ミニアチュールの家にはいることを心理的に説明するために、かれは子供がおもちゃにする小さな紙の家をおもいおこすのだ。想像力の「ミニアチュール」はやすやすとわれわれを幼年時代へつれもどし、ふたたび玩具に身をゆだねさせ、**玩具の現実**へつれもどすのである。

想像力はこれよりも価値がある。実際、ミニアチュールをうみだす想像力は自然の想像力である。生来の夢想家の夢想のなかには、かれが何歳になろうとこの想像力があらわれてくる。たしかにそこに真の心理的な根を発見するには、楽しみの要素をとりのぞかなければならない。たとえば『フォンテーヌ』誌に発表されたヘルマン・ヘッセの文章（五十七号、p. 725）をわれわれは**真面目に**よむことができよう。ある囚人が、牢獄の壁に、小さな汽車がトンネルにはいってゆく風景をえがいた。看守たちがかれをよびにくると、かれは看守に「絵の小さな汽車にのり、二三たしかめたいから、ちょっとまっていただけまいか、と鄭重にたのむ。例によってかれらは、わたくしを馬鹿だとかんがえて、わらいだした。わたくしはからだをすっかり小さくした。わたくしは絵のなかにはいり、小さな汽車にのると、汽車はうごきだし、小さなトンネルの闇のなかにきえさった。ほんのしばらくのあいだはまだまるい穴からたちのぼるかすかな綿のような煙がみえた。するとやがてこの煙もきえ、この煙とともに絵が、そして絵とともにわたくしの存在がきえさった」。……この画家＝詩人は牢獄のなかでなんど壁にトンネルの穴をあけたことであろう。かれは自分の夢をえがき、なんど壁の亀裂から脱走したことか。牢獄からにげだすにはどんな手段でも結構なのだ。必要があれば、不条理が自由のみなもととなるのである。

したがってもしわれわれが共感をもってミニアチュールの詩人のあとをおい、牢獄に監禁された画家の小さな汽車にのれば、幾何学的な矛盾は解消し、描写は想像力によって支配される。描写は自分のイメージを他者につたえるための表現の集成にほかならない。想像力を基礎的能力としてうけいれる哲学の流れでは、ショーペンハウアーをまねて「世界はわが想像である」と、いうことができる。巧みに世界を縮小できればできるほど、わたくしはいっそう確実に世界を所有する。しかしこれとともに、ミニアチュールにおいては、価値は凝縮し、豊かになることを理解しなければならない。ミニアチュールの力動的な効力を認識するには、大きなものと小さなものとのプラトン的弁証法では十分ではない。小さなもののなかに大きなものがあることを体験するには論理を超越しなければならない。

わたくしは二三の例の研究を通じて、文学上のミニアチュールが——つまり大小の展望の逆転の註釈ともなる文学上のイメージの総体が——深い価値を刺戟するという事実をしめすつもりである。

II

まずピエル＝マクシム・シュールのすぐれた論文に引用されているシラノ・ド・ベルジュラック[155]の文章をあげることにしよう。「ガリヴァーのテーマとラプラスの定理」という論文のなかで、筆者はシラノ・ド・ベルジュラックの楽しいイメージの主知主義的な性格を強調し、このイメージと数理天文学者の観念とを比較する気持になる。[156]シラノの文章はつぎのとおりである。「この林檎はそれ自体小宇宙であり、他の部分よりも熱い種子はそのまわりに球を維持する熱を放射する。そしてこの種子は、この見解によれば、この小さなかたまりの生命塩をあたためやしなう小世界の小太陽である」。

この文章では、なに一つ描出するものはなく、一切が空想であり、空想のミニアチュールが空想の価値をとじこめるために提出されている。中心には林檎全体よりも熱い種子がある。この凝縮した熱、ひとが愛するこの快適な温かさは、イメージを目にみえる段階のイメージからひとが体験する段階のイメージに移行させる。[157]想像力は生命塩によってやしなわれたこの種子に大きななぐさめをみいだすのだ。林檎、つまり果実はもはや第一価値ではない。真の動的な価値は種子なのである。逆説的に種子が林檎をつくるのだ。種子はかぐわしい汁液と生命を維持する力を林檎におくりこむ。種子は果実の肉にまもられて、優しい揺籃のなかでうまれるだけなのではない。それは生命の熱をうみだすものなのである。

このような想像力においては、観察精神と対比すると、完全な逆転がある。ここでは空想する精神は観察する精神とは逆の道をあゆむ。想像力は知識を綜括する図式を手にいれようとはおもわない。それはイメージを増殖する口実をもとめ、そして想像力があるイメージに興味をいだくと、たちまち想像力はそのイメージの価値をたかめる。シラノが種子＝太陽を空想したそのときから、かれは種子は生命と火の中心、要するに一つの価値であるという確信をえたのだった。

もちろんこれは並はずれたイメージである。多くの著作家のばあいのように、また少しまえにふれたノディエのばあいのように、シラノのばあいの戯れの要素は空想的な瞑想のさまたげになる。これらのイメージはあまりにもすばやく、あまりにも遠くにはしる。だがゆっくりと読書する心理学者、高速度撮影でイメージを検討する心理学者は、必要とあればいつまでも一つ一つのイメージにかかずらい、いわば無限の価値の融合を感じとる。これらの価値はミニアチュールのなかにのみこまれる。ミニアチュールは夢想をよびさますのである。

ピエル＝マクシム・シュールは、このとくに適切な例によって、想像力が誤謬と虚偽の王者となる危険を強調してかれの研究をとじる。われわれの思考法はかれとかわらぬが、かれとは別のやり方で夢想する、あるいはもっと正確にいえば、自分のよむものにたいして夢想家として反応することを承認する。これが夢の価値をうけいれる夢の態度の問題のすべてである。**客観的に**夢想を記述するならば、これはすでにこの夢想をよわめ、停止することにほかならない。客観的にものがたられたなんと多くの夢が埃をかぶった夢にすぎないことか。夢想するイメージが存在するばあいには、これをこのイメージを創造した夢想をひきつぐようにとの招きだとかんがえなければならない。

夢想の活力によってイメージの実証性を決定する想像力の心理学者は、イメージ発明の正当性を立証しなければならない。現在の例においては、種子は林檎の太陽であるかという問題はばかげた問題である。われわれが十分に夢みるならば――もちろんたくさんの夢が必要だが――結局この問題は夢として有効だとみとめることになる。シラノ・ド・ベルジュラックはこの不合理な問題に嬉々としてたちむかうのに、シュールレアリスムをまつまでもなかった。想像力の次元では、かれは「あやまた」なかった。なぜならば想像力はけっしてあやまたない。想像力はイメージを客観的な現実と対決させる必要はないからである。われわれはさらに先へすすまなければならない。すなわちシラノは読者をあざむこうとはおもわなかった。かれは読者は「これにあざむかれない」ことを十分承知していた。

かれはつねに自分の想像力と同じ高さの読者をもとめていた。空想的な作品にはみな一種の存在の楽天観がある。ジェラール・ド・ネルヴァルはこういった（『オーレリア』、p. 41）。「人間の想像力は、この世界でも他の世界でも、真実でないものはなに一つ案出しなかったとおもう」と。

＊

シラノの林檎の惑星イメージに類するイメージを直接にいきたならば、このイメージは思想によって準備されたものではないことを理解する。科学的な観念を説明したり根拠づけたりするイメージとはなんらの共通点もない。たとえばボーアの原子模型の惑星イメージは――通俗哲学のある貧しい不吉な価値付与作用のばあいではなくて、科学思想においては――数学思想を綜合した純粋な図式である。ボーアの惑星原子においては、中心の小太陽は**熱くはない**。

この簡単な註釈によって、自己完成する絶対的なイメージと、さまざまな思想を要約することで満足する、観念のあとからうまれるイメージとの根本的な相違を強調したい。

価値を付与された文学上のミニアチュールの第二の例として、ある植物学者の夢想をあとづけることにしよう。植物学者は花によって例示された存在のミニアチュールをたのしむ。植物学者は花の内密を記述するために、並の大きさをもった物に対応することばを無邪気に利用する。一八五一年にあまれた『新神学百科全書』の一巻をなす大部の『キリスト教植物学辞典』の「ちょろぎ」の項には、つぎのようないぬごまの花の記述がよめる。「この綿の揺籃のなかでそだった花は小さく、繊細で、薔薇いろと白である……わたくしは小さな萼とこれをおおう長い絹の網をとる……花のしたの唇形花弁は真直で、またやや彎曲している。その内側はあざやかな薔薇いろであり、外側は厚い毛でおおわれている。ふれてみるとこの植物全体が暖かく感じられる。それは典型的な極北地帯の小さな衣裳をつけている。小さな四つの雄蕊はまるで小さな黄いろの刷毛のようだ」。ここまではこの文章は客観的なものとしてとおる。だがたちまち心理的になる。しだいに記述に夢想がまぎれこむ。「四本の雄蕊は真直にたち、下の唇形花弁がつくる一種の壁龕のなかに仲よくおさまっている。その雄蕊は暖かそうに詰物をした小さな穹窖のなかにはいっている。その足許には小さな雌蕊がうやうやしくかしこまっているが、そのからだはひどく小さいので、雌蕊にはなしかけるには、雄蕊は膝をおらなければならない。小さな妻たちはたいへん重要だ。そしてみかけはひどく地味なものたちが、家政ではしばしば絶対的な権力をにぎることがある。四つの裸の種子は萼の底にとどまり、インドの子供たちがハンモックにゆられるように、そこで成長する。雄蕊はそれぞれに自分の仕事をみとめ、そして嫉妬はありえない」。

このように博識の植物学者は花のなかに夫婦生活のミニアチュールをみいだし、毛皮にまもられた優しいぬくもりを感じ、種子をゆするハンモックをみた。調和のとれた形状から住まいの快適さを推論した。シラノの文章のばあいと同じく、とりかこまれた地域の気持のよい暖かさは内密の第一の徴候であることを指摘する必要があるだろうか。この暖かい内密は一切のイメージの根である。イメージは——きわめて明らかなことだが——もはやなんらの現実にも対応しない。拡大鏡をあててみれば雄蕊の小さい黄いろい刷毛をまだみとめることができよう。だがいかなる観察者といえども、このキリスト教植物学の語り手がつみかさねた心理的イメージの正しさを立証するために、なんらの現実的要素をもみつけることはできないだろう。もしありふれた大きさの対象をとりあげたばあいには、この語り手ももう少し慎重にしたであろうことはかんがえられる。だがかれはミニアチュールのなかへ**はいりこんだ**のだ。そしてたちまちイメージがふくらみ、成長し、逃走しはじめたのである。大きなものが小さなものからでてゆく。これは対立の弁証法の論理的法則によるものではなくて、一切の大小の拘束からの解放によるものであり、これこそ想像力の作用の特性にほかならない。同じ『キリスト教植物学辞典』の「つるにちにちそう」の項には、「読者よ、つるにちにちそうを仔細に研究されよ、そうすればいかに細部がその対象を大きくみせるかが明らかになろう」とある。

この拡大鏡を手にしたひとは、重要な心理上の法則を二行のことばのうちに表現している。かれはわれわれを客観性の知覚点にみちびき、ひとの目にとまらぬ細部を受容し、これを支配すべき瞬間にみちびくのだ。この体験では拡大鏡がこの世界にはいる前提条件になる。拡大鏡を手にしたひとは、このばあい、おとろえた目でなおも新聞をよもうとする老人ではない。拡大鏡をもったひとは世界をまったく新奇なものとしてとりあげる。もしかれが自分の発見をわれわれにもらしてくれたならば、われわれに純粋現象学の資料をあたえてくれることになろう。そこでは世界の発見、世界のなかへはいるということは、陳腐なことば以上の意味があり、哲学において多用されて混濁したことば以上の意味があろう。哲学者はしばしば身近かな対象を記号としてもちいて「世界のなかへはいること」「世界のなかにあること」を現象学的に記述する。かれはインク壺を現象学的に記述する。すると貧しい対象が宏大な世界の門番となる。

拡大鏡をもったひとは――ごくあっさりと――日常の世界を抹殺してしまう。かれは新しい対象をみる新鮮な目だ。植物学者の拡大鏡、それはふたたびみいだされた幼年時代である。それは植物学者に子供の拡大する目をかえす。この拡大鏡をもってかれは庭、

子供たちが拡大してみる(158)

庭へかえってゆく。

こうして微細なもの、典型的な狭き門が世界をひらく。ある物の細部が、すべての世界と同じように、大小の諸属性をふくんだ新しい世界のしるしとなることができるのである。ミニアチュールは大きさの隠れ家だ。

IV

拡大鏡をもったひとの現象学をスケッチするばあい、もちろんわたくしは実験室の研究者のことは頭においていない。科学研究者は客観性の原則をもち、これは一切の想像力の夢想を停止させる。顕微鏡で観察する対象をかれはすでにみていたのだ。逆説的ないい方をすれば、かれはけっして初めてみるということはないのだといえよう。要するに絶対的

に客観的な科学的観察の領域では「初めて」ということには意味がない。したがって観察は「何度も」の王国の一員なのである。科学上の作業ではまず心理的におどろきを消化しなければならない。学者が観察するものは、一体化した思考と経験において正しく規定される。したがってわれわれが想像力を研究するとき、われわれは科学実験の諸問題の水準で考察するわけではない。序論においてのべたように、われわれは科学的客観性の習慣をことごとくわすれて、**初めてのイメージ**をさがしもとめなければならない。もしわれわれが科学史のなかに心理的資料をもとめようとするならば――というのはこの科学史のなかにもたくさんの「初めて」がたくわえられているという抗議がでることであろうから――最初の顕微鏡的観察は微小な客体の伝説であり、もしそれが生命あるものであれば、生命の伝説であったということをみることであろう。こうした観察者は、素朴の世界でも、「精子動物」のなかに人間の形をみとめたのではなかったか。[159]

したがってわたくしはまたも想像力の問題を「初めて」の見地から提出することを余儀なくされている。このことは、わたくしがもっと極端な空想に例をとることも正当化してくれる。拡大鏡をもったひとというテーマの意外なヴァリエーションとして、「風景のなかの卵」[160]というアンドレ・ピエル・ド・マンディアルグの散文詩を研究することにしよう。

この詩人も他の多くの詩人の例にもれず、窓ガラスのうしろで夢みる。だがかれは世界全体を変形する小さな変形をガラスのなかに発見する。ド・マンディアルグは読者につぎのようにかたる。「あまり注意を外にそらさぬようつとめながら窓に近づきたまえ。まるでガラスの包嚢のようなこの核（気泡）をみとめるまで。この小骨はときには透明だが、ふだんは靄がたちこめ、あるいはぼんやりとくもり、猫の目をおもわせるように細長い」と。このガラスの紡錘をとおしてみると、この猫の目をとおしてみると、外の世界はどう変化するか。「世界の自然が変化するのか（p. 106）、それとも真の自然が外見を征服するのか。ともかく経験的事実によれば、風景のなかへ核を挿入すれば、風景に柔和な性格をあたえることができる……壁、岩、樹の幹、金属の建造物はうごく核のあたりでは硬さをのこらずうしなった」。そして詩人は四方にイメージを噴出させる。かれはわれわれに増殖しつつある宇宙原子をあたえてくれる。夢想家は詩人にみちびかれて、顔をうごかすだけで自分の世界を新しくする。夢想家はガラスの包嚢のミニアチュールから一つの世界をうみだす。夢想家は世界に「もっとも異常な爬行」をしいるのだ（p. 107）。夢想家はかつての現実世界のうえに非現実の波をはしらせる。「このただ一つの硬い鋭い物体、きみがわずかに顔をうごかしただけで全空間をよこぎってゆく真の哲学的卵の存在によって、外部世界の全体が意のままに順応する環境に変化した」。

したがって詩人は夢みる道具をもとめて遠くさまようことはなかった。だがかれは風景をなんと巧みに核のなかへ集中させたことか。なんと豊かな空想によって多様な屈曲を空間にさずけたことであろう。これはまさに空想上のリーマン空間[161]である。なぜならば全世界が曲線のなかにおさめられ、全世界が一つの核、胚種、力動的な中心に集中するからだ。そしてこの中心は、想像の中心であるから、力強い。ピエル・ド・マンディアルグがわれわれにしめすイメージの世界にもう一歩足をふみいれて、空想する中心を体験する、そうすればわれわれはガラスの核のなかの風景をよむことができる。われわれはもはやその風景を切断してみはしない。核に集中させるこの核が一つの世界である。ミニアチュールが宇宙の次元へ展開する。またも大きなものが小さなもののなかにふくまれている。

拡大鏡を手にとること、それは注意をはらうことである。だが注意をはらうことはすでに拡大鏡をもつことではないか。注意そのものが拡大鏡なのである。ピエル・ド・マンディアルグは別の書[162]でたかとうだい草の花について瞑想し、つぎのようにかいている。「たかとうだい草は、十分注意ぶかい目でみると、顕微鏡のレンズのしたの切断された蚤のように、不思議に大きくなった。いまやそれは、真白な岩の沙漠のなか、かれの目のまえに異様なまでに高くそびえたつ五角形の砦となっていた。そしてひとをよせつけない薔薇いろの尖塔があらわれた。植物群の前衛として不毛の国へなげだされた城をかざる五つの塔であると」。

理性的な哲学者は――この種の哲学者はめずらしくない――おそらく、この資料は誇張されており、なんの根拠もなく、ただことばだけで、大きなもの、巨大なものを小さなもののなかからとりだしているのだ、とわれわれに抗議することであろう。指ぬきのなかから目覚時計をとりだす手品師の業にくらべてみると、これはまことに貧しいことばの手品にすぎないだろう。にもかかわらずわたくしは「文学的」手品を擁護するだろう。手品師の行為はひとをおどろかせ、たのしませる。詩人の行為は夢想させるのだ。前者の行為を体験したり追体験したりすることはできない。しかし詩人の文章は、もしわたくしが夢想を愛しさえすれば、わたくしのものになる。

もしわれわれのイメージがたとえばメスカリンのようななんらかの薬品の作用でうまれたものならば、理性的な哲学者もこのイメージをゆるしてくれることであろう。そのばあいには、このイメージはかれにとって生理的な現実性をもつことであろう。哲学者はたましいと肉体の結合の問題を説明するためにこれをもちいることであろう。わたくしとしては、この文学上の資料を**想像力の実体**として、想像力の純粋な産物とみなす。いったいなぜ想像力の行為を知覚行為と等しく現実的なものとみなしてはならないのか。

またこの「法外な」イメージは、われわれが自分ではつくれないイメージであり、読者として誠実に詩人からうけとることができるものなのである。なぜこのイメージがまたわれわれに夢想の胚種を入手させる潜在的な「薬品」――もしこの概念をまたつかうとすれば――であってはならないのか。この潜在的な薬品はきわめて純粋な効力をもつ。「誇張した」イメージによってわれわれは自律的な想像力の中心点にあることを確信できる。

V

数ページまえで『新神学百科全書』の植物学者のながい記述を引用したが、わたくしはややためらいをおぼえた。この文章はあまりにも性急に夢想の胚種を放棄してしまう。それは饒舌だ。われわれは冗談をいうひまがあるときでもなければこれをとりあげることはできない。空想的なものの生きた胚種をみいだそうとするときには、この文章をすてなければならない。あえていえば、これは大きな片々でつくられたミニアチュールである。われわれはミニアチュールをうみだす想像力ともっと密接に接触しなければならない。わたくしのような出不精の哲学者は、中世、この偉大な孤独な忍耐の時代の細密画家の作品をみる恩恵に浴しない。だがこの忍耐をただしく想像することができる。忍耐は一本一本の指のなかに平安をもたらす。これを想像するだけでたましいには平安がみなぎる。小さなものはみな緩徐を要求する。世界をミニアチュール化するには、静かな部屋のなかでながい時間をかけなければならなかった。まるで世界の分子が存在するかのように世界を微細にえがき、一切の事件を絵の一つの分子のなかにおさめるには、空間を愛さなければならない。この功業のなかには、つねにものを大きくみる直観と飛躍をにくむ作業とのなんという弁証法があることか。実際、直観主義者は一目で一切のものを包括するが、一方細部は鋭い細密画家の演繹的な術策によって一つずつ辛抱づよく姿をあらわし、整理される。かれは細密画家は直観主義的な哲学者の怠惰な瞑想にいどみかかっているようにみえる。かれは「諸君はそれをみなかったのでしょう！　全体をながめわたせないこれらの小さな物を一つのこらずみるために時間をかけたまえ」と、いっているのではないか。ミニアチュールをみるときには、細部を綜合するために持続的な注意力が必要である。

もちろんミニアチュールは、それをつくるよりもかたる方がたやすく、またわれわれは容易に世界を縮小する文学的記述をあつめることができる。これらの記述は物を縮小してかたるから、当然冗長になる。このことはつぎのヴィクトール・ユゴーの文章（省略して引用する）のばあいにあてはまる。かれの権威をかりて、一見無意味にみえるある種の夢想にいくぶんなりと読者の注意をひきたいとおもう。

一般にヴィクトール・ユゴーは大きくみるといわれているが、またミニアチュールをえがくこともできるひとである。『ライン河』(163)のなかにつぎの文章がよまれる。「フライベルクでわたくしは、自分がすわっていた四角の芝生にこころをうばわれて、ながいこと目のまえの果しなく宏大な風景をわすれていた。それは丘の荒れはてた小さな塚のうえだった。そこにも一つの世界があった。甲虫が背の高い草の茎のしたをゆっくりとあるいていった。日傘形の毒人蔘の花はイタリアの松をまねていた……黄と黒のビロードをきてずぶぬれになった哀れな花蜂が一匹棘のはえた枝を苦労しながらのぼっていった。羽虫の群の厚い雲が陽をさえぎり、花蜂をかげにしてしまった。釣鐘水仙が風にゆれ、そして一群のあぶらむしがこの巨大なテントのなかに避難していた……大洪水まえのピュトンに似たみみずが泥のなかからあらわれ、空にむかって身をねじり、空気を呼吸しているのがみえた。そしてこの顕微鏡的な世界のなかには、みみずをころすヘラクレスとそれを記述するキュヴィエもいるのではないか。要するにこの世界も他の世界と等しく大きいのだ」。文章はさらにつづき、詩人はこれをたのしみ、ミクロメガス(164)を引用して、手軽な理論を発展させる。だがゆっくりとよむ読者は——わたくしはほかに期待できない——確実にこのミニアチュールをつくりだす夢想のなかへはいってゆく。こうした暇な読者はしばしばこの種の夢想にふけることもあったが、この夢想をあえてかきとめようとはしなかったにちがいない。詩人はこれに文学的な権威をあたえた。わたくしは——大きな野望だ!——これに哲学的な権威をあたえたいとおもう。というのは実際詩人は正しいし、かれはいま世界を発見したのだ。「ここにも世界があった」。なぜ形而上学者はその世界と対決してはならないのか。かれはわずかな代償で「世界にむかってひらかれたこと」「世界のなかへはいること」という自分の経験を更新できるだろう。哲学者によってしめされる世界は非我にすぎないことがあまりにも多い。その並はずれた大きさは否定の集積である。哲学者はあまりにも性急に実証的なものへ移行し、そして世界を、唯一の世界を手にいれる。世界にいきる存在、世界の存在という公式はわたくしにとってはあまりにも壮大にすぎ、わたくしにはこの公式を体験することはできない。わたくしはミニアチュールの世界においてもっとゆったりとくつろげる。これはわたくしにとっては支配された世界である。この世界を体験すると、わたくしの夢みる存在から世界化する波が放射されるのを感じる。世界の宏大はわたくしにとっては世界化する波をさまたげることにほかならない。真率にミニアチュールをいきると、わたくしは環境世界から解放され、このミニアチュールが環境の崩壊にたいするわたくしの抵抗をたすけてくれる。

ミニアチュールは形而上学的に新鮮な演習だ。それは、ほとんどなんの危険もなしにわれわれが世界化するのをゆるしてくれる。そして支配された世界についてのこの種の練習のなかにはなんという休息があることであろう。ミニアチュールは休息するが、けっしてねいることはない。想像力はそこでは目ざめ、そして幸福なのだ。

しかし明晰な意識をもってこのミニアチュールの形而上学に身をささげるためには、二三の文章をあつめ、さまざまな証明を手にいれる必要がある。さもなければミニアチュールを愛するわたくしの気持を告白することによって、二十五年まえのわたくしたちの古い深い友情の門口で、ファヴェ゠ブートニエ夫人がくだした診断を裏がきすることになりはしまいかとおそれる。つまりかの女は、わたくしのリリパットの幻覚はアルコール中毒の特徴だといったのである。

牧場が森となり、草の茂みがやぶとなってあらわれる文章は夥しい。トマス・ハーディの小説では一握りの苔が樅の森になる。多種多様な繊細な情念の小説『ニールス・リイネ』において、J・P・ヤコブセンは幸福の森、すなわち秋の木の葉や「赤い房の重み」にたわんだななかまどをえがき、「樅や棕櫚ににた力強く繁茂した苔」でかれの絵を完成する。そして「また木の幹をおおう、妖精の麦畑を夢みさせる軽い苔があった」(フランス訳、p. 255)。ヤコブセン(165)のばあいにあてはまるように、激烈な人間のドラマを追究することを任務としている作家が、「このミニアチュールをかく」ためにこの情熱の物語を中断すること、それは一つの矛盾である。それはもしわれわれが文学的興味を正確に測定しようとおもうならば、明らかにしなければならぬ矛盾である。この文章にもっとたちいってみれば、大きな木々の森のなかにはめこまれたこの繊細な森をみる努力によって、なんらかの人間的なものがみがかれるようにみえる。一つの森から別の森へと、膨脹する森から収縮する森へと、宇宙性がいきづいている。逆説的にいえば、われわれはミニアチュールの世界にいきることによって、小さな空間のなかで休息することができるようにみえる。

これはわれわれをこの世界の外におき、われわれを別の世界へうつしかえる無数の夢想の一つであり、そして小説家は新しい愛の世界である世界の彼岸にわれわれをはこぶためにこれをもちいる。人間的な事象にせかされたひとびとは、この世界にははいらない。偉大な情熱のうねりをあとづける書物の読者は、この宇宙性による中絶におどろくかもしれない。かれは人間的事件の糸をたぐりつつほとんど直線的にしかこの書物をよまない。かれにとっては事件にはなんらの絵も必要ではない。だがこの直線的な読書はわれわれからなんと多くの夢想をうばいさることであろう。

この種の夢想は鉛直性へまねく呼びかけである。それは読者が夢想へさそわれる物語のなかの間《ま》なのである。それは役にたたないからこそきわめて純粋なのである。ドルノワ夫人の『黄いろいこびと』のばあいのように、こびとがレタスのうしろにかくれて主人公を罠にかけるあの童話の習慣とこれとは区別しなければならない。宇宙詩は子供向けのお話の筋とは無関係である。これは、わたくしが引用する例においては、真に内密の植物生命にあずかることを要求する。ベルクソン哲学は植物生命を無感覚としたが、この無感覚をまぬがれた植物生命にあずかることを要求するのである。実際縮小された力と一致することによって、植物世界は小さなもののなかで大きく、優しさのなかにあって力強く、緑の幕《アクト》において生きいきとしている。

ときに詩人は微小なドラマをとらえる。たとえばジャック・オーディベルティはそのおどろくべき作品『護符』のなかで、石の塀との戦いで「いらくさが灰色の剝片をもちあげる」劇的な瞬間をまざまざと感じさせる。なんという植物のアトラス！『護符』のなかで、オーディベルティは夢と現実の緊密な織物をおる。かれは直覚を近ぢかと目にうつす夢想をしっているのである。いらくさの根が古い壁にもっと大きな裂け目をつくるのをたすけたいとおもう。

しかしこのわれわれの世界では、物がその小ささをたのしんでいるときに、これらの物を愛し、近よってこれをみる時がわれわれにあるだろうか。わたくしは生涯にただ一度だけ黄いろい苔が壁のうえにはえ、ひろがるのをみることができた。その表面になんという若さ、なんという力があたえられることか。

もちろん、もしわれわれがミニアチュールを大きなものと小さなものという単純な相対論の見地から解釈するならば、真の価値感覚をうしなってしまうことであろう。たしかに苔の茎が樅になる。だが樅は絶対に苔になることはないだろう。想像力は同一の確信をもって二つの方向にはたらくわけではない。

微小なものの庭で詩人は花の胚種をしる。そしてわたくしはアンドレ・ブルトンのように、「ぼくにはおまえをつむ手がある。ぼくの夢の小さなたちじゃこう草、ぼくの並はずれて蒼白いまんねんろう[166]」と、いえたらよいのだが。

VI

童話は論理をもったイメージである。童話はさまざまな例外的なイメージを、まるでそれが緊密にむすびついたイメージでもあるかのように、むすびつけようとする。したがって童話は派生したイメージ全体にわたって原初のイメージの確信をもつ。だがその結合はきわめて容易におこなわれ、その推論はきわめてなめらかなので、童話の胚種はどこにあるのかたちまちわからなくなる。

「プチ・プセ（親指太郎）」の童話のように、ミニアチュールでものがたられた物語のばあいには、第一イメージの原理をみいだすのはむつかしくないようにみえる。すなわち小さいこと、それだけで筋を容易にはこぶことができる。だがしかし仔細に検討すれば、このものがたられたミニアチュールの現象学的状況は不安定である。それは実際感嘆と冗談の弁証法に支配される。ときにはわずかに誇張した表現ですらも驚嘆の気持をおさえてしまう。絵のばあいならばわれわれはまだ驚嘆しつづけることであろうが、註釈は逸脱する。ガストン・パリス[167]が引用するプセは、「頭で一粒の埃に孔をあけ、それをくぐりぬけられる」ほど小さい。別のプセは蟻にけころされる。この最後の表現にはなんの夢の価値もない。大きな動物に関してはひどく力強い、われわれの動物の夢も、微小な動物の行動は記録していない。微細なものの方向では、われわれの動物の夢はわれわれの植物の夢ほど大きく展開しない[168]。

ガストン・パリスはつぎの事実に留意している。すなわち、プセが蟻にけころされることの方向をたどると、必然的にエピグラムに到着する。すなわち小さくされた存在にたいする軽蔑を表現するイメージによって一種の侮辱をあびせることになる。ここでは反対・関心が問題なのだ。「この知的遊戯はローマ人のあいだにみられる。すなわちこびとにあてつけた頽廃時代のエピグラムは『蚤の皮はおまえの着物には大きすぎる』といっていた」。ガストン・パリスは、現代でも「ちびの亭主」の歌に同じような冗談がみられる、とつけくわえている。しかもガストン・パリスはこの歌を「童謡」だとしているが、これはきっと精神分析学者をおどろかすことであろう。幸い、この七十五年間にわれわれは心理研究のさまざまな新しい方法を獲得した。

とにかくガストン・パリスは伝説の弱点を明らかにしめしている(同前、p. 23)。小さなものを嘲笑する個所は素朴な童話、純粋なミニアチュールを変形する。現象学者がつねに復原しなければならない素朴な童話においては、「小さなものは滑稽なものではなくておどろくべきものだ。童話をおもしろくするのは、プセがその小さなからだを利用して実現する常ならざる事柄である。かれはどんなばあいにも機智にとみ、いたずらだ。そしてかれは偶然おちいった苦境から、いつも勝ちほこって脱出する」。

しかしながらこのばあい真に童話に参与するためには、この知的鋭敏を物質的微細によっておぎなわなければならない。童話はわれわれにさまざまな困難と困難のあいだに「すべりこむ」ことをよびかける。いいかえれば、ミニアチュールを絵としてだけでなく、さらに活力として把握しなければならない。これが現象学のつぎの希望である。もしわれわれが小さなものの因果関係をあとづけ、巨大な存在にはたらきかける微小な存在の発生期の運動をあとづけるならば、われわれは童話からなんと刺戟をうけることであろうか。たとえばミニアチュールの活力は、しばしば、プセが馬の耳のなかにおさまって、鋤をひく力を支配するという童話によって明らかにされる。ガストン・パリスは「わたくしの見解では、これこそがかれの物語の根柢であり、これはすべての民族にみられる特性である。ところがこの愉快な小さい存在に一度めざまされた空想によって創造され、プセの物語とされる他の物語は、一般に民族がことなればたがいにことなっている」と、いう(p. 23)。

もちろん馬の耳のなかのプセは馬にむかって、はいどう、右へ左へ、という。かれは**決定の中心**であり、われわれの意志の夢想がわれわれに、小さな空間のなかにこの中心を設定することをすすめるのである。さきにわたくしは微小なものが大きさの隠れ家だといった。もしわれわれが活潑なプチ・プセに動的に共感するならば、微小なものが原始的な力の隠れ家となってあらわれる。デカルト主義者ならば——もしデカルト主義者が冗談をいえたならば——この物語ではプチ・プセは鋤の松果腺であるというかもしれない。とにかく微細なものが力を支配し、小さなものが大きなものに命令する。プセがものをいうと、馬や犂べらや人間はついてゆくほかない。この三人の家来がよく服従すればするほど確実に畝は真直になる。

プチ・プセの家は耳の空間のなかである。音の自然な穴の入口に家がある。それは耳のなかの耳である。したがって視覚表現によってあらわされた童話は、つぎの節で音のミニアチュールと名づける現象と複合する。実際、童話をおってゆくと、聴覚のしきいのしたにおりて、われわれの想像力できさとることをうながされる。プセは馬の耳のなかにはいりこみ、低くかたる、つまり力強く命令する。それはその命令を「きか」なければならないもののほかにはききとれない声である。ここで「きく」ということばは、ききとると服従するという二重の意味をもつ。しかもこの二重の意味は、最小の音、この伝説があらわしているような音のミニアチュールにおいて、もっとも微妙にはたらくのではないか。

智慧と意志によって一組の鋤き手を御するこのプセは、わたくしの小さいころのプセとはひどくかけへだたっているようにみえる。しかしながらこのプセも、この原始性の偉大な調合者であるガストン・パリスにしたがえば、われわれを原始的な伝説へとみちびく寓話の線上にある。

ガストン・パリスにとっては、プチ・プセの伝説の鍵は――多くの伝説のばあいと同じく――空にある。すなわち大熊座《グラン・シャリオ》（フランス語では大きな馬車の意）星座の馭者はプセなのである。実際ガストン・パリスは、多くの国で大熊座《シャリオ》のうえにある小さな星をプセという名でよんでいる事実に留意した。

読者はガストン・パリスの著作のなかにかずかずの集中的な証明をみいだすことができようが、われわれはこの証明をすべてあとづけるにはおよぶまい。ただ夢想するすべをしる耳をみごとにうきぼりしてみせる、あるスイスの伝説についてのべておくことにしよう。ガストン・パリスの報告するこの伝説においては（p. 11）、大熊座《シャリオ》はま夜中にすさまじい音をたてて転覆する。このような伝説はわれわれに夜の声をきくことをおしえはしまいか。夜の時間を。星空の時間を。祈りをわすれて砂時計を凝視していた隠者が耳をつんざく音をきいたという話を、わたくしはどこでよんだのだったろうか。かれは砂時計のなかに突然時間の破局をきいたのだ。われわれの時計のチクタクという音はあまりにも粗野であり、あまりにも機械的にぎくしゃくしているので、われわれはもはやながれる時間をききとるにたるほど繊細な耳をもたないのだ。

VII

空に転置されたプチ・プセの童話は、こうしたイメージが苦もなく小さなものから大きなものへ、また大きなものから小さなものへ移行することをしめしている。ガリヴァーの夢想は自然な夢想なのだ。偉大な夢想家はかれのイメージを二重に、すなわち地上と空にみる。だがしかしこのイメージの詩的生命のなかには単純な大小の戯れ以上のものがある。夢想は幾何学的ではない。夢想家は根本にさかのぼる。C・A・ハッケットの学位論文

『ランボーの抒情』の附録に「ランボーとガリヴァー」という文章があるが、このすぐれた文章によれば、ランボーは母のかたわらでは小さく、支配する世界においては大きくえがかれている。母のかたわらではかれは「大人国《ブロブディングナグ》のこびと」にすぎず、学校では小さな「アルチュールは小人国《リリパット》のガリヴァーだとおもいこむ」。そしてC・A・ハッケットはヴィクトール・ユゴーを引用する。ユゴーは『瞑想詩集』(「父の思い出」)において、

ひどく間ぬけな身の毛もよだつ巨人が
機知にとんだこびとにうちまかされるのをみて

わらう子供たちのすがたをえがいているのである。

この際、C・A・ハッケットはアルチュール・ランボーの精神分析の諸要素をのこらず列挙している。しかしすでにしばしば注意したように、精神分析学は作家の深奥の性質について貴重な見解をもたらしはするが、イメージの直接的な力についての研究からわれわれを遠ざけることが多い。きわめて巨大なイメージがある。その伝達力はわれわれを生の、われわれ自身の生の遥かかなたへといざなうので、精神分析的な註釈はわずかに価値の周辺で展開されるにすぎない。つぎのランボーの二行にはなんと果しれぬ夢想があることであろう。

夢みるプチ・プセ　旅の途中ぼくはたえず
詩句を口ずさんだ　ぼくの宿は大熊座だった

大熊座はランボーにとって「ランボー夫人のイメージ」（ハッケット、p. 69）だったということはたしかに承認できよう。だがこのように心理的に深化してみても、ワロン地方のプセの伝説を詩人に発見させることになった、このイメージの飛躍の活力をわれわれにときあかしはしない。しかももしわたくしがこの夢想家、この十五歳の予言者のイメージの現象学的な恩恵にあずかろうとするならば、わたくしがもっている精神分析学の知識を除外しておかなければならない。もしもこの大熊座の宿が、冷くあつかわれた子供の厳しい家庭にすぎないならば、この宿はわたくしのこころのなかに、なんらの積極的な思い出も、なんらの活潑な夢想もかきたてはしない。ここではわたくしが夢想できるところはランボーの空だけである。精神分析学が作家の生からひきだす特殊な因果関係は、たとえ心理学的に正確であっても、読者におよぼす影響をときあかせる見込はない。しかしながらわたくしはこの非凡なイメージから知らせをうけるのである。それは一瞬わたくしをわたくしの生から、生そのものからひきはなし、わたくしを想像する存在にかえる。わたくしが、イメージの精神分析的な因果関係ばかりでなく、また詩的イメージの一切の心理的な因果関係をしだいにうたがうことになったのは、こうした読書をしたときのことである。逆説的な詩《ポエジー》は反因果的となることもあろう。これはこの世界の存在、すなわち情念の弁証法にかかわる存在の一つのあり方である。しかし詩《ポエジー》がその自律性を獲得するときには詩《ポエジー》は非因果的であるということができる。孤立したイメージの力を**直接**に把握するには——そしてイメージは孤立のなかにあってはじめてその一切の力を発揮できるのだ——いまやわたくしには現象学が精神分析学よりも有利にみえる。なぜならば現象学は、われわれがなんらの批判もさしはさまずに、熱烈に、このイメージを自己のものとすることを要求するからである。

したがって**直接的夢想**の面においては、「大熊座旅館」は母親の牢獄でもなく、村の看板でもない。それは「空の家」である。ひとは正方形をみながら深い夢にふけると、正方形の堅固さを感じて、それがきわめて安全な避難所であることをしる。偉大な夢想家は大熊座の四つの星のあいだにすむことができるのである。かれはおそらく地球から逃亡する。すると精神分析学者はその逃亡の理由をかぞえあげる。しかし夢想家はまず宿所、自分の夢につりあった宿所をみいだすことを強く確信している。そしてこの空の家は回転するのだ！　空の潮のなかにまぎれこんだ他の星ぼしは拙く回転する。しかし大熊座《グラン・シャリオ》は道をみうしなわない。それがそんなにもみごとに回転するのをみることは、もう旅の達人となることだ。そして詩人は夢想のうちに伝説の融合を確実にみとどける。そしてこの伝説、こうした一切の伝説はイメージによって蘇生させられるのである。それは古い知識ではない。詩人はおばあさんのお話をくりかえしはしない。かれは過去をもたない。新しい世界のなかにいるのだ。過去とこの世界の事象に関して、かれは絶対昇華を実現したのである。現象学者は詩人のあとをおわなければならない。精神分析学者は昇華の否定面にしか関心をいだかないのである。

VIII

われわれは民間伝承や詩人におけるプチ・プセのテーマについて、大小の置換をみてきたが、これは詩的空間に二重の生をあたえる。この置換をあらわすにはときにはわずか二行で十分である。たとえばノエル・ビュローのつぎの詩句がその例である。(169)

空を大きくするために
かれは草の茎のうしろにねた

しかしときに小さなものと大きなものとの置換が反復され、たがいに作用しあうことがある。ある親しいイメージが空の大きさにまで拡大すると、突然相関的に、親しい対象が世界のミニアチュールになるという感情に不意うちされる。大宇宙と小宇宙とは相関的である。

ジュール・シュペルヴィエルの多くの詩、とくに『重力』という暗示的な表題のもとにまとめられた詩は、この二方向にはたらく相関関係にもとづいている。空であれ地上であれ、一切の詩的関心の中心は、ここでは活潑な重力の中心である。詩人にとっては、この詩の重力の中心は、あえていえば、やがて空にも地上にも存在する。たとえば家庭のテーブルが太陽をランプとした空気のテーブルにかわるとき、そのイメージのなんと軽やかなことか(170)。

夫と妻と子供たちは
空気のテーブルについている
それは自分のたしかなすがたをさぐりもとめる
奇蹟にささえられている

ついで詩人はこの「非現実の爆発」のあとでふたたび地上へかえる。

玉蜀黍や家畜の群をうみだす
たがやされた大地のうえで
ぼくはふたたびふだんのテーブルにすわっている

…………

ぼくはまたぼくのまわりに
真実にあふれた顔と空ろな顔をみいだした

あるいは大地的に、あるいは空気的にかわるがわる変化し、あるいはまた日常的となるかとおもうと宇宙的にひろがる、この変形する夢想の主軸となっているイメージは、太陽＝ランプ、ランプ＝太陽のイメージである。この世界と等しく古いイメージについては、無数の文学上の資料をみいだすことができることであろう。しかしジュール・シュペルヴィエルはこれを二方向にはたらかすことによって、重要な変化をあたえる。こうしてかれはふたたび想像力に柔軟性をのこらずとりもどさせる。イメージが拡大する方向と集中する方向の総計をしめす、というような奇蹟的な柔軟性をとりもどさせる。詩人はイメージが硬化するのを阻止する。

もしわれわれが、現代の精神にとって科学的な意味を強くになった「重力」という題の下に、シュペルヴィエルの宇宙性を体験するならば、われわれは大きな過去をもつ思想を発見する。科学の歴史をみだりに現代化しないで、たとえばありのままのコペルニクスを、その一切の夢想と思想とともに、とりあげるならば、星は光の重力にひかれてその周囲を回転するのだということをわれわれは理解する。太陽はなによりもまず世界の大きな灯火である。数学者たちはのちに、太陽は牽引する質量である、と決定することであろう。光は、空にあっては、中心の原理である。それはイメージの序列においてはきわめて大きな価値なのだ！　想像力にとっては、世界は一つの価値の重力にひかれてその周囲を回転する。

家庭の食卓のうえの晩のランプもまた世界の中心である。ランプにてらされた食卓はそれ自体一つの小世界である。夢想家の哲学者は、間接照明によってわれわれが夜の部屋の中心をうしなってしまうことをおそれることであろう。そのときには記憶がそのむかしのおもかげをとどめることになろう、

真実にあふれた顔と空ろな顔を。

シュペルヴィエルの詩の全体を、星の世界への上昇から人間の世界への帰還にいたるまであとづけるならば、日常の世界が新たに眩い宇宙的ミニアチュールの輪郭をおびることを突然発見する。われわれはこの日常の世界がかくも巨大であったことをしらなかった。

詩人は大きなものが小さなものと共存不可能ではないということをわれわれにしめした。そしてわれわれはボードレールを想起する。かれはゴヤの石版画の序において「ミニアチュールでえがいた宏大な絵[171]」についてかたり、また陶画家マルク・ボーについて、「かれは小さなもののなかに大きなものを創造するすべをこころえている[172]」とかたることができた。

実際、とくに無限性のイメージをあつかうときになってわかるように、微細と無限とは協和音をかなでる。詩人はつねに小さなもののなかに大きなものをよみとろうと身がまえている。たとえばクローデルのような詩人の宇宙開闢説は、イメージの助けをえて、現代科学の——思想ではないが——用語をたちまち同化した。クローデルは『五つの大オード』のなかでこうかいている（p. 180）。

「綿と絹の袋のなかにしっかりとおさめられた、宝石のような小さな蜘蛛やある幼虫をみるように、

星雲の冷いひだのなかでまだおずおずしている一巣の太陽の子供たちがわたくしにしめされた」。

詩人は、顕微鏡でみようと望遠鏡でみようと、つねに同じものをみるのである。

IX

遠距離もまた地平線のすべての地点にミニアチュールをうみだす。この遠い自然の光景をみると、このミニアチュールはみな、夢想家には、すんでみたいと夢みる孤独の巣としてうかびあがってくる。

そこでジョー・ブスケは、「わたくしは距離がうみだす微小な次元に没入し、わたくしをひきとめる不動を、この縮小によって測定すると、不安をおぼえる」[173]と、かく。ベッドに釘づけされた偉大な夢想家は、微小なもののなかに「没入する」ために、中間の空間をとびこえる。そのとき地平線に姿をけした村むらは視線の祖国になる。距離はなに一つ拡散しない。逆にそれは、われわれがすみたいとおもう国を一つのミニアチュールに集中する。遠距離のミニアチュールにおいては、たがいにことなったものが「一つに構成される」。するとそれらのものはわれわれの「所有」に帰し、それらのものを創造した遠距離を否定する。われわれは遠方から所有する、しかもなんと平和に！

この地平線の細密画は鐘楼の夢想がえがく光景と比較する必要があろう。その数は夥しく、しごく平凡なものだとかんがえられている。作家たちはこれをふとかきしるすだけで、ほとんどこの変種をえがくことはない。だがなんという孤独の教えであろう。鐘楼の孤独のなかにあるひとは、夏の太陽に白くかがやく広場を「うごきまわる」ひとびとを凝視する。そこの人間たちは「蝿ほどの大きさ」で、わけもなく「蟻のように」うごめいている。この比喩はあまりにも陳腐で、いまではあえてこの比喩をかく勇気をもつひともいないが、まるでふとした筆のはずみのように、鐘楼の夢想をかたる文章のなかによくこの比喩があらわれる。それにもかかわらずイメージの現象学者は、夢想家を動く世界かららくらくとひきはなすこの瞑想の極度の単純に留意しなければならない。夢想家は労せずして支配する感じをあじわうのだ。しかしこの種の夢想の通俗性をのこらず指摘したあとでは、これが高所の孤独の性格をもつことが理解できる。幽閉された孤独は別種の思想をいだくことであろう。その孤独はちがった仕方で世界を否定するだろう。世界を支配するのに、具象的なイメージをもつことはないだろう。支配する哲学者は塔のうえから宇宙を細密化する。かれが高いから、一切のものが小さい。かれは高い、したがってかれは偉大なのである。かれの住まいの高さはかれ自身の偉大さを証明する。

われわれにたいする空間のすべての作用を決定するには、地形分析《トポアナリーズ》のいかに多くの命題を明らかにしなければならないことであろう。イメージを測定することはできない。たとえイメージが空間についてかたったとしても、このイメージは大きさを変化させる。もっともささやかな価値がイメージを拡大し、たかめ、多様化する。そして夢想するひとが自分のイメージの存在になる。かれは自分のイメージの全空間を吸収する。あるいはかれはそのイメージのミニアチュールのなかにとじこもる。ときにはわれわれのなかに存在のミニアチュールしかみいだせない危険をおかしても、それぞれのイメージについて、形而上学者がいうところのわれわれの現存を規定しなければならないであろう。この問題の諸相についてはのちの章でまたふれることにしよう。

X

わたくしはもっぱらいきられる空間の諸問題を考察しているので、わたくしにとってはミニアチュールは視覚のイメージにほかならない。しかし小さなものの因果関係はわれわれのすべての感覚を刺戟する。したがってそれぞれの感覚に関して、その「ミニアチュール」の研究をおこなう必要があろう。味覚や嗅覚のような感覚にとっては、この問題はおそらくは視覚のばあいよりもいっそう興味ぶかいことであろう。視力はそのドラマを限定する。だがかすかな芳香、微妙な匂いは、空想世界の真の風土を規定することができる。

小さなものの因果関係の諸問題はもちろん感覚心理学によって検討されてきた。心理学者はまったく実証的な方法で、種々の感覚器官の作用を決定するさまざまな閾をきわめて細心に決定する。この閾は個人個人によってことなるが、その実在は否定できない。閾の概念は現代心理学のもっとも明白に客観的な概念の一つである。

本節においてはわたくしは、想像力は閾のしたにわれわれをまねきよせることはないかどうか、また色彩や形態にかたむらせるとき、内面のことばに異常に敏感な詩人は、感覚可能な領域のかなたの世界をききとりはしないかどうか、を検討してみたい。この点については、あまりにも多くの矛盾した暗喩が存在するので、われわれはこれを組織的に検討することはできない。その暗喩はある種の実在、想像力のある種の真実をひそめているはずである。わたくしは要するに音のミニアチュールと名づけられるものの例をいくつかあげることにしよう。

まずわれわれは幻覚の問題にたいする習慣的な参照を遠ざけなければならない。この客観的な現象は、現実の行動のなかによみとられ、「想像上の」声によっておびやかされた顔の写真によって定着することができるが、これを参照すると、われわれは真に純粋想像力の領域へはいることをさまたげられてしまうことであろう。真の感覚と、真実あるいは偽りの幻覚との混合によっては、創造的な想像力の自律的な活動を把握できないとおもう。くりかえしていうが、われわれにとって問題は、人間を研究することではなくて、イメージを研究することなのである。そしてわれわれが現象学的に研究できるものは、伝達可能なイメージ、われわれに巧みに伝達されたイメージだけである。たとえイメージの創造者が幻覚におそわれていたとしても、かれのイメージは幻覚にとらえられていない読者としてのわれわれの空想への欲望をみたすことができるのである。

エドガー・アラン・ポーの物語の例のように、精神病学者によって耳の幻覚となづけられるものが、大作家によって文学的な権威をあたえられると、真に存在論的変化がおこることをみとめなければならない。このようなばあいには、芸術作品の作者についての心理学的、あるいは精神分析学的解明は、創造的想像力の諸問題をあやまって提出したり、あるいはまったく提出しないことになる。一般に事実は価値を解明しない。詩的想像力の作品においては、価値はある新奇なしるしをおびているため、過去に関係するものはみな、その価値をのぞいては、生命をもたない。一切の記憶はまたふたたび想像されなければならない。われわれは記憶のなかに、想像力の生きた光をあてなければ、よみとることのできないマイクロフィルムをもっているのである。

もちろんエドガー・アラン・ポーが『アッシャー家の崩壊』をかいたのは、耳の幻覚に「なやんでいた」からだ、といつになっても断言することができよう。だが「なやむこと」は「創造すること」とは逆なのである。ポーは「なやんでいる」あいだはたしかにこの物語をかきはしなかったのだ。この物語ではさまざまなイメージが天才的にむすびつけられている。影と沈黙が微妙に照応している。夜、事物は「優しく闇を拡散する」。ことばがささやく。鋭敏な耳はみな、詩人が散文をかいており、ある個所では詩《ポエジー》が意味を支配していることをしる。要するに聴覚の秩序においては、無限の音のミニアチュールがあり、低くかたる全宇宙のミニアチュールがあるのである。

このような世界の物音のミニアチュールに直面しては、現象学者は知覚可能なものの秩序をこえるものを、組織的に指摘しなければならない、しかも有機的かつ客観的に。それは耳鳴りのする耳でもなく、大きくひびわれてゆく壁の亀裂でもない。地下室には死者がいる。死を欲しない死者がいる。書斎の本棚のうえには、夢想家がしっている過去とは別の過去をおしえる、たいへん古い書物がある。背後の世界には太古の記憶がはたらいている。夢、思想、思い出がただ一つの織物をおりなす。たましいは夢想し、かんがえ、そして空想する。詩人はわれわれを限界状況にみちびいた。それは狂気と理性、生者と死者とのあいだにあって、われわれがのりこえることをおそれる境界である。かすかな音ですら破局を準備する。狂気じみた風は事物の混沌を準備する。囁きと轟音は隣接している。われわれは予感の存在論をおしえられる。われわれは聴覚以前の緊張状態におかれる。われわれはもっともかすかな指標をも知覚することをもとめられる。この限界コスモスにおいては、現象となるまえは、一切が指標なのである。その指標が弱ければ弱いほど、それには意味がある。なぜならばそれは根源を指示するからである。もしもこの一切の指標を根源として把握するならば、この指標は際限もなく物語を新たにくりかえすようにみえる。われわれはここで天才の基本的な授業をうけている。この物語はついにはわれわれの意識のなかでうまれ、そしてこのためにこの物語が現象学者の財となるのである。

そしてここでは意識が展開するが、人間間の関係——一般に精神分析学者が観察の基礎におく関係においてではない。危険に瀕した宇宙をまえにして、どうして人間にかかずらっていられようか。そして一切のものが、崩壊するはずの家の壁のなかの予震のなかにあり、くずれおち死者を完全に埋葬することになる壁のしたにある。

しかしこの宇宙は現実ではない。エドガー・アラン・ポーのことばをかりれば、これは「硫黄質の」空想観念である。夢想するひとがそのイメージのそれぞれの波動に応じてこの観念をつくりだすのである。そのとき人間と世界、人間とその世界はもっとも近接している。なぜならば詩人は、たがいにもっとも近接した瞬間にそれらのものをわれわれにしめすことができるからだ。人間と世界は危険によってむすばれている。それらはたがいに危険な存在である。この一切のものは詩の奥に鳴動する呟きのなかにきかれる、また予感的にきかれる。

XI

しかしながら文学上の音のミニアチュールの実体についてのわたくしの論証は、もしも複合度の低いミニアチュールをとりあげれば、おそらくもっと単純になることであろう。したがって数行の詩句のなかにふくまれる例をえらぶことにしよう。

詩人たちはしばしばわれわれを不可能な音の世界にみちびきいれる。これはきわめて不可能なものであるがために、詩人たちは意味のない空想にはしることを非難されることになる。ひとは微笑してとおりすぎてゆく。しかしながら詩人はたいていのばあい、かれの詩を戯れとみなしていなかった。なぜならばいいようもない優しみがこれらのイメージを支配しているからである。

幸福な家の村にすんでいたルネ＝ギィ・カドゥーは、

衝立の花がさえずるのをきく

と、かくことができた。[174]

なぜならば花はみなかたり、うたうからだ。えがかれた花ですらも。われわれが花や鳥をえがくとき、沈黙をまもることは不可能なのである。

別の詩人はいう。[175]

かれの秘密　それは

…………

花が色あせるのを

きくこと

クロード・ヴィジェ(176)もまた多くの詩人たちと同じく、草が生長するのをきく。かれはかく。

ぼくはきく

若いくるみの木が

みどりになるのを

この種のイメージはすくなくとも**表現の現実**としてそのままに把握しなければならない。これらのイメージは詩的表現からその全存在をえているのである。これをある現実、さらに心理的現実にまで帰させるならば、その存在をよわめることになるだろう。これらのイメージは心理を支配する。それはなんらの心理的衝動にも対応しない。自然のなかにかたりえぬ一切のものをきく閑暇のときのあの純粋な表現欲をのぞいては。この種のイメージにとっては、真実であるということはむだなことなのである。それは存在する。これらのイメージはイメージの絶対性を保持する。それは条件づけられた昇華と絶対昇華をわかつ境界を飛躍したのである。

しかしたとえ心理から出発するにしても、心理的印象から表現への方向転換はしばしばきわめて微妙なので、この純粋な表現の基礎には心理的現実があることをみとめたい気持になる。モロー(ド・トゥール)は「ハシッシュ吸飲によってえた印象を詩人として表現するテオフィル・ゴーティエを引用するたのしみにさからえない」[177]。「わたくしの聴覚は、とテオフィル・ゴーティエはいう、恐ろしいほど鋭敏になった。わたくしは色彩の音をきいた。緑、赤、青、黄の音が完全に明瞭な波となってわたくしの耳にとどいた」。だがモローは容易にあざむかれるひとではない。そしてかれは「とくに指摘するまでもない、この詩人のことばの特徴である詩的な誇張をあえて無視して」この詩人のことばを引用するのだとしるしている。しかしいったいこの資料はだれのためのものか。心理学者のためのものか、あるいは詩的存在をきわめる哲学者のためのものか。また換言すれば、ここで「誇張している」ものはだれか、ハシッシュかそれとも詩人か。ハシッシュだけではこれほどみごとに誇張できないだろう。そしてわれわれ静かな読者は、文学上の委任をうけてハシッシュにようのであるから、もしも詩人がわれわれに、それにたいする聴覚、超聴覚をあたえてくれなかったならば、われわれは色彩がふるえる音をききとることはできないだろう。

ところで音をきかずにいかにしてみるのか。休息のさなかにも音をたてる複雑な形がある。ねじれたものはきしりながらねじれつづける。そしてランボーは

かれは疥癬にかかった垣根がうごめくのをじっときいた

『七歳の詩人たち』

とき、この事実を理解していた。

マンダラゲはその形から伝説をもっている。この人間の姿をした根は、ひきぬかれるときに、叫び声をあげずにいられなかった。そして、夢みる耳にとっては、その名(man-dragore)には、なんというシラブル音があることであろう。ことば、ことばは騒音のつまった貝である。たった一語のミニアチュールのなかにもさまざまな物語がある。そして大きな沈黙の波が詩のなかで波うっている。マルセル・レーモンの美しい序文のついた小詩集において、ペリクル・パトッキは遠い世界の沈黙を一行に凝縮する。

遥かなかなたにぼくは大地の泉がいのるのをきいた

『二十篇の詩』

記憶のなかにくだってゆくように、沈黙へおもむく詩がある。たとえばミロシュの偉大な詩である。

激しい風が死んだ婦人たちの名をさけび
あるいはどこかの路上で荒い古い雨の音をさけんでいるのに
………………………………………………………………
ききたまえ——もうなにもない——大きな沈黙だけだ——ききたまえ

（O・W・ド・L・ミロシュ『レ・レットル』第二巻八号から）

ヴィクトール・ユゴーのたいへん美しくまたたいそう有名な詩「鬼神」のばあいのように、擬声詩を必要とするものはここにはなにもない。詩人に耳をかたむけさせるのはむしろ沈黙である。そして夢はもっと内密なものとなる。沈黙がどこにあるのかもうわからない。宏大な世界か、それとも無限の過去のなかか。沈黙は凪いだ風よりも、雨足のよわまった雨よりも遠くからやってくる。別の詩において（同前、p. 372）ミロシュはわすれがたい一行にこうかいている。

沈黙の匂いはたいへん古い……

ああ、年老いてゆくとき、われわれはなんと多くの沈黙をおもいださなければならないことか！

XII

存在と非存在の大きな価値を位置づけることはなんと困難なことであろう。沈黙の根はどこにあるのか。沈黙は非存在の栄光か、それとも存在の支配なのか。それは「深い」。だがその深部の根はどこにあるのか。うまれでる泉がいのる宇宙のなかか、あるいは苦しみをなめたひとりの人間の胸のなかか。そして存在のいかなる高みにおいて傾聴する耳はひらかれなければならないのか。

形容詞の哲学者としてのわたくしは、ひとを当惑させる深いものと大きなものとの弁証法にとらえられている。深まり無限に縮小されるもの、あるいは際限もなく拡大する大きなものの弁証法である。

『マリアへのお告げ』のなかのヴィオレーヌとマラのつぎの短い対話はなんと深く存在の深奥にくだってゆくことであろう。これは目にみえぬものと耳にきこえぬものとの存在論を数語で結合する。

ヴィオレーヌ（盲目）　きこえる……

マラ　なにがきこえるの？

ヴィオレーヌ　物がわたしと一緒に存在するのが。

このタッチはきわめて深遠なので、響きによって深奥に存在する世界について、ながいことおもいめぐらさないわけにはいかないだろう。それは全存在が声の存在であるような世界である。脆い束のまの存在である声がもっとも力強い実在を証明することができる。クローデルの対話においては——容易に数多くの例証をみいだすことができようが——声が人間と世界を結合する実在の確実性を獲得するのである。だがかたるまえに、きかなければならない。クローデルは偉大な聴き手であった。

XIII

われわれは存在の偉大のなかに、見えるものの超越と聞えるものの超越が結合されているのをみてきた。この二重の超越のもっと単純な輪郭を指摘するには、

ぼくはぼくが目をとじ　目をひらくのをきいた

と、かく詩人の大胆さを保持すればよい[178]。

孤独な夢想家はみな、目をとじるときにちがった音をきくということをしっている。沈思し、内面の声をきき、思想の「核心」をかたる凝縮した中心的な文章をかくために、親指と二本の指をまぶたにあて、強くおしつけたものはなかったか。そのとき耳は目がとじていることをしり、思考する存在、かく存在の責任は自分にあることをしる。ふたたびまぶたをひらくと、くつろぎがおとずれてくるだろう。

しかし閉じた目、半ば閉じた目、あるいは大きく開いた目の夢想をだれがわれわれにつげるのだろうか。超越にむかってひらかれるためには、いかほどの世界を保持しなければならないのだろうか。一世紀ものまえのモローの著書にはこうよめる（前掲書、p. 247）。「ある患者のばあいには、まぶたをとじるだけでよい。目ざめていながら幻覚をうむことができる」。J・モローはバイヤルジェを引用し、「まぶたをとじることは幻覚をうむだけではなくて、また幻聴をうみだす」と、つけくわえている。

このむかしのすぐれた医者たちの観察とロイス・マッソンのような優しい詩人の観察とをむすびつけると、数しれぬ夢想がわいてくる。詩人はなんと鋭い耳をもっていることだろう。み、そしてきく、超視覚的にみ、そして超聴覚的にきく、みる自分をきく、こうした夢想の道具のはたらきを指図するとき、かれの腕はなんと冴えていることであろう。

もうひとりの詩人は、あえていえば、自分自身が傾聴するのをきくことをおしえる。「だがよくききたまえ。ぼくのことばではなくて、きみが自分をきくときに、きみの体内にわきおこる喧騒を(179)」。ルネ・ドーマルはたしかにここで傾聴するという動詞の現象学の出発点をとらえている。

ことばや束のまの印象との戯れを愛する夢想や空想に関する資料をことごとくあつめると同時に、もう一度わたくしは表面にとどまるというわたくしの意志を表明しておこう。わたくしが研究するのはイメージがうまれでてくる薄い層にかぎられている。たしかにもっとも繊弱な、不安定なイメージでさえも深部の振動をあばくことができる。だがわれわれの知覚可能な生をこえる一切の彼岸の形而上学をひきだすには別の型の研究が必要であろう。とくに沈黙が同時に人間の時間、人間のことば、人間の存在にいかに作用するかをかたるには、大部の書物が必要になろう。この書物はかかれている。マクス・ピカール著『沈黙の世界(180)』をよまれるがよい。

第八章　内密の無限性

世界は宏大だ　だがわれわれのなかではそれは海のように深い
リルケ

空間はいつもぼくを沈黙させた
ジュール・ヴァレス『子供』p. 238

I

無限性は夢想の哲学的範疇である、ともいえよう。たしかに夢想はさまざまな光景を糧とするが、本来夢想は壮大なものを沈思するものなのである。そしてこの壮大なものについての沈思がきわめて特殊な態度ときわめて独特な精神状態をうみだすために、夢想は夢みるひとを身近かな世界のそとにつれだし、無限の刻印をおびた世界のまえにたたせる。

海や平野の無限のひろがりとは無関係に、ただ思い出をたよりに、われわれは瞑想によってこの壮大を沈思したときの共鳴を自分自身のなかに新たによみがえらすことができる。だがそれははたして思い出なのだろうか。想像力だけが無限性のイメージをかぎりなく大きくすることができるのではないか。想像力はすでに最初の沈思のときからはたらいているのではないか。事実夢想とは最初の瞬間から完璧に組織された状態なのである。夢想が開始するところはめったにみとめられないが、にもかかわらず夢想はつねに同じように開始する。それは身近かな対象物からのがれさり、たちまち遠ざかり、他の場所にうつり、**どこかある場所**の空間にはいる。[181]

このどこかある場所が**自然**のなかにあり、過去の家いえのなかに存在するのでなければ、この場所は無限にひろい。そして夢想は本源的な沈思であるともいえよう。もしわれわれが、この無限性の印象や、無限性のイメージや、あるいは無限性があるイメージにもたらすものを分析することができるとしたならば、たちまちわれわれはもっとも純粋な現象学の領域にはいることができよう――これは現象のない現象学であり、あるいは少し逆説をさけていえば、イメージをうみだす潮をしるには、想像力の諸現象が構成され、完全なイメージとして定着するまでまつにはおよばない現象学である。別のことばでいえば、宏大無限なものは客体ではないから、宏大無限なものの現象学は直接われわれをわれわれの想像する意識にさしむけることであろう。無限性のイメージを分析すると、われわれは自分のうちに純粋想像力の純粋存在を実現することになろう。そうすれば芸術作品は想像者のこの実存主義の副産物であることが明らかになろう。この無限性の夢想のすすむ道では、真の産物は拡大の意識である。われわれは自分が驚嘆する存在の高みにまでたかめられたことを感じる。

それゆえこの瞑想においては、われわれは「世界のなかへなげだされ」てはいない。なぜならばわれわれは現在みられているありのままの世界、あるいはわれわれが夢みるまえに、過去においてみられた、ありのままの世界を超越することによって、いわば世界をひらくからである。われわれは自分のみすぼらしい存在を意識しているが――狂暴な弁証法の作用によって――われわれは壮大を意識する。そのときわれわれはわれわれの無限に拡大する存在の自然な活動にもどってゆく。

無限性はわれわれのうちにある。生に抑制され、慎重によって抑止されるが、これは、孤独においてふたたび力を恢復する一種の存在の膨脹とむすびついている。われわれは静止するとたちまち別の場所にいる。すなわちわれわれは無限の世界で夢みているのだ。無限性は静止した人間の運動である。無限性は静かな夢想の力動的な性格の一つなのである。そしてわれわれは詩人たちに哲学をまなんでいるのだから、ここでピエル・アルベール＝ビローをよむことにしよう。かれは三行の詩句でいいつくしている。[182]

そしてぼくは一筆でぼくを
世界の主
無限の人間にする

II

いかに逆説的にみえようとも、われわれの目にうつる世界についてのある表現に真の意味をあたえるのは、この**内密の無限性**であることが少なくない。精密な例を論じるために、

森の無限の意味するものについてさらに精しく検討することにしよう。この「無限性」は地理学者のおしえるところとは無関係な一群の印象からうまれる。際限のない世界に「おちこむ」というなんとしてもやや不安な印象をしるには、森のなかにながくとどまるまでもない。すすむ道をみうしなうと、たちまち現在する地点が不明になる。森のイメージの本来の属性である、この無限の世界というテーマのさまざまなヴァリエーションとなる文学上の資料を提出することはわれわれにとって容易であろう。だがつぎのマルコーおよびテレーズ・ブロスのたいへん実証的な書物からとった、稀にみる心理的な深みをもった短い文章は、われわれが中心テーマを決定するに際してたすけとなる。(183)「なによりもまず樹幹や木の葉のヴェールのかなたに無限にのびひろがる空間の神秘をひめた森、眼にはかくされているが、行動にとっては透明な空間、それは、真の心理的超越存在である(184)」。わたくしとしては心理的超越存在という術語をもちいるのにためらいをおぼえる。だがすくなくとも現象学的研究に今日の心理学をこえたかなたを指向させる点ではよい指標である。心理学的記述ならびに客観的記述の――この記述の機能はここでは無効であることをこれ以上巧みに表現できるだろうか。客観的に表現されるもののほかにさらに、表現さるべき**別種のもの**が存在することが感じられる。表現しなければならぬもの、それは秘められた壮大、深奥である。冗漫な印象にふけり、光と翳の細部にふみまようことをさけるならば、われわれは表現をもとめる「本質的な」印象と直面していることを感じる。要するにさきの著者たちが、「心理的超越存在」と名づけるものの視界内におかれたことを感じる。「森をいきよう」とするならば、**目のまえの無限性**、目のまえの深度の無限性に直面するほかないのだ。詩人は古い森のこの目のまえの無限性を感じる。(185)

敬虔な森　死者が遺棄されたくずれた森
ビロードのきしる巨大な深い苔の褥のうえで
古い垂直の薔薇いろの樹幹に無限にとざされしめつけられ
無限に圧縮され　さらに年老いて灰いろとなる森

詩人はここでは記述しない。かれの任務はさらに大きいことをよくしっている。敬虔な森はくずれ、とざされ、しめつけられ、圧縮されている。森はその無限性を目のまえに蓄積している。詩人はこの詩のさきの方でゆれうごく梢のなかにいきている「永遠の風」の交響曲をかたっている。

このようにピエル゠ジャン・ジューヴの「森」は**ただちに神聖**なのである。一切の人間の歴史とはかかわりなく、その天性の伝統によって神聖なのである。神がみが森にすまうまえから、その森は神聖だった。神がみはその神聖な森にすむためにおとずれた。かれらがしたことは、森の夢想の偉大な法に、人間的な、あまりに人間的な特性をつけくわえることだけだった。

詩人が地理学者の次元をもちだすばあいにも、この次元は特殊な夢の価値に根ざしているという理由から、この次元は目のまえにおいてよみとられることを詩人は本能的にしっている。それゆえピエル・ゲガン(『ブルターニュ』p. 71)が「深い森」(ブロスリアンドの森)をよびおこすとき、たしかにかれはこれに一つの次元をつけくわえているが、イメージの強度をしめすのはこの次元ではない。深い森はまた「三十マイルの緑が凝結した巨大な沈黙のために、静かな大地」ともよばれるというとき、ゲガンはわれわれを「超越的な」静寂、「超越的な」沈黙にまねきよせる。なぜならば森はざわめき、「凝結した」静寂はわななき、ふるえ、数しれぬ生命によって活気づけられているからだ。しかしこのざわめきやこの運動は森の沈黙と静寂をかきみだすことはない。ゲガンの文章をいきるならば、詩人は一切の不安をとりしずめたことが感じとれる。森の平和は詩人にとってはたましいの平和である。森は一つの精神状態なのである。

詩人たちはこれをしっている。われわれが平和な時間のなかにおいては、

われわれ自身の森の繊細な住人

であることをしっているジュール・シュペルヴィエルのように、ある詩人たちはこれを一

筆で表現する。

ルネ・メナールのように、他のもっと論理的な詩人たちは、樹木のすばらしいアルバムを提示するが、アルバムの一本一本の木と詩人がむすばれている。メナールの**内密の森**はつぎのような森である。「ぼくは光線につらぬかれ、太陽と翳に封印された……ぼくは深い茂みのなかにすむ……隠れ家がぼくをよぶ。ぼくは葉むらの肩のあいだに首をさしこむ……森のなかではぼくは完全だ。窪地の隠れ場所のなかのように、ぼくのこころのなかでは一切が可能だ。生いしげった木立の距離がぼくを町や倫理からきりはなしてくれる」[186]。しかしながらこの散文詩全体をよむ必要がある。詩人がいうように、これは「天地創造の空想力をまえにしていだく畏敬にみちた感動」によって生命をあたえられた散文詩なのである。

われわれの研究対象である詩の現象学の領域には、想像力の形而上学者が警戒しなければならない一つの形容詞がある。それは *ancestral*（祖先の）という形容詞である。実際、この形容詞に対応するものはあまりにも性急な、ときにはまったく語句的な、完全な監督下におかれていない価値付与作用である。これは深部の想像力の直接的性格、さらには一般に深層心理学をもみうしなわせる価値付与作用である。このばあい「祖先の森」は安物の「心理的超越存在」となる。祖先の森は子供の本むけのイメージになる。このイメージに関して現象学的な問題があるとするならば、それはいかなる**現実的**な理由から、いかなる想像力の作用によって、この種のイメージがわれわれを魅惑し、われわれにかたりかけるのか、それをさぐることである。無限に遠い過去からの浸透というのは、心理的に根拠のない仮説である。この種の仮説は、もしも現象学者がとりあげるようなことがあれば、怠惰への招きにも等しかろう。わたくしについていえば、わたくしは原型の現実性を確証しなければならないと信じている。とにかく「祖先の」という単語は想像力の価値の領域では説明を必要とすることばであり、説明をあたえることばではない。

だがしかしわれわれに森の時間的な次元をつげるものがあるだろうか。歴史では不十分だ。森がどのように齢をかさねるか、想像力の領域では若い森というものはなぜ存在しないのかをしらなければならないだろう。わたくしにとってはわたくしの故国の事物を考察するすべしかしらない。わすれられぬ友、ガストン・ループネルがおしえてくれたので、わたくしは野のひろがりと森のひろがりの弁証法を体験することができる。[187] 非我の宏大な世界では、野の非我は森の非我とことなる。森はわたくしのまえの存在、われわれのまえの存在である。野や牧場はわたくしの夢や思い出のなかではいつも耕作や収穫とむすびついている。自我と非我の弁証法がしなやかになると、わたくしは牧場や野がわたくしと共存し、わたくしとの共存のなかにあり、われわれとの共存のなかにあることを感じる。だが森は過去を支配する。わたくしのしっているこうした森のなかで、わたくしの祖父は道にまよってしまった。わたくしはこの話をきいて、わすれられない。それはわたくしがまだうまれぬときのことだった。わたくしのもっとも古い思い出は百年、あるいはもう少し古い。

これがわたくしの祖先の森である。そしてこれ以上はみな書物の知識である。

III

瞑想にふけるひとをとらえるこの種の夢想においては、細部はきえうせ、色彩は色あせ、もはや時はうたず、空間は無限にひろがる。このような夢想には無限の夢想という名をあたえることができる。「深い」森のイメージによって、わたくしは一つの価値のなかに姿をあらわす無限性の力の概略をえがいてみた。だがまた逆をたどることができる。夜の無限性のように明瞭な無限性をみて、詩人は内密の深部にいたる道をわれわれに指示することができる。ミロシュの文章は内密の存在の深部と世界の無限性の一致を証明する手がかりをわれわれにあたえてくれる。

『愛の手ほどき』のなかで（p. 64）、ミロシュはこうかいている。「わたくしは自我のもっとも密かな奥底をみるような気持で、空間の不思議の園をながめた。そしてわたくしはほほえんだ。なぜならば、これまでについぞわたくしがこれほど純粋で偉大で美しいとおもえたことがなかったからだ。わたくしのこころのなかに宇宙の讃歌がなりひびいた。この星座はみなおまえのものだ。それはおまえのなかにある。それはおまえの愛のそとにはなんらの現実性をももたないのだ！　ああ！　みずからをしらぬものには世界はなんと恐ろしくみえることか！　おまえが海をみて、みすてられ孤独なおもいをいだいたときには、夜の海の孤独がいかに大きいか、無限の宇宙の夜の孤独がいかに大きいかをおもうがよい！」。そして詩人は夢みるひとと世界の愛の二重唱をつづけ、世界と人間を孤独の対話において逆説的にむすばれた夫婦とするのである。

別の文章において、集中し拡散する二つの運動をむすびつける一種の熱狂的な瞑想のなかでミロシュはかく（同前、p. 151）。「空間、水をわかつ空間よ。たのしい友よ、ぼくはなんと深い愛をもっておまえにあこがれることか。ぼくは廃墟の優しい太陽をあびてさきみだれるおどりこ草のようだ。またほとばしりでる泉の小石のようだ。そしてまた草のぬくもりのなかの蛇のようだ。瞬間は真実永遠なのか。永遠は真実瞬間なのか」。そしてこの文章は、もっとも微細なものと無限に宏大なものとを、おどりこ草と青空とをむすびつけつづける。尖った小石と澄明な流れのような鋭い矛盾はみな、夢みる存在が小さなものと大きなものとの矛盾を超越したときに、同化され、否定される。この狂熱の空間は一切の境界を飛躍する（p. 155）。「地平線の愛をしらぬ境界よ、くずれおちよ。真の遠隔よ、あらわれいでよ」。また百六十八ページ。「一切は光と柔和と叡智とであった。そして非現実的な空気のなかで、遥かなかなたがたがいに目くばせした。わたしの愛は宇宙をつつんだ」。

もしこのわたくしの文章の目的が無限性のイメージを客観的に研究することであったならば、もちろん厖大な書類をひらかなければならないだろう。なぜならば無限性はくめどもつきぬ詩のテーマなのだから。わたくしは前著[188]において、無限の宇宙をまえに瞑想する人間の対決の意志を検討し、この問題にふれた。ものをみる誇りが凝視する人間の意識の中心となっている視覚コンプレックスについてもかたることができた。しかし本書であつかう問題は無限世界へのもっと広汎な関与の問題であり、小さなものと大きなものとのもっと内密な交渉の問題である。いわば詩的凝視のある価値を硬化させるおそれのある視覚コンプレックスをけしさりたいとおもう。

IV

瞑想し夢みるくつろいだたましいのなかでは、無限性が無限性のイメージをまちうけているようにみえる。精神は対象をみ、たえずみなおす。たましいは対象のなかに無限性の巣をみいだすのである。ボードレールのたましいにおいて、*vaste*（広い、宏大な、大きな）という一語によってひらかれる夢想をあとづけるならば、これについてのさまざまな証明がえられよう。*vaste* はもっともボードレールらしい用語の一つであり、詩人にとってもっとも自然に内密の空間の無限性をしるしづける単語である。

たしかにこの *vaste* という単語が客観的な幾何学の貧しい意味しかもたない文章も数多くみいだされる。「大きな《ヴァスト》卵形のテーブルのまわりに……」と『審美渉猟』の記述においていている (p. 390)。しかしこの単語に異常に鋭く感じるようになれば、これは幸福なひろがりにたいする愛着であることがわかるだろう。さらにボードレールにおける *vaste* という単語の種々の用例についての統計をつくれば、実際的客観的な意味でこの単語が使用される例は、この単語が内密の共鳴をもつばあいにくらべて、稀であることにおどろかされるだろう。[189]

ボードレールは習慣的にもちいられる単語にたいしてひどく嫌悪の念をいだき、とくに細心に形容詞をかんがえ、形容詞を名詞の従者とみなすことをさけていたにもかかわらず、*vaste* という単語の使用には注意をはらっていない。大きさが事物や思想や夢想と接触すると、このことばがかれにせまってくる。この用例のおどろくべき多様さについていくつか指摘してみよう。

鎮静的な夢想を有益に利用しようとする阿片吸飲者は「大きな《ヴァスト》閑暇[190]」をもたなければならない。夢想は「田舎の巨大な《ヴァスト》沈黙[191]」によって鼓舞される。さらに「精神の世界は新しい光にみちみちた宏大《ヴアスト》な視界をうちひらく」(192)。ある種の夢は「記憶の宏大《ヴアスト》な布のうえに」くりひろげられる。ボードレールはまた「巨大《ヴアスト》な思想によって圧迫され、大きな計画になやまされる人間」についてかたっている。

かれは国民を定義するつもりなのであろうか。ボードレールは「国民……その素質が自己の環境に適応した巨大《ヴアスト》な動物」とかいている。かれはふたたびこれにふれる(193)。「国民、巨大《ヴアスト》な集団的存在」と。この文章ではたしかにこの *vaste* という単語が暗喩の調性をたかめている。かれによって価値を付与されたこの *vaste* という単語がなかったならば、おそらくボードレールは思想の貧しさに尻ごみしたことであろう。しかしこの *vaste* ということばが一切をすくっており、ボードレールは、読者は「この宏大《ヴアスト》な瞑想に」なれしたしんだならばこうした比喩を理解することであろう、とつけくわえている。

ボードレールのばあいこの *vaste* という単語は、宏大な世界と巨大な思想をむすびつける真の形而上学的論拠であるといっても誇張ではない。だが壮大がもっとも活溌なのは内密の空間の領域ではないか。この大きさは外的光景からくるものではなくて、巨大な思想の底しれぬ深さからくるものである。事実ボードレールは『日記』において (p. 29) こうかいている。「ほとんど超自然的なある種のたましいの状態にあっては、生命の深さは、目のまえにあるきわめて平凡な光景のなかにことごとくしめされる。その光景は生命の象徴となるのだ」。これはたしかにわたくしがたどろうとつとめている現象学の方向を指示する文章である。外部の光景が内密の大きさを展開するのに役だつのである。

またボードレールにおいては、*vaste* という単語は最高の綜合のことばである。精神の論弁的な歩みとたましいの能力とのあいだの差異は、つぎの思想を考察すれば理解できよう。「抒情的たましいは綜合ににた巨大《ヴァスト》な飛躍をおこなう。小説家の精神は分析をたのしむ[194]」。

このようにたましいは、*vaste* という単語の下に、その綜合的な存在を発見する。*vaste* という単語は対立物を統一する。

「夜と光のように宏大《ヴァスト》」。ハシッシュの詩のなかに[195]、ボードレールの愛読者ならかならず記憶のなかにもうかんでくる「精神の世界は新たな光にみちみちた宏大《ヴァスト》な視界をうちひらく」という、有名な詩句の諸要素がみいだされる。そして原初の力にみちた偉大さをになうものは「精神的」自然、「精神的」神殿である。この詩人の全作品にわたって、無秩序な充実をつねに統一しようとしている「宏大《ヴァスト》な統一」の作用をあとづけることができる。哲学的精神は一と多の関係を論じてとどまるところをしらない。詩的瞑想の真のタイプであるボードレールの瞑想は、綜合の力そのもののなかに深い暗い統一をみいだし、これによって感覚のさまざまな印象が交感することになる。「交感」はしばしばあまりにも経験的に、つまり単なる感性の事実として研究されてきた。しかしそれぞれの夢想家のあいだで感覚の鍵盤が一致することはほとんどない。読者にあたえられる耳の愉しみをのぞいては、安息香はかならずしもだれにでも近づけるものではない。しかしソネット「交感」の最初の和音から、抒情的たましいの綜合作用がはたらいている。詩的感性が「交感」のテーマの無数のヴァリエーションをたのしんでいるとしても、このテーマそのものが最高の愉しみであるということを認識しなければならない。そして事実ボードレールはこのようなばあいに「生の感情が無限にたかまる[196]」といっている。ここでわれわれは、内密の場における**無限性**は**強度**であり、存在の強度であり、内密の無限性の宏大な視界のなかに展開する存在の強度であることを発見する。元来「交感」は世界の無限性をとりあげ、われわれの内密の存在の強度に変化させるものなのだ。交感は二つの型の大きさを和解させる。われわれはボードレールがこの和解を体験した事実をわすれられない。

いわば運動そのものが幸福な容積をもつのである。ボードレールは、運動をその調和の点から、宏大なものの美的範疇にいれる。船の運動について、ボードレールはかく。「線の運動の作用から生ずる詩的観念は、宏大《ヴァスト》で無限に巨大な、複雑でしかも調和ある一つの存在の仮説であり、人間のあらゆる嘆息と野望をなやみかこつある霊的な動物の仮説なのだ[197]」。したがって船、水のうえにやすらうこの美しい容積は *vaste* という単語の無限性をふくんでいる。このことばは記述するものではなくて、記述されなければならぬ一切のものに原初の存在を付与する。ボードレールのばあい、*vaste* という単語のなかにはイメージの複合が存在する。これらのイメージは、宏大な存在のうえに成長するから、相互に深化しあうのだ。

わたくしは論証を散漫にする危険をもかえりみず、ボードレールの作品においてこの奇妙な形容詞があらわれる露出点をことごとく指摘しようとこころみた。この形容詞は相互になんらの共通性をもたない印象に大きさをあたえるという理由で奇妙なのである。しかしこのわたくしの論証に統一をあたえるために、一本のイメージの線、すなわちボードレールのばあい、無限性は内密の次元であることをわれわれにしめしてくれる一本の価値の線をたどることにしよう。

ボードレールがリヒャルト・ヴァーグナーにささげた文章[198]ほどみごとに無限性の概念がもつ内密の性格を表現したものはない。ボードレールはいわばこの無限性の印象の三段階をあげている。かれはまず『ローエングリン』序曲の演奏会のプログラムを引用する(『ロマン派の芸術』p. 212)。「最初の数小節から聖杯をまつ敬虔な隠遁者のたましいは無限の空間のなかへしずんでゆく。かれは、しだいに異様な幻があらわれて、姿をとり、形をなしてゆくのをみる。この幻はますます明らかになり、中央に聖杯を捧じた霊妙な天使の群がかれのまえをすぎる。天使の列は近づき、神にえらばれたもののこころはしだいにたかまる。そのこころは拡大し、膨脹する。いいようのない憧れがかれのうちにめざめる。かれはつのりゆく至福に身をまかせ、光かがやく幻がいっそう近づいてくるのをみる。そしてついに聖杯そのものが天使の列のなかにあらわれるときには、あたかも全世界が突然消滅したかのように、かれは無我の礼拝のうちにしずみこむ」。太字はみなボードレール自身によるものである。この文章は夢想がその頂点に達するまでの漸進的膨脹をわれわれにまざまざと感じさせる。その頂点においては、内密に忘我の感情のなかにうまれた無限性がいわば感覚界を解体し吸収する。

存在の拡大とよびうるとおもうこの発展の第二の段階は、リストの文章によってしめされている。この文章はわれわれに音楽的瞑想からうまれる神秘的空間（p. 213）にあずからせる。「旋律の広びろとした眠れる水面のうえに、おぼろな霊気が……ひろがっている」。これにつづくリストの文章では光の暗喩が透明な音楽世界のひろがりを把握するのをたすけてくれる。

しかしこれらのテキストはボードレール自身の文章を準備するだけのものにすぎない。ボードレールの文章では「交感」が、感覚のさまざまな増大、他のイメージの大きさを拡大するイメージの拡大としてあらわれる。無限性は発展する。こんどはボードレールは音楽の夢幻状態にひたすら身をまかせ、「空想力ゆたかなひとならばほとんどだれでもが眠りのなかの夢によってしっているあの幸福な印象の一つをうけた。わたくしは自分が重力の鎖から解放されたように感じ、高所にただよう異常な快楽を追憶によってふたたびみいだした。したがってわたくしは、絶対的な孤独、だが無限の地平線と一面の散乱光とをもった孤独のなかで、大いなる夢想のとりことなっているひとりの人間の甘美な状態をおもわずおもいえがいたのだ。それ自体以外になんらの装飾をももたぬ無限性そのもの」と、いう。

これにつづく文章には *extension*（拡大）、*expansion*（膨脹）、*extase*（忘我）の現象学――要するに前綴 *ex* の現象学のための数かずの要素がみいだされることであろう。しかしボードレールによる十分な準備をえたわれわれは、現象学的観察の中心におかなければならぬ公式、すなわち、それ自体以外になんらの装飾をももたぬ無限性という公式に到達した。ボードレールが詳細にかたっているように、この無限性は内密の征服なのである。この世界においては大きさは内密が深化するにつれて発展する。ボードレールの夢想は宇宙の凝視によって形成されるものではない。ボードレールがいうように、かれは目をとじて夢想をおう。追憶にすがっていきるのではない。かれの詩的陶酔はしだいに平穏な生にかわった。空のなかに青い翼をみせた天使たちは一面の青のなかにとけさった。無限性はゆっくりと原初の価値、原初の内密の価値となる。真に宏大無限のということばを体験すれば、夢想家は自分が憂慮や思想から解放され、夢想から解放されたことをしるのだ。かれはもはや自分の重みのなかに監禁されてはいない。かれはもはや自己の存在の囚人ではない。

心理学の尋常の方法にしたがってボードレールの文章を研究すると、つぎのように結論できよう。すなわち無限性の「装飾」だけを体験するために、世界の一切の装飾を放棄する詩人は、抽象、そのむかしの心理学者たちが「現実化された抽象」とよんだものしかしることができない。詩人によってこのように構成された内密の空間は、ただひたすら無限以外のなんらのしるしももたぬ無限性をもとめる幾何学者の外部空間と対をなすものであろう。しかしこのような結論はながい夢想の具体的な歩みを無視することになろう。ここでは夢想はあまりにも比喩的な特徴を放棄するにつれて、それをおぎなうような内密の存在のひろがりを獲得する。『タンホイザー』をきく機会をもたなくとも、ボードレールの文章を考察し、詩人の相つぐ夢想の諸段階を明らかにする読者は、詩人はあまりにも安直な暗喩をはなれて、人間の深部の存在論をきわめる運命をあたえられていることをたしかに理解することであろう。ボードレールにとっては、人間の詩的運命は無限性の鏡となることであり、あるいはより正確にいえば、無限性は人間において自己を意識する。ボードレールにとっては、人間は宏大な存在なのである。

*

さてわたくしは、ボードレールの詩学においては、*vaste* という単語はたしかに対象世界にあたえられることばではない、という事実を各面から証明できたとおもう。わたくしはさらに現象学的なニュアンス、ことばの現象学に関するニュアンスをつけくわえたいとおもう。

わたくしの考えでは、ボードレールにとっては、*vaste* ということばは一つの音声上の価値である。それはけっして単によまれたり、関係する対象のなかに単にみられたりすることばではなくて、**発音される**ことばである。これは作家がかきながらいつも低くつぶやいていることばの一つである。詩句のなかであれ、散文のなかであれ、これは詩的効果をもち、音声詩の効果をもっている。この単語はたちまちこれをとりまくことばのうえに、イメージのうえに、またおそらく思想のうえに突起する。これは「ことばの力」[199]なのである。ボードレールの詩句の韻律のなかや散文詩の豊かな総合文のなかでこの単語をよむと、詩人はわれわれにこの単語を口ずさませるようにみえる。そこでは *vaste* という単語は呼吸の語なのだ。それはわれわれの気息のうえにのっている。それは気息がゆるやかに静かになることを要求する。[200]そして事実ボードレールの詩学においては、*vaste* という単語はつねに静けさ、平和、静謐をよびおこすのである。それは生の確信、内密の確信を表現する。われわれの存在の秘密の部屋のこだまをわれわれにつたえる。それは重厚な単語であり、空騒ぎの敵であり、朗誦の誇張した声を敵視する。韻律に隷従した語法のなかでは、この単語はうちくだかれてしまうことであろう。*vaste* という単語は存在の平和な沈黙を支配しなければならない。

もしもわたくしが精神病医であったならば、不安におびえる患者に、発作がはじまったらすぐにボードレールの詩をよみ、そっとボードレールの基調語を口ずさんでみることをすすめることであろう。この *vaste* という単語は静けさと統一をもたらし、空間をひらき、無限の空間をうちひらく。この単語はわれわれをおびやかす妄想の牢獄の壁から遠くへだたった、地平線にいこう空気とともに呼吸することをわれわれにおしえてくれる。これは声の潜在力のしきいそのものに作用する音声上の効力をもつ。詩にたいして感受性の鋭い歌手パンズラは、あるときわたくしに、実験心理学者の見解によれば、母音 *a* を**かんがえる**とかならず声帯の神経が刺戟される、とかたった。文字 *a* をみるともう声はうたおうとする。*vaste* という単語の幹である母音 *a* は、その微妙さでは群をぬき、ことばの感性上の破格である。

「ボードレールの交感」についての夥しい註釈は、声を型どり、転調させようとつとめるこの第六の感覚をわすれているようにみえる。なぜならば自然によってわれわれの気息の門口におかれた、このなににもまして繊細なアイオロスの小さな竪琴こそ、他の感覚のあとからきて他の感覚のうえにでる第六の感覚だからである。この竪琴は暗喩のわずかな運動にもうちふるえる。人間の思想はこれによってうたうのだ。わたくしは、このようにとめどもなく頑固な哲学者流の夢想にふけっていると、ついには母音 *a* は無限性の母音だとかんがえはじめる。これは吐息のなかにうまれ、果しなくひろがりゆく音の空間だ。

vaste という単語においては、母音 *a* は拡大する音声の一切の力を保持している。音声的に考察すると、*vaste* という単語はもはや一つの次元に属することばではない。まるで

甘美な物質のように、無限の静けさの鎮静的な力を獲得する。その単語とともに無限がわれわれの胸のなかへながれこむ。この単語によってわれわれは人間の不安からまぬがれて、宇宙のなかで呼吸する。詩的価値の領域ではどんな些細な要素も無視してはならないのではないか。詩《ポエジー》に決定的な心的活動をあたえる際にあずかって力ある一切のものは、力動的な想像力の哲学に包含されなければならない。もっとも異質な、もっとも繊細な感性的な価値がしばしばたがいにむすびつき、詩に活力をあたえ、詩を大きくする。ボードレールの交感についての詳細な研究は、それぞれの感覚とことばとの交感を明らかにしなければならないだろう。

ときにはある語の音、ある文字の力がことばの深い思想をひらいたり、あるいは定着したりする。マクス・ピカールの美しい書物『人間とことば』にはつぎのようなことばがよまれる。《*Das W in Welle bewegt die Welle im Wort mit, das H in Hauch läßt den Hauch aufsteigen, das t in fest und hart macht fest und hart.*》(201)「*Welle*（波）のなかの*W*はことばのなかの波をうごかし、*Hauch*（吐息）のなかの*H*は吐息をたちのぼらせ、*fest*（がっしりした）と*hart*（堅固な）のなかの*t*はがっしりと堅固にする」。このような考察によって、『沈黙の世界』の哲学者はわれわれを、言語が完全に高貴になったとき、音韻上の現象とロゴスの現象がたがいに調和する、感性の極限点へみちびく。しかしながら語の内部の詩《ポエジー》や一つの単語の内部の無限性を体験するには、いかにゆるやかに瞑想することをわれわれはまなばなければならぬことであろう。一切の偉大な単語、詩人によって偉大を約束された一切の単語は世界の鍵であり、人間のたましいの深淵と宇宙との二重の世界の鍵である。

V

かくてボードレールのような大詩人においては、外界からのこだまにとどまらず、さらに無限性の内密の呼び声がきかれることが証明されたようにおもう。したがって哲学的にみれば、無限性は詩的想像力の一つの「範疇」であって、単に壮大な光景を沈思して形成された普遍的観念というごときものではない。これと対照するために、「経験的」無限性の例としてテーヌ[202]の文章を註釈しよう。ここにわれわれがみるのは、詩のはたらきではなくて、たとえ根本的なイメージを犠牲にしても、是が非でも絵画的な表現をもとめようとする三流文学である。

『ピレネーへの旅』(p. 96)のなかでテーヌはこうかいている。「初めて海をみたとき、わたくしはひどく不愉快な幻滅を感じた。……パリの周辺にみられる緑のキャベツの四角い畑や帯状の茶いろい大麦畑によってたちきられた、あのながくのびた甜菜畑をみているような気持だった。遠くの帆は巣にかえる鳩の翼ににていた。視野は狭い感じだった。画家の絵の方が海をもっと大きくえがいていた。ふたたび無限感をいだくまでにわたくしは三日を要した」。

甜菜、大麦、キャベツおよび鳩、とよくも意識的にむすびつけられたものだ！　ひたすら「独創的な」ものをかたろうとするひとにとっては、これらのものを一つのイメージにむすびつけることは、会話の際の偶然の言いあやまりにすぎまい。海をまえにして、なぜこれほどまでにアルデンヌ平野の甜菜畑にとりつかれているのであろうか。現象学者は、この哲学者が三日をついやして初めて「無限感」をみいだし、また素朴にながめた海への帰還によって、かれがついに海の大きさをみたことをしって、うれしくおもうことだろう。

このエピソードをあとにしてふたたび詩人たちにもどることにしよう。

VI

詩人たちはわれわれをたすけて、われわれのなかにあふれるほどの凝視する喜びを発見させてくれるので、ときにはわれわれは身近かな事物をみてわれわれの内密の空間の拡大

を体験する。たとえばリルケに耳をかたむけよう。かれはかれが凝視する樹木に無限性の存在をあたえる。(203)

空間はわれわれのなかから物をうばい　うつしかえる
おまえが樹木の存在を完成するためには
おまえのなかに存在するあの空間　内部空間を樹のまわりになげよ
慎みぶかくそれをとりかこめ
それには限界はない　おまえの断念のなかに
すがたをとるとき　それははじめて真に樹木となるのだ

最後の二行のマラルメふうの晦渋さが読者を沈思させる。この詩人は読者に想像力のみごとな問題を提出する。「慎みぶかく樹をとりかこめ」という忠告はまずさしあたって、その樹の輪郭をえがき、**外部**空間の境界をもってこの樹をとりかこむ義務であろう。するとわれわれは知覚の単純な規則にしたがい、「客観的」になり、もはや想像力ははたらかないだろう。しかし一切の真の存在と同じく、樹木は「限界のない」存在のなかにとらえられている。その限界は偶然にすぎない。偶然の限界に対抗するために、樹木にとっては、おまえがおまえの内密の空間、「おまえのなかに存在するあの空間」によってやしなわれた、おまえの夥しいイメージをあたえることが必要なのだ。すると樹木とそれを夢想するものとはともに正しく位置し、大きくなる。夢の世界では、樹木はけっして完成した存在とはならない。樹木は自己のたましいをもとめる、と、ある詩のなかでジュール・シュペルヴィエルはかたっている。(204)

空間の活気にみちた青
樹はそれぞれに高くのび
　棕櫚の葉をひらき
自己のたましいをもとめる

しかしある詩人が世界の存在は自己のたましいをもとめるというときには、かれ自身が自己のたましいをもとめているのである。「高い樹はふるえ、いつもたましいにふれる。(205)」ふたたび空想の力にかえされ、われわれの内面の空間にとりまかれた樹木は、われわれと大きさをきそうことになる。一九一四年八月の別の詩において（『レ・レットル』第四巻 p. 11）、リルケはいった。

……われわれのなかをとおりすぎて

静かに鳥がとぶ　ぼくは大きくのびようとして
そとをみる　するとぼくのなかに樹がのびている

このように樹木はつねに偉大さを運命づけられている。樹木はこの運命を伝播する。樹木はそれをとりまくものを大きくする。クレール・ゴルのきわめて慈味ゆたかな小著[206]におさめられた手紙のなかで、リルケはかれにあててこうかいた。「これらの木々は壮大です。しかし木々のあいだの崇高な空間がいっそう壮大です。まるで木々の生長とともに空間も拡大したようです」。

内密の空間と外部空間という二つの空間がいわばたえずたがいに生長をうながしあう。心理学者としては当然のことだが、しかし体験される空間を感情の空間としてしめすことでは、空間の夢の根に達することはできない。詩人はさらに奥底におもむき、詩的空間とともに、われわれを感情現象のなかに監禁しておかぬ一つの空間を発見する。空間をいろどる感情現象がいかなるものであれ、それが悲しいものであれ重苦しいものであれ、とにかくこの感情現象が表現され、詩的に表現されると、悲しみはやわらぎ、重苦しさは軽やかなものにかわる。詩的空間は、それが表現されるからこそ、膨脹の価値をもつことになる。これは *ex* の現象学の一つである。これはすくなくともわたくしがいつかいかなるばあいにもおもいだしたいとおもう命題であり、つぎの著書においてあらためて考察したいと

おもっている命題である。さしあたって一例をあげよう。詩人がわたくしに、

ぼくはパイナップルの匂いの悲しみをしっている

と、いうとき、[207]わたくしの悲しみがやわらぎ、もっと甘美な悲しみにかわる。同一の膨脹のうちにむすびつけられた、深い内密から無限のひろがりにおよぶ、この詩的空間性の交流のなかに、偉大さがわきでてくるのが感じられる。リルケはこれをかたっている。

すべての存在をつらぬく空間がある
世界内部空間が……

このとき詩人にとっては、空間は展開する、大きくなるという動詞の主語である。空間が一つの価値となると——内密ほど偉大な価値があろうか——たちまち空間は拡大する。価値を付与された空間は動詞であり、われわれのなかでも、われわれのそとでも、大きさが「客体」となることはけっしてない。

ある事物に詩的空間をあたえる、これはその事物に客観的に所有できる以上の空間をあ

たえることである。あるいはもっとよくいえば、その内密の空間の膨脹をあとづけることである。脈絡をうしなわぬように、ジョー・ブスケが樹木の内密の空間をつぎのようにのべていることをおもいおこそう。[208]「空間はどこにもない。樹木のなかでは空間は巣箱のなかの蜜のようだ」。イメージの領域では、巣箱のなかの蜜は、内容物と容器という基本的な弁証法に支配されない。暗喩としての蜜はとじこめられることにあまんじない。この樹木の内密の空間においては、蜜は髄とはまったく別種のものである。それは花に芳香をあたえる「樹の蜜」である。樹木の内部太陽なのである。蜜を夢みるものは、蜜は交互に集中と放射を反復する力だということをしっている。樹木の内部空間が蜜であるならば、それは樹木に「無限の物の膨脹」をあたえる。

もちろん、ジョー・ブスケの文章を、そのイメージに注意をはらわずに、よむことができる。しかしもしわれわれがイメージの奥底におもむくことをこのむならば、そのイメージはなんと夢をかきたてることか。空間の哲学者が夢想しているのである。もしわれわれが形而上学的な複合語を愛好するなら、ジョー・ブスケはわれわれに空間＝本体、蜜＝空間、あるいは空間＝蜜をしめしたということができよう。物質それぞれにその場所をあたえよ。それぞれの本体《シュブスタンス》に外在《エクススタンス》をあたえよ。物質それぞれが自己の空間を征服し、幾何学が物質を限定したいとおもう表面をとびこえて膨脹する力をあたえよ。

ここで内密の空間と世界空間の二つの空間が、それぞれの「無限性」によって、調和するようにみえる。人間の大きな孤独がふかまるとき、二つの無限性はたがいに接触し、融合する。ある手紙のなかでリルケはこうのべている。かれは全心全霊をあげて「一日一日を一つの生とするこの無限の孤独をもとめ、宇宙、一言でいえば空間、不可視ではあるが、人間がすまえ、数しれぬ現在で人間をとりまいている空間との一致」をもとめている、と。

われわれはある空間にわれわれの実存意識をかさねあわせるが、この空間における、この物の共在はなんと具体的なことであろう。共在物の場としてのライブニッツ(209)の空間の主題はリルケのなかに詩人をみいだす。この共在主義においては、内密の空間をさずけられた事物はみな全空間の中心となる。どの事物にとっても、遥かなものが現在のものとなり、地平線は中心と等しい実存をもつのである。

VII

イメージの国に、矛盾が存在するはずはない。そして等しく鋭敏な二つのたましいは、仕方こそことなれ、中心と地平線の弁証法を鋭敏にはたらかすことができる。この点について、種々の型の無限にたいする反応を明らかにする一種の**平原のテスト**を提出することができよう。

このテストの一方の極には、リルケが簡潔だが、無限に深い文章で、すなわち「平原はわれわれを成長させる感情である」[210]という文章でかたるものをおかなければならないだろう。この美的人間学の定理はきわめて明確にのべられているので、われわれを偉大にする一切の感情は世界内のわれわれの位置を平原化する、ということばでおそらく表現可能な、相関的な命題を暗示する。

平原のテストのもう一方の極には、アンリ・ボスコの文章[211]をおくことができよう。平原では、「ぼくはいつも別の場所にいる、浮動しながれる、別の場所にいる。ながいこと自分自身からはなれさり、どこにも現在しないぼくは、ぼくのとりとめのない夢想を、夢想をはぐくむ無限の空間にあまりにも手軽にあたえてしまう」。

もしも夢想家の気質や季節や風を考慮にいれれば、この支配と拡散の両極のあいだには、なんと多くの陰翳がみられることか。そしてつねに平原によってこころをしずめられる夢想家と平原によって不安にされる夢想家とのあいだに、さまざまなニュアンスがみいだされよう。このニュアンスを研究することは、平原がしばしば単純化された世界とみなされているためにいっそう興味ぶかいことであろう。均一性を要求し、一つの観念に要約される光景に新たなニュアンスを発見できるのは、詩的想像力の現象学の魅力である。もし詩人がニュアンスを真摯に体験すれば、現象学はイメージの根源を誤りなく把握する。

われわれの研究よりもさらに詳細な研究においては、こうしたニュアンスがいかにして平原あるいは高原の大きさのうちに統合されるかをしめさなければならないだろう。たとえば高原の夢想はなぜ平原の夢想でないかをかたらなければならないだろう。この研究は困難である。なぜならば作家はときとして記述しようとし、またあらかじめかれの孤独の大きさが何キロメートルかしっているからだ。そのときわれわれは地図で夢想し、地理学者のように夢想する。たとえばロチは、かれの母港のダカールの木蔭で、「われわれは目を内陸にむけて、砂の無限の地平線をしらべる」[212]と、かく。この砂の無限の地平線は生徒の沙漠、学校の地図帖のサハラ沙漠ではないだろうか。

フィリップ・ディオレの美しい書物『世界でもっとも美しい沙漠』のなかの沙漠のイメージは、現象学者にとってもっともっと貴重なものだ。いきられる沙漠の無限性は内密の存在の強度として反響する。夢にみちた旅人[213]、フィリップ・ディオレがいうように、「旅人の内面に反映するそのままに」沙漠をいきなければならない。そしてディオレは、われわれが——対立の綜合として——**旅の集中**を体験できる、ある瞑想へわれわれをいざなう。ディオレにとっては、「このずたずたにひきさかれた山、この砂、この死んだ川、この石、そしてこの硬い太陽」、この沙漠のしるしをもつ一切の世界は「内部の空間に併合」されるのである。この併合によって、イメージの多様性は「内部の空間」の深奥において統一される[214]。世界の空間の無限性と「内部の空間」の深部の交感を証明しようとするには、これは決定的な公式である。

しかしながらこの沙漠の内面化は、ディオレのばあい、内密の空白の意識に対応するわけではない。逆にディオレは、イメージのドラマ、水と乾燥の物質的イメージの基本的なドラマをわれわれに体験させるのだ。事実「内面の空間」は、ディオレにあっては、内密の物質への愛着である。かれは深い水のなかへの潜水の経験をながいことたのしくあじわっている。かれにとって大洋は「空間」となった。水深四十メートルでかれは「深度の絶対」を発見した。もはや測定不可能な深さであり、もしもその深さを二倍三倍にしたならば、もはや夢や思考の力をあたえない深度である。この潜水の経験によって、ディオレは**真に水の容積のなかへはいった**。そしてわれわれがかれのまえの著作をよみ、かれとともにこの水の内密の征服を体験すると、この空間＝物質のなかに一次元の空間をしることになる。一物質、一次元。そして水の次元が無限のしるしをおびるほど、われわれは大地や地上の生から遠ざかっているのである。物質によってみごとに単一化された世界において、高、低、右、左をたずねることは、思考することであって、けっしていきることではない——かつての地上の生において思考したのと等しく、潜水によって征服された新しい世界のなかでいきることではない。わたくしは、ディオレの書物をよむまでは、無限がこれほど容易に手のとどくところにあるとは夢想だにしなかった。純粋な深度、存在するためになんら測定する必要のない深度を夢みればそれで十分なのだ。

ところで、この人間の海中生活の心理学者であり、存在論者であるディオレが、なぜ沙漠へたちさってしまったのか。いかなる酷薄な弁証法がかれに限りない水から無限の沙漠へうつる決心をさせたのか。この問いにディオレは詩人としてこたえる。かれは、一切の新たな宇宙性がわれわれの内部存在を更新すること、またわれわれが以前の感覚現象の絆からときはなされるときに、新たな宇宙がのこらずわれわれにたいしてひらかれることをしっている。著書の冒頭で（前掲書、p. 12）ディオレはわれわれに、かれは「深い水のなかで潜水者に、時間と空間の通常の絆をたちきらせ、生を暗い内面の詩と一致させる、あの魔術的なはたらきを沙漠において完成しようとした」と、かたっている。

そしてその書物の末尾でかれは、「水のなかにくだったり、あるいは沙漠をさまようことは、空間をかえることだ」と、結論し（p. 178）、そして空間をかえ、日常の感覚現象の空間をはなれて、たましいを革新する空間とまじわることになる。「沙漠においても海の底においても、封印された分割不可能な小さなたましいをたもつことはできない」。この具象空間の変化はもはや、幾何学の相対性意識のような、単純な精神のはたらきではありえない。場所をかえるのではない、自然をかえることなのである。

しかし具象空間、質的に高度な具象空間への存在の融合という問題は、想像力の現象学にとって興味ぶかい——なぜならば新しい空間を「いきる」ためには十分想像力をはたらかさなければならないからである。基礎的なイメージがこの著者におよぼす影響をみることにしよう。沙漠にあって、ディオレは大洋をわすれない。深い水の空間となんら矛盾しない沙漠の空間は、ディオレの夢のなかでは、水の語法で表現される。そこには物質的想像力の真のドラマ、沙漠の乾燥した砂と量の大きさを確信した水のように、たがいに敵意をいだき、捏粉や泥のような妥協をいれぬ二つの要素の想像力からうまれるドラマがある。ディオレの文章は**誠実な想像力**にみちているから、文章をそのままあげることにしよう(同前、p. 118)。

ディオレはいう。「ぼくはかつて深海をしったものはもはや普通一般の人間にもどることはできないとかいた。いま(沙漠のなかの)いまのような瞬間がこれを証明している。なぜならばぼくは、あるきながら、こころのなかでこの沙漠の光景を水でみたしているのに気づいたのだ! ぼくがその中心をあるいている空間、このぼくを囲繞する空間を、ぼくは空想のなかで、氾濫させた。ぼくは空想の氾濫のなかにいきていた。ぼくは、流動し、光かがやき、救助する濃密な物質、海の水であり、海の水の思い出である物質の中心をすすんだ。この策略で十分だった。これによってぼくは拒絶的な乾燥の世界をやわらげ、岩と沈黙と孤独と空から落下してくる太陽の金の光線と和解することができた。疲労さえも軽くなったようだった。ぼくの肉体の重みはこの空想の水にささえられているようにおもえた。

無意識的にこの心理的防禦手段にうったえたのはこれが初めてのことではなかったことにぼくは気づいた。サハラ沙漠での沈黙とゆるやかな歩みとが、ぼくに潜水の思い出をよびおこしたのだ。そのとき一種の優しさがぼくの内部のイメージを一面にうるおし、夢想がうつしだした水路から、水がしごく自然にながれこんだ。ぼくはこころのなかに、深い海の思い出にほかならない明るい反映と透明な濃密をになって、すすんでいった」。

フィリップ・ディオレはこれによって、別の場所、われわれをこの場所の牢獄につなぐ力をせきとめる、あの絶対的な別の場所でいきる心理的技術をわれわれにおしえてくれた。いたるところで冒険にたいして開放された空間への逃避ではない。シラノを太陽帝国にはこぶ箱のなかにくみたてられた幕や鏡のからくりをつかわずに、ディオレはわれわれを別の世界の別の場所につれさる。かれはいわば、心理学のもっとも確実でもっとも力強い法則を活動させる、心理上のからくりしかもちいない。かれは基礎的な物質的イメージ、一切の想像力の基礎にあるイメージという力強い安定した実体にたよるだけである。妄想や幻影とはなんの関係もない。

ここでは時間と空間はイメージに支配されている。別の場所とむかしは、ここと現在よりも力強い。現存は別の場所の存在によってささえられている。空間、大きな空間は存在の友なのだ。

ああ、哲学者たちは詩人たちをよむことに同意するならば、なんと多くのことをまなぶことであろう！

VIII

わたくしは潜水と沙漠という二つの雄々しいイメージをとりあげたが、この二つのイメージはただ想像力によってのみ体験することができるイメージであって、なんらかの具体的な経験によってゆたかにすることはできない。したがってもっとわれわれの手にとどきやすいイメージ、われわれの一切の平原の思い出によってやしなうことのできるイメージをとりあげて、この章の結びとしよう。わたくしはひじょうに特殊なイメージがいかにして空間を支配し、空間に自己の法則をあたえるかをみようとおもう。

平和な平原において、鎮静的な世界をまえにすると、人間は静けさと休息をしることができる。だが喚起される世界、空想される世界においては、平原の光景はしばしば陳腐な効果しかあたえない。それをふたたび活動させるには新しいイメージが必要である。ある文学上のイメージ、意外なイメージの魅力によって、たましいは感動し、静けさの誘導にしたがうことができるのだ。文学上のイメージは不合理なまでに繊細な印象を受容できるほどたましいを敏感にする。たとえばダヌンツィオはその驚嘆すべき文章において、[215]われわれにうちふるえている動物の視線、不安のさった一瞬に、秋の世界のうえに大きな平和をなげかける兎の視線をみせてくれる。「朝、兎は鋤でたがやされたばかりの畝溝からあらわれ、しばらく銀色の霜のうえをかけめぐり、それから沈黙のなかにたちどまり、後脚をおってすわり、耳をたて、地平線をながめている、それをきみはみたことはないか。かれの視線は世界をなごやかにするようだ。絶えまのない不安をひとときわすれて、霧のたちのぼる野をじっとみつめている兎。あたりの深い平和のしるしとしてこれほど確かなものをおもいうかべることはできない。この瞬間兎はあがめらるべき神聖な動物となっている」。平原にひろがった静けさを投射するみなもとは、「かれの視線は世界をなごやかにするようだ」と、明瞭に指摘されている。自分の夢をこの視覚のはたらきにまかせきった夢想家は、いっそう昂揚した気持でひろびろとした野の無限性を体験することであろう。

このような文章そのものが修辞上の感性のよいテストになる。これは詩にたいして盲いた精神の批評にたいして静かに提出されている。これはたしかにたいへんダヌンツィオ的な文章であり、このイタリア作家の過剰なほどの暗喩をしめすのに役だつ文章である。野の平和を直接に記述することはたいへん単純なことであろうと実証的な精神はかんがえる。みつめている兎という媒体をなぜえらぶ必要があるのか。しかし詩人はこんな理窟には頓着しない。かれは瞑想の成長段階をくまなくしめそうとし、イメージの各瞬間、そしてなによりも動物の平和が世界の平和と一つになる瞬間をしめそうとするのだ。ここでわれわれはなにをするあてもない視線、特定の対象をみないで世界をながめる視線の機能を意識させられる。もしも詩人が自分自身の瞑想をかたったのであれば、われわれはこれほど激しく根源へとひきもどされることはなかったろう。詩人は哲学上のテーマをむしかえしただけにおわったことであろう。しかしダヌンツィオの動物は一瞬間反射作用から解放される。目はもはや敵の動静をうかがわない。目は動物機構の鋲ではない。目は逃亡を命令しない。たしかにこのような視線は、恐怖心の強い動物のばあいには、凝視の聖なる瞬間である。

この数行まえに、ながめ、ながめられるという二元性を表現する反転をおこなって、詩人は兎のかくも美しく、大きく、静かな目のなかに草食性動物の視線の水の性質をみいだした。「この大きなうるんだ目は……夏の夕の沼のように美しい。藺草がしげる水面に、一面の空がうつって、変容しているあの沼だ」。わたくしは『水と夢』のなかで多くの文学上のイメージをあつめたが、これは、沼は風景の目そのものであり、水面の反映は宇宙が自己の姿をうつした初めての映像であり、うつしだされた風景によってたかめられた美は宇宙のナルシシスムの根であることをおしえてくれる。ソローも『ウォルデン』のなかで当然このイメージの拡大をあとづける。かれはいう（フランス訳、p. 158）、「湖は風景のもっとも美しく、もっとも表現にとんだ表情の一つである。それは大地の目である。そしてそのなかをのぞきこむと、眺めるひとが自分の本然の深さをはかることになる」と。そしてさらにもう一度無限性と深さの活潑な弁証法にであう。この二つの誇張がどこではじまるのかはわからない。一方はあまりにも深くみすぎる目の誇張であり、もう一方はねむった水の重いまぶたのしたからぼんやりと自分の姿をみる風景の誇張である。しかし空想的なものについての法則はみな必然的に過度の哲学になる。イメージはみな拡大される運命をもっているのである。

現代詩人はもっとつつましいが、かれもまったく同じことをいう。

ぼくは木の葉の静寂のなかにすむ　夏は成長する

と、ジャン・レスキュールはかく。

＊

真にひとのすむ静かな木の葉、もっともつつましい映像のなかに発見された静かな視線、これは無限性の創造者である。これらのイメージは世界を大きくし、夏を大きくする。あるときには、詩は静けさの波を伝播させる。静けさは、想像されることによって、存在の出現として、また低次の存在状態であり、混沌とした世界であるにもかかわらず、支配価値として確立する。無限性は凝視によって拡大された。そして凝視の姿勢はきわめて偉大な人間的価値であるため、心理学者ならば当然特殊な一時的なものと宣告する印象に、この姿勢は無限性をあたえる。しかし詩作品は人間的実体である。これを解釈するのに「印象」に根拠をもとめるだけでは不十分である。その詩のもつ詩的無限性において、その詩をいきなければならない。

第九章　外部と内部の弁証法

人間の限界のおごそかな地理……

ポール・エリュアール『豊饒な眼』p. 42

なぜならばわれわれはわれわれの存在しないところに存在するからだ

ピエル＝ジャン・ジューヴ『抒情』p. 59

わたくしの幼年時代を支配した実際教育の格言の一つは「口をあけてたべるな」だった

コレット『牢獄と天国』フェレンチ版、p. 79

I

外部と内部は分割の弁証法を形成し、そしてこの弁証法の明白な幾何学は、もしわれわれが暗喩の領域でこれを作用させると、たちまちわれわれを盲いさせる。それは一切を決定する**肯定**と**否定**の弁証法の鋭い明晰性をもつ。われわれは不注意にも、これを、一切の肯定的なものと否定的なものの思想を支配するイメージの基礎としている。たがいにかさなりあい、あるいはたがいに相いれない円をえがくと、論理学者たちの規則はみなたちまち明瞭になる。哲学者が内部と外部とをいうときには、存在と非存在とをかんがえる。したがってもっとも深い形而上学は暗黙の幾何学、欲しようと欲しまいと、思想を空間化する幾何学に根ざしている。もしえがくことができなかったならば、形而上学者は思考できるだろうか。開いたものと閉じたものはかれにとっては思想なのだ。開いたものと閉じたものは、かれがすべてのものにむすびつけ、自分の体系にすらむすびつける暗喩である。否定《ネガシオン》の単純な構造とはまったくことなった、否認《デネガシオン》の精緻な構造を研究した講義において、ジャン・イポリトは当然に「外部と内部の最初の神話」についてかたることができた(216)。イポリトはさらにつぎのようにいう。「外部と内部の形成に関する神話のもつ意義を諸君は感じとれるだろう。この二つの概念にもとづく疎隔が問題なのだ。その形式の対立としてあらわされるものが、対立をこえて両者のあいだの疎隔と敵意にかわる」。こうして単純な幾何学的対立が攻撃的性質をおびてくる。形式の対立は静止していられなくなる。神話がこれに作用する。しかしもし想像力と表現の無限の領域にわたってこの神話の作用を研究しようとおもうならば、この作用に幾何学的直観の誤った光をあててはならない[217]。

此岸と彼岸は内部と外部の弁証法を無気力に反復する。すなわち一切がえがかれる、無限すらもえがかれる。われわれは存在を定着しようとし、これを定着することによって一切の状況を超越し一切の状況を包括する一つの状況をあたえようとする。ついでやすやすと原始的なものに到達できるかのように、われわれは人間の存在を世界の存在と対決させる。**ここ**と**そこ**の弁証法を絶対の域にたかめる。この貧弱な場所の副詞に無拘束の存在論的な決定力があたえられる。多くの形而上学は製図法を必要とすることであろう。しかし哲学においては、安易な方法は高価につき、哲学的な知識は図式化された経験からはえられないのだ。

II

現代哲学の言語組織のこの幾何学的癌性変化を、もう少し精密に研究してみよう。実際、人為的な統語法が副詞と動詞を鎔接して、こぶをつくりだしているようにみえる。この統語法はハイフンをかさねて、単語＝文章をつくりだす。単語の外と内とがとけあう。哲学用語は膠着させることばとなる。

ときには逆にたがいに融合するかわりに、単語が内部で分裂する。前綴と後綴が——とくに前綴が——分離し、それは独自に思考しようとする。このためときには単語が平衡をうしなう。*être-là*（現存）の重心はどこにあるのか、*être*（存在する）か、それとも *là*（そこに）にあるのか。*là* のなかに——これは正確にいえば *ici*（ここに）というべきであろう——まずわたくしの存在をもとめなければならないのか。あるいはわたくしの存在のなかに、まず *là* におけるわたくしの定着の確証をみいだすのであろうか。とにかくこの基本語の一方がたえず他方の力をよわめる。*là* はしばしばきわめて強くかたられるので、幾何学的定着が問題の存在論的様相を強引に要約する。この結果、ことばとして表現されると、哲学的問題がたちまち独断的主張となる。フランス語の調性においては *là* はきわめて力強いので、*être-là* によって存在を規定することは、具象化されたある場所にらくらくと内密の存在をうつしかえる逞しい人差指で指示することにほかならない。

だがなぜこれほどあわただしく最初から指定しようとするのであろうか。形而上学者は十分に時間をかけて思考するのをやめてしまったようにみえる。存在の研究にとっては、さまざまな存在経験の存在論的循環をすべてあとづける方が有効であろうとおもう。結局のところ「幾何学的」表現を正当化できる存在経験はもっとも貧しい経験なのである……フランス語で *être-là* をかたるまえに、われわれは二度反省しなければならない。存在のなかにとじこめられると、われわれはつねにそこからのがれでなければならないだろう。存在からのがれでたかとおもうと、つねにまたそこにもどってゆかなければならないだろう。このように存在においては、すべてが循環であり、すべてが迂回であり、回帰であり、持続運動である。すべてが滞留の珠数であり、すべてがいつはてるともしれぬ歌のルフランである。

そして人間の存在はなんという螺旋であることか[218]！　この螺旋のなかではなんと活力が渦まいていることか！　中心にむかっているのか、それとも逃走しているのか、もはや**すぐには**わからない。詩人たちは存在にたいしてためらう存在をしっている。ジャン・タルデューはこうかいている。

すすむために　ぼくはぐるぐると回転する
不動のすみついたサイクロン

ジャン・タルデュー『姿なき証人』p. 36

別の詩ではタルデューはこうかいている（同前、p. 34）。

しかし内部にはもはや境界はない！

このように外からみれば、しっかりとつつまれた中心のようにみえる螺旋存在も、けっしてその中心に到達することはないだろう。人間の存在は不安定な存在である。一切の表現がその存在の定着をさまたげる。想像力の国では、いったんある表現が提出されると、存在は別の表現を要求し、存在はある別の表現の存在とならなければならない。

わたくしの考えでは、ことばの凝塊はさけなければならない。言語の化石のなかに思想をながしこんでも形而上学の利益にはならない。形而上学は現代語の極端な可動性を利用しなければならないが、他方母国語の同質性をまもらなければならない。これは真の詩人たちがはたしてきたことに厳密にしたがうことなのである。

現代心理学の教えや人間存在について心理学が獲得した一切の知識を利用するには、形而上学は断固として推論的にならなければならない。幾何学的直観に固有な、直証の特権にたいしては警戒しなければならない。視覚は一時にあまりにも多くをかたりすぎる。存在は自己をみない。おそらく自己の声をきくだけだ。存在はその輪郭を明らかにしない。それは無によって**縁どられて**いない。ひとが存在の中心に近づくとき、その存在をみいだせるか、あるいは確固としたその存在をふたたびみいだせるか、自信がもてない。そして決定しようとおもう対象が人間の存在であるときには、自己の内部に「はいり」、螺旋の中心にむかってすすみながら、自己に近づいているのかどうか自信がもてない。すなわち多くのばあい、存在はその中心において彷徨なのである。ときとして存在は自己のそとにあるときに、堅固さをたしかめることもある。またときに外部に監禁されているともいえよう。のちに牢獄が外部に存在する詩のテキストをあげることにしよう。

光と音、熱と冷気の領域からイメージをとって、イメージをゆたかにしたならば、幾何学的イメージに根拠をおく存在論よりももっとゆるやかではあるが、きっともっと確実な存在論を準備できることであろう。

わたくしがこのような一般的な考察に力をいれてきたのは、幾何学的表現の立場からすれば、外部と内部の弁証法は、とくに厳密な幾何学精神にささえられているからである。そこにおいては境界は障壁である。もしわれわれがのちにおこなうように、われわれを内密の鋭敏な経験と想像力の「奔放な活動」とにみちびく大胆な詩人たちをあとづけようとおもうならば、われわれは一切の**決定的な**直観から自由でなければならない——それに幾何学精神は決定的な直観を記録するものなのだ。

まず外部と内部という二つの用語は、形而上的人間学においては、非対称的な問題を提出するという事実を確認しなければならない。内部を具象化し、外部を宏大にすることは、想像力の人間学の最初の任務であり、第一の課題であるようにみえる。具象的なものと宏大なものとの対比は明白な対比ではない。わずかな刺戟でも不均斉があらわれる。そしていつもこうなのだ。すなわち内部と外部は、修飾語句、われわれの物にたいする愛着の尺度となるあの修飾語句を同じようにはうけいれない。われわれは内部と外部につけられた修飾語句を同じ仕方で**体験する**ことはできない。一切が——大きささえも人間的価値であり、そしてわたくしは前章で、ミニアチュールが大きなサイズを収蔵できることをしめした。それはそれなりに**宏大**なのである。

とにかくわれわれは、想像力によっていきられる内部と外部を、もはや単純な相反性の点から理解することはできない。したがって存在の根源的な表現についてかたるには、幾何学をやめて、もっと具象的な、もっと現象学的に正確な出発点をえらぶことによって、内部と外部の弁証法が多様になり、無数の陰翳をおびてくることをわれわれは理解する。

いつもの流儀にしたがって、この問題を具体的な詩学の例によって論じ、**存在の陰翳**という点できわめて斬新なイメージを詩人にもとめ、存在論的拡大の教えをうけることにしよう。イメージの新しさとその拡大とによって、われわれは合理的な確実性をこえるかなたで、あるいはその圏外でたしかに反響できるのである。

III

散文詩「影の空間」において、アンリ・ミショーはこうかいている。[219]

空間、だがこの恐ろしい内部＝外部が真の空間であることをきみは理解できない。なかでもある（影）は最後の力をふりしぼり、絶望的な努力をこころみ、「ただ一体となって存在しよう」とする。それは失敗する。ぼくはそうした影の一つにであった。罰として破壊されたその影は、いまは音にすぎなかった、だが巨大な音だった。無限に宏大な世界はまだそれをきいていた。しかし影はもはや存在しなかった。ただ一つの音となり、まだ幾世紀かながれることであろうが、完全にきえさる運命にあった。まるでその影はかつて存在したことがなかったかのように。

詩人がわれわれにあたえる哲学の講義をきくことにしよう。この詩ではなにが問題となっているのであろうか。その「現存」をうしなったたましい、**その影の存在**からも墜落して、空しい音となり、位置づけも不可能なざわめきとなって存在の噂のなかにはいるたましいである。それは存在したのか。そのたましいは、それがなりかわった音にすぎなかったのではないか。その罰とは、それのかつての姿だった、空しい無用な音のこだまにすぎないことではないか。それはかつては現在のすがた、地獄の穹窿にこだまする音ではなかったか。たましいはその邪悪な意図のことば、存在のなかにきざみこまれたときには、存在を顚覆することばを反復することを宣告されている。[220] なぜならばアンリ・ミショーにおける存在は有罪であり、存在するために有罪だからである。そしてわれわれは地獄のなかにあり、われわれの一部はつねに地獄のなかにある。われわれは邪悪な意図の世界のなかに幽閉されているのだから。われわれはなんという素朴な直観によって、無限の悪の地獄における位置をみいだすことか。このたましい、この影、この一体をもとめると詩人のいう影の音、われわれはこれが内部にあると確信することはできないが、これを外からきくことはできるのだ。かたられないことばと実現されない存在意図の、この「恐ろしい内部＝外部」において、存在は自己の内部において、ゆっくりとその無を消化する。その空無化には「幾世紀」もかかるだろう。噂の存在のざわめきは空間と時間のなかにひろがってゆく。たましいは最後の力をふりしぼるがむだだ。それは終末する存在の逆流となった。外部存在は爆発的に拡散する凝縮と中心にむかって逆流する拡散とを交互にくりかえす。外部と内部はともに内密である。この二つはつねに逆転し、敵意を交換する用意がある。こうした内部と外部とのあいだに境界面があるならば、この面はどちら側からみてもいたましい。アンリ・ミショーの文章をよむと、われわれは存在と無にみたされる。「現存」の中心はゆれうごいている。内密の空間は一切の明晰性をうしなう。外部空間はその空虚をうしなう。空虚、この存在の可能性の物質を！　われわれは可能性の国から追放される。

この内密の幾何学のドラマにおいては、ひとはどこにすむべきなのか。この詩人の存在論的悪夢にしたがって「現存」のもっとも柔軟なイメージが体験されたならば、存在形式をみいだすには自己にもどれ、という哲学者の忠告も価値をうしない、さらにはその意義すらもうしないはしないか。この悪夢は外の恐怖からうまれるものではないことを注意しておこう。不安は外部からはやってこない。それはまた古い思い出でつくられるものでもない。それは過去をもたない。また生理学ももたない。息をのむ恐怖の哲学ともなんの共通点もない。このばあいの不安は存在そのものなのである。ではどこへのがれ、どこに身をかくすのか。外のどこにのがれられるのか。どの隠れ家に身をかくすことができるのか。空間は「恐ろしい外部＝内部」にほかならないのだ。

そして悪夢は根源的であるから単純である。もしも悪夢は内部の確実性と外部の明晰にたいする疑惑からうまれるというならば、この経験を知的にすることになろう。ミショーが存在の先験的推理としてわれわれにあたえるのは、曖昧な存在の一切の空間＝時間である。この曖昧な空間においては、精神は幾何学上の祖国をうしない、そしてたましいは浮遊する。

たしかにこのような詩の狭い門をくぐるのをさけることもできる。不安の哲学はもっと複雑な原理をもとめる。この哲学は儚い想像力の活動には注目しない。なぜならばイメージが不安を映像化するはるか以前に、この哲学は存在のこころに不安をきざみつけたからだ。その哲学者たちは不安を手にいれ、そしてイメージのなかにその因果関係の表白しかみてとらない。かれらはほとんどイメージの存在をいきようとはおもわない。想像力の現象学がこの儚い存在をとらえる作業をひきうけなければならない。実際、現象学はイメージの儚さにおしえられるのである。ここで顕著なことは、形而上学的な相がイメージの水位そのものからうまれることである。空間性の諸概念は混乱を減少させ、ドラマに場所をあたえる必要のない、空間にたいして冷淡な法則を精神に恢復させることが可能であると一般にみなされているが、この空間性の概念を混乱させるイメージの水位から形而上学的な相がうまれでるのである。

わたくしのことをいうと、わたくしは詩人のイメージを小さな実験的な狂気、かすかな潜在的なハシッシュの酔いとして歓迎する。これがなければひとは想像力の王国にはいれない。そしてまたもしも誇張したイメージをさらにもう少し誇張し、この誇張を個人的なものにうつしかえなければ、どうしてこのイメージをうけいれることができようか。するとただちに現象学の利益があらわれる。**誇張**をさらにすすめることによって、実際われわれは簡約化の習慣をまぬがれる好機会にめぐまれるのだ。空間のイメージに関していえば、たしかにわれわれの領域では簡約化が容易にかつ一般的におこなわれる。比喩的ないい方であろうとなかろうと、話が空間におよぶと、複雑な事柄はみな抹殺し、外部と内部の対立から考察をはじめようとするひとにわれわれはいつでもであう。しかし簡約化が容易であるならば、誇張は現象学的にますます興味ぶかい。われわれのあつかう問題は、反省による簡約化と純粋想像力の対立を特徴づけるのにたいへん好都合とおもう。しかしながら古典的文芸批評よりもっと自由な精神分析学の解釈は、簡約化の図式の方向をめざしている。ただ現象学だけが原理的に、どんな簡約化にもさきだってまず、イメージの心理的存在を検査し実験する。簡約化と誇張の活力の弁証法は精神分析学と現象学の弁証法を明らかにすることができる。われわれにイメージの心的実証性をあたえるのはもちろん現象学である。したがってわれわれのおどろきを感嘆に変化させることにしよう。感嘆することからはじめよう。そのあとで批評や簡約化によってわれわれの失望を組織化する必要があるかどうかがわかるだろう。この力強い感嘆、直接的な感嘆を有効にもちいるには、積極的な誇張の衝動にしたがえばよい。そこでわたくしはアンリ・ミショーの文章をよみ、再読し、これを内部空間にたいする恐怖症とみとめる。いわば敵意をいだく遥かなかなたが、内密の空間を構成するどの小細胞のなかにおいても、暴虐な力をふるっているようだ。アンリ・ミショーは詩によってわれわれのなかに密室恐怖症と広場恐怖症を並列したのである。かれは内部と外部の境界をつきくずした。しかしこれによってかれは、心理学的観点からすれば、心理学者が内密の空間を支配するたよりにする、幾何学的直観という怠惰な確信を破壊してしまったのである。この内密に関して比喩的ないい方をしてみても、なに一つ監禁されるものはないのであって、たえず浮上する印象の深さは、たがいにくみあわせてはめこんでみても、しめすことはできない。「思想は生命をあたえられ、花冠となってあらわれた……[21]」という象徴詩人のこの単純な詩句のなかには、なんと美しい現象学の要約がみられることであろう。

したがって想像力の哲学は、詩人をあとづけてイメージの極限にまでおよばなければならないが、詩的飛躍の現象そのものである、この極限性をけっして簡約化してはならない。リルケはクラーラ・リルケにあてた手紙のなかでつぎのようにかいている[22]。「芸術作品はつねに危険に直面したところからうまれ、経験の果に達し、人間にはもはやすすむことのできぬところにまで達したところから、うまれるのです。遠くにすすめばすすむほど体験は個性的になり独自なものとなるのです」。しかしかくことの危険、表現する危険のほかにさらに「危険」をもとめにゆく必要があるのだろうか。詩人は言語を危険におとしいれはしまいか。かれは危険なことばをかたるのではないか。詩《ポエジー》は、内密のドラマのこだまとなったために、純粋な劇的な調性をえたのではないか。詩的イメージをいきること、真にいきること、それは微細な繊維の一つのなかに存在の混乱の意識である、存在の生成を認識することである。ここでは存在は一つのことばに動揺するほど敏感である。同じ手紙のなかでリルケはまた「この極限がいわば個人の狂気として作品のなかにはいってこなければなりません」と、かいている。

しかもイメージの誇張はひどく**自然**なので、ある詩人がどんなに独創的であっても、別の詩人に同一の衝動を発見することも稀ではない。たとえばジュール・シュペルヴィエルのあるイメージを、ミショーにおいて研究したイメージと比較することができる。シュペルヴィエルも、つぎのようにかくとき、密室恐怖症と広場恐怖症を並列する。[223]

「過度の空間は空間が不足したときよりも激しくわれわれを窒息させる」。

シュペルヴィエルはまた（『重力』p. 21）「外部の眩暈」をしっている。別のところでは「内部の無限性」についてかたっている。そして内部と外部の二空間が眩暈を交換する。

クリスチャン・セネシャルがすぐれたシュペルヴィエル論において正しく指摘したことであるが、シュペルヴィエルの別の文章においては、**牢獄は外部にある**。南アメリカの草原で果しもなく馬をはしらせたあとで、ジュール・シュペルヴィエルはかいている。「あまりにも馬をはしらせすぎたために、あまりにも自由なために、また絶望的なまでに疾駆しても地平線がいつになってもかわらぬために、ぼくにはこの草原が他の牢獄よりもはるかに大きな牢獄の相貌をみせてきた」と。

IV

もしわれわれが詩によって、言語活動に自由な表現分野を恢復させるばあいには、化石化した暗喩の使用を監視しなければならない。たとえば開いたものと閉じたものが暗喩としてはたらきはじめるときには、われわれはこの暗喩をもっと硬化させなければならないのか、それとも柔軟にすべきなのか。われわれは論理学者のいい方をまねて、戸は開いているか閉じているかしなければならない、とうけうりすべきなのだろうか。またこの格言のなかに人間の情念を分析する真に有効な手段をみいだすだろうか。とにかくこうした分析の道具は、いついかなるばあいにも、鋭利にしておかなければならない。一切の暗喩にふたたび表層の存在をあたえ、暗喩を習慣的な表現から救出して、これに表現の直接性をあたえなければならない。自己を表現するときに、「根源をさぐる」ことは危険だ。

詩的想像力の現象学は、われわれに、人間存在を**ある表面**の存在、自己の領域と他者の領域をわかつ表面の存在として探究させてくれる。この敏感な表面の圏内では、存在するまえにかたらなければならない、ということをわすれてはならない。他者にむかってではなくとも、すくなくとも自己にむかってかたるのだ。そしてたえず前進する。この方向では、ことばの世界が存在のすべての現象、新しい現象を支配し、そして通暁しているのである。詩の言語から、新しい波が存在の表面をはしる。そしてその言語は開いたものと閉じたものの弁証法をになっている。その言語は**意味**によってとじ、詩的表現によってひらくのである。

たとえば人間の存在を曖昧な存在として規定するように、過激な公式によって研究を要約することは、わたくしの研究の性格とは相いれないことであろう。わたくしにできることは細部の哲学をきわめることだけなのである。すると、存在の表面においては、すなわち存在が出現することを**のぞみ**、またかくれひそむことを**のぞむ**この領域においては、開閉の運動はきわめて夥しく、しばしば逆転され、またひどくためらいがちにおこなわれるので、人間は半ば開いた存在である、という公式によって結論づけることができよう。

V

さてわれわれは戸という単純な見出しの下になんと数多くの夢想を分析しなければならぬことであろう。戸、それは半ば開いたものの全コスモスなのである。それはすくなくとも原初イメージであり、夢想の根源そのものである。そこには、欲望と誘惑、存在の奥底をひらこうとする誘惑と無口な存在をことごとく征服したいという欲望とが蓄積されている。戸は二つの型の夢想をはっきりと分類する、二つの強い可能性を図式化する。あるときは戸はしめられ、鍵をかけられ、錠をかけられている。あるときはこれは開いている、すなわち大きくいっぱいに開いている。

しかし想像力のもっと大きな感受のときがおとずれる。五月の夜、たいていの門がしまっているときに、細目に開いた戸がある。そっとおせばそれでよいのだ！　注油した蝶番はなめらかだ。そして運命がくっきりとうかびあがってくる。

そしてなんと多くの戸が躊躇の戸であったことか！『帰りの歌』において繊細敏感な詩人ジャン・ペルランは、

戸はぼくを感じ　ためらう

と、かいた(224)。

このたったの一行において、霊魂《プシシスム》の数かずの現象が一つの対象にうつしかえられる。そのため客観性を重視する読者はここに単なる精神の戯れしかみないだろう。もしこのような資料がある遠い神話に由来するものであれば、われわれはこれをもっとうけいれやすいものとかんがえることであろう。だが詩人の詩句をなぜ自然の神話の小さな一要素とみなさないのか。戸はしきいの小さな神の具現だということをなぜ感じないのか。しきいを聖化するのに、遠い過去、われわれの過去ではない過去にまでさかのぼらなければならないのか。ポルフュリオスはみごとに「しきいは神聖である[225]」といった。学殖をたよりにこの種の聖化をひきあいにだしたりしないで、なぜわれわれは詩を通じてこの聖化に反響しないのか。なぜわれわれは、空想の色合をおびてもいようが、基本的価値と調和する現代詩によって、聖化に反応しないのか。

別の詩人はゼウスを念頭におかずに、自分のなかにしきいの尊厳を発見して、つぎのようにかくことができる。

しきいは父の家の
到着と出発の
軌跡である
ぼくはこう定義する自分をみる[226]

そしてさまざまな好奇心だけの戸、無のため、空虚のため、空想されたことすらない未知なるもののために存在を誘惑した戸！　ひらく、いや半ばひらくことすらゆるされなかった青髯の部屋を記憶にとどめていないひとがあるだろうか。あるいは——想像力の優位を信じる哲学にとってはまったく同じことであるが——開いていると、また半ばひらくことができる、と想像することすらゆるされなかった戸を。

ある事物、すなわち単なる戸が、躊躇、誘惑、欲望、安全、歓迎、敬意のイメージをあたえるとき、たましいの世界では一切がなんと具象的になることか！　もしもひとが自分がとじた戸、自分があけた戸、自分があけようとおもっている戸、これらのすべての戸についてものがたるならば、かれは自分の生をのこらずつげることになろう。

だが戸をあけるものとその戸をしめるものとは同じ存在なのであろうか。安全と自由の意識をあたえるこの身振りにとって到達できない存在の深さがあるだろうか。その身振りはこの「深さ」によって一般に象徴的になるのではないか。たとえばルネ・シャールはアルベルトゥス・マグヌス(227)のつぎの文章を自分の詩のモチーフとしてとりあげる。「ドイツに双生児がいた。そのひとりは戸を右手であけ、もうひとりは戸を左手でしめた」。詩人の筆でかかれたこのような伝説はもちろん単なる引用ではない。これは詩人をたすけて手近かな世界を鋭敏にし、日常世界の象徴を洗練する。この古い伝説が面目を一新する。詩人はこれをわがものとする。詩人は、戸のなかには二つの「存在」があり、戸はわれわれのなかに二方向の夢をめざまし、戸は二重に象徴的であるということをしっている。

そして戸はなににむかって、だれのためにひらくのか。人間の世界にむかってひらくのか、あるいは孤独の世界にむかってひらくのか。ラモン・ゴメス・デ・ラ・セルナは「野にむかってひらいた戸は世界の背後に自由をあたえるようだ[228]」と、かくことができた。

VI

ある表現のなかに *dans*（のなかに）という単語があらわれると、ひとはその**表現の現実性**を文字どおりにはとりあげない。比喩的なことばだとおもうものをひとは合理的なことばにうつしかえる。たとえば——資料を提出することにしよう——過去の家は自分の頭のなかにいきている、という詩人をあとづけることは、われわれには困難だし、くだらぬことにおもわれる。すぐにわれわれは詩人はただむかしの思い出が自分の記憶の**なかに**保存されていることをいいたいだけなのだ、といいかえる。内容と容器との関係を逆転しようとするイメージの誇張された性格は、まるでイメージの狂気とみなしうるものに直面させられたように、われわれをたじろがせる。もしも熱による自己幻視をあとづけることがあるならば、われわれはもっと寛容になるだろう。もしもわれわれがわれわれの体内をはしる熱の迷路をおい、「熱の家」と、えぐられた虫歯のなかにすむ痛みを探険することがあるならば、われわれは想像力が痛みの位置をさだめ、空想の解剖学を反復してつくりあげることをしるだろう。しかし本書においては精神病医からえられる夥しい資料をもちいない。わたくしは一切の器質的な因果関係をしりぞけ、因果論との断絶を強調したいとおもう。わたくしの問題は純粋想像力のイメージを考究すること、すなわち器質的な刺戟とは無関係な、自由にされ、自由にする想像力のイメージを考究することである。

この絶対詩学の資料が存在する。詩人は嵌込みの逆転をみてもしりごみしない。分別ある人間の顰蹙をかうことなどに頓着しないで、一般常識にさからって、詩人は次元の逆転と内部と外部のパースペクティヴの転換をいきるのだ。

イメージの異常性格は、そのイメージが人為的に製造されたことをかたるものではない。想像力はなによりも自然な能力である。たしかにわたくしが研究しようとおもうイメージは、たとえ**空想的な計画**であっても、計画の心理のなかにはその席をしめることができないだろう。計画はみな、現実の把握を想定するイメージと思想の一組織である。したがって純粋想像力の理論においては、これを顧慮する必要はない。ある一つのイメージを**持続することは**無益でさえあり、これを**存続させること**は無益である。われわれにとってはそれが存在することで十分なのだ。

したがって詩人たちがあたえる資料をもっとも単純な現象学の方法で研究することにしよう。

『狼たちはどこでのむ』のなかで、トリスタン・ツァラは、

ゆるやかな謙虚が部屋のなかに侵入し
ぼくのうちの休息の掌のなかにすむ

と、かく (p. 24)。

このようなイメージの夢幻性を利用するには、おそらくまず「休息の掌のなかに」はいらなければならない。つまり自己に集中し、「ひとがらくらくと手にいれる」慰楽である、休息の存在のなかに自己を凝縮しなければならない。すると沈黙した部屋のなかにある単純な謙虚の大きな泉がわれわれのなかへながれこむ。部屋の内密はわれわれの内密となる。そしてこれに応じて内密の空間はきわめて静かにきわめて単純になり、部屋の静寂はことごとくその空間に位置し、集中する。部屋は、深部においてはわれわれの部屋であり、部屋はわれわれのなかにある。われわれはもはやその部屋をみない。それはもうわれわれを**限局**しない。なぜならばわれわれはまさにその休息の奥底におり、部屋がわれわれにあたえた休息のなかにいるからだ。そしてむかしの部屋がみなやってきてこの部屋のなかにはまりこむ。すべてがなんと単純だ!

別の一節は合理的な精神にとってはさらに謎めいているが、イメージの地形分析《トポアナリーズ》的な反転を感じとれるものにとっては、同じく明晰である。この一節においてトリスタン・ツァラは、

太陽の市場が部屋のなかへはいりこみ
部屋はざわめく頭のなかへはいった

と、かく。

このイメージを受容し、イメージの声をきくには、ただひとりのひとがすわっている部屋にはいってくる太陽のこの奇妙なざわめきを体験しなければならない。なぜならば最初の光線が壁をたたくということは事実なのだから。この事実をこえて、太陽の光線の一つ一つが蜜蜂をはこんでくることをしっているものは、この音もききとることであろう。するとなにもかもがぶんぶんうなりだし、頭は巣箱、太陽の音の巣箱となる。

ツァラのイメージは一見してシュールレアリスムの色彩が異常に強かった。しかしさらにこの色彩をつよめ、さらにイメージの力を増大し、当然なことながら、批評、一切の批評の柵をのりこえれば、そのときわれわれはたしかに純粋なイメージの超現実的な活動領域にはいることになる。このイメージの極度の展開が、このように活潑で、しかも伝達可能であることが明らかになるならば、これはその出発点が正しかったことをしめしている。すなわち陽当りのよい部屋は夢想家の頭のなかでぶんぶんうなっているのだ。

心理学者は、わたくしの分析は、大胆な、あまりにも大胆な「連想」を詳述するにすぎないというかもしれない。精神分析学者はおそらくこの大胆さを「分析する」ことに同意するかもしれない——分析にはなれているから。両者ともイメージを「徴候」としてとりあげるばあいには、そのイメージの原因根拠を発見しようと努力することであろう。現象学者はこれとはちがった物の見方をする。もっと厳密にいえば、現象学者は、詩人が創造したありのままのすがたでイメージをみ、そしてこのイメージをわがものとし、この稀な果実をわが糧としようとつとめ、想像可能の極限までイメージをひろげる。かれ自身はけっして詩人ではないが、みずから創作行為を反復し、もし可能ならば、誇張をさらに延長しようとこころみる。そのときには連想は偶然にであって甘受するものなのではない。それはもとめられ、のぞまれたものなのである。それは詩的な、とくに詩的な構造である。それはひとが解放されたいとねがうあの有機体の重みや精神の重みから完全にまぬがれた昇華であり、要するに、序論においてわたくしが純粋昇華とよんだものに対応している。

もちろんこのようなイメージは毎日同じ仕方で体験されるわけではない。これは、霊魂《プシシク》的《マン》にみれば、けっして客観的なものではない。別の解釈が新しい生命をあたえることもある。このイメージを正しくむかえるには、ひとは超想像力の幸福なときにあることが必要なのである。

＊

ひとたび超想像力の恵みにふれると、外部世界がわれわれの存在の空洞に色彩ゆたかな虚の空間をあたえる、もっと単純なイメージに接してもこの恵みを体験する。ピエル＝ジャン・ジューヴはこのようなイメージによってかれの秘密存在を**構成する**。かれはこの存在を内密の細胞のなかにおく。

ぼく自身の細胞が　ぼくの秘密の
白塗りの壁をおどろきでみたすのだ
『結婚』p. 50

詩人がこのような夢をみている部屋は、おそらく白塗りではないだろう。しかしこの部屋、詩をかいている部屋はひどく静かだ、ほんとうに「孤独な」部屋の名にあたいするのだ。ひとは、「想像力のなかに」存在するイメージのなかにすむように、イメージの力によってこの部屋にすむ。『結婚』の詩人はいま**細胞のイメージ**のなかにすんでいる。このイメージは現実を転置しない。夢想するひとにその次元をたずねることは滑稽であろう。このイメージは、幾何学的直観にはさからうけれども、秘密存在の堅固な枠組となる。そこでは秘密存在は、頑丈な壁よりも、むしろ石灰乳の白によって保護されているのだと感じるのだ。秘密の細胞は白い。多数の夢を整理するには、たった一つの価値でことたりる。そして詩的イメージはつねにとくに強調された性質に支配されることになる。壁の白、それだけで夢想するひとの細胞を庇護する。それは幾何学全体よりも力強い。それは内密の細胞のなかに登記される。

この種のイメージは不安定である。もしわれわれが、作家がまったく内発的にわれわれにあたえてくれる本来の表現からはなれたならば、われわれはたちまちまたも平板な意味におちこみ、イメージの内密を凝縮するすべをしらない読書に退屈する危険をおかすことになる。たとえばつぎのブランショーの文章を、これがかかれたときの存在の調性を追体験してよむには、なんと強烈な自己への沈潜が必要なことであろう。「果もなく深い夜にしずみこんだこの部屋について、ぼくはしりつくしていた。ぼくはすでにこの部屋に侵入していた。ぼくはこの部屋をぼくの内部ににない、これに生命をあたえていた。それは生命一般ではない生命であり、生命一般より強く、世界のいかなる力も征服できぬ一つの生命である[229]」。ひとが侵入した部屋ではなくて、ひとが侵入したイメージ、作家が自分の内部ににない、かれが生命一般のなかには存在しない生命をさずける部屋の反復のなかに、あるいはより正確にいえば、反復拡大のなかに、慣れしたしんだ住まいをただ記述することは、この作家の意図ではないことを感じまいか、いや、みてとれないだろうか。記憶ならばこのイメージをうずめつくしてしまうことであろう。記憶はこのイメージにさまざまな時代の混沌とした思い出をつめこむことであろう。ここでは一切がもっと単純だ、さらに徹底的に単純だ。ブランショーの部屋は内密の空間の住まいであり、その内面の部屋である。われわれはおそらく普遍的イメージとよばなければならぬもの、すなわち、これにあずかることがこのイメージと普遍的観念とを混同させることをさまたげるイメージによって、作家のイメージにあずかることができるのだ。われわれはこの普遍的イメージをただちに特異なものにする。われわれはこのイメージのなかにすみ、ブランショーが自分のイメージに侵入したように、われわれはこのイメージに侵入する。ことばではたりない。観念でも十分ではない。われわれの休息の組織をいっそう十分に体験するには、作家がわれわれをたすけて空間を逆転させ、ひとが叙述したがるものからわれわれをとおざけなければならないのだ。

＊

内部と外部の弁証法が完全な力を獲得するのは、もっとも狭隘な内密の空間における集中によることが多い。リルケのつぎの文章を考察すれば、この柔軟性を感じとることができよう（『マルテ・ラウリツ・ブリッゲの手記』フランス訳、p. 106）。「するとおまえの内部にはほとんど空間がなくなる。おまえのなかのこの狭くるしい場所に不可能なまでに巨大なものがとどまれるのだとかんがえると、この考えがおまえの不安をほとんどしずめてさえくれる」。狭隘が内密な空間の静けさのなかにあるとおもうと、ひとは慰めをおぼえる。リルケは内密に——内部の空間において——一切の存在の尺度にしたがう、狭隘を把握する。そしてつぎの文章では弁証法が体験される。「しかし外では、外では果しなくひろがっている。その外で水位がたかまると、おまえのなかもみちてくる。いくぶんかはおまえのおもいどおりになる脈管のなかとか、あるいはおまえのやや落ちついた器官の粘液のなかではない。それは毛細管のなかでみちてゆくのだ。おまえの無数に分枝した存在の枝の端はしにまで管状にすいあげられて。それは毛細管のなかでたかまり、おまえをこえてたかまり、おまえの最後の逃げ場として、おまえがのがれているおまえの呼吸よりもさらに高くなる。ああ、このうえはどこへ、このうえはどこへのがれたらよいのか。おまえの心臓はおまえをおまえのなかからおいだし、おまえの心臓はおまえをおいかける。おまえはもうほとんどおまえのそとにたち、もはやもどれない。ふみつぶされた甲虫のように、おまえはおまえのからだからほとばしりでてしまい、おまえのとぼしい表面の硬さも適応力もなんの意味もないのだ。

おお、事物の存在しない夜よ。おお、外にひらく鈍い窓よ。おお、細心にしめきったドアよ。そのむかしからうけつがれ、確証され、しかもその意味をくまなく理解されたことのない設備よ。おお、階段にただよう静寂よ。隣室からもれる静寂よ。高い天井のあたりの静寂よ。おお、母よ、むかし子供のころにこの静寂をのこらずさまたげてくれたただひとりのひとよ」。

たしかにこの文章には動的な連続性があるので、わたくしはこのながい文章をそのまま引用した。内部と外部は幾何学的な対立関係にはない。あふれでるほどの分枝した内部のどこから存在の実体がながれでるのか。外部がよんでいるのか。外部は記憶のかげのなかにうずもれた昔日の内密ではないのか。階井はなんという沈黙のなかに共鳴することか。この沈黙のなかにかすかな足音がする。そのむかしのようにまた母が子供をみにやってくるのだ。かの女はこの混乱した非現実の物音に具象的な親しい意味をあたえる。果しない夜はもう空虚な空間ではない。深い恐怖におそわれたリルケの文章は平安をみいだす。しかしなんとながい回り道だ。これをイメージの実体そのままにいきるには、内密の空間と不確定の空間とのあいだの浸透にたちあわなければならないようだ。

＊

単純な空間の規定にかかわる事柄をみな二義的なものとする、価値の戯れが存在することをしめすために、わたくしはできるかぎり多種多様な文章をあげてみた。いまや外部と内部の対立は幾何学的な明証性によっては表現できない。

この章をむすぶにあたって、バルザックが、対立者としての空間にたいする対立意志を明示している文章を考察することにしよう。バルザックはのちにこの文章をあらためる必要を感じたという事実からも、この文章はたいへん興味ぶかい。『ルイ・ランベール』の初稿には、つぎのような文章がよまれる。「かれがこのように全力をあげると、かれはいわば自分の肉体の生命を意識しなくなった。そしてかれはただひたすら、かれがあいかわらず支配していた内部器官の全能のはたらきによって存在し、かれのおどろくべき表現によれば、**空間を自分のまえからしりぞかせた**のだった(230)」。決定稿では「かれは、かれの表現によれば、自分のうしろに空間をのこしたのだ」としかよまれない。

この二つの表現の運動にはなんと大きな差異があることであろう。一番目から二番目の文章にうつるにしたがって、空間に直面した存在の力にはなんという衰えがみられることか。バルザックにはなぜこのような修正が可能であったのか。かれは要するに「冷淡な空間」にもどったのだ。存在についての考察においては、ひとは一般に空間を括弧のなかにいれる、別のことばでいえば、空間を「自分のうしろ」におく。存在感の昂揚がうしなわれたことを指示するために、「感嘆」が脱落したことを指摘しておこう。第二の表現方法は、バルザックの見解によれば、もはや**おどろくべき**ものではない。なぜならば**空間をしりぞかせ**、空間を外においだし、一切の空間を外においだし、瞑想する存在を自由に思考させるあの力こそが真に驚嘆にあたいしたからである。

第十章　円の現象学

I

形而上学者が簡潔にかたるとき、直接的真理、証明されると力おとろえる真理に到達することができる。そのときには形而上学者を詩人にたとえ、一行の詩句で、われわれに内密の人間の真理をあかす、詩人のなかにいれることができる。たとえばヤスパースの浩瀚な書物『真理について』から《*Jedes Dasein scheint in sich rund*》(p. 50)(現存はみなそれぞれにまるくまとまっているようにみえる)という簡潔な判断を引用しよう。形而上学者のこの無証明の真理を例証するために、形而上学的思想とはまったく別の方向において表現された文章を二三あげることにしよう。

さてヴァン・ゴッホはなんの註釈もつけないで「人生はおそらく**まるく完全だ**」と、かいた。

そしてジョー・ブスケは、ヴァン・ゴッホの文章をよまないのに、「かれは人生は美しいということばをきかされた。いやちがう。人生はまるく完全なのだ[231]」と、かいた。

最後にわたくしはラ・フォンテーヌが「くるみはわたくしをまるくする」と、どこでいったか、その個所をしりたいとおもう。

わたくしには、出所がまったくことなる（ヤスパース、ヴァン・ゴッホ、ブスケ、ラ・フォンテーヌ）この四つの文章によって、現象学の問題が明瞭に提出されたようにおもえる。この問題を他の例をもってゆたかにし、他の所与をつみかさね、この「所与」に、外部世界の知識とは無関係な内密の所与の性格を保持させるよう留意しつつ、この問題を解決しなければならない。このような所与が外部世界からうけとることのできるものは**例解**にすぎない。この例解のあまりにも激しい色彩が**イメージの存在**に原初の光をうしなわせぬように注意しなければならない。ここでは単なる心理学者は活動をさしひかえるほかない。なぜならばかれは心理学研究の展望を逆転させなければならないからだ。このようなイメージを根拠づけるのは知覚ではない。単純率直な人間についてかれは *tout rond*（まったくまるい）というときのように、これを暗喩とみなすこともできない。この存在のまるいこと、ヤスパースがいうこの存在のまるいことは、もっとも純粋な現象学的考察においてのみ、その直接の真理としてあらわれるのである。

このようなイメージを任意の意識のなかにうつしかえることもできない。まずなによりもイメージをその出発点においてとらえなければならないのに、「理解」しようとするひとがある。またとくに自分には理解できないと執拗にいいはるひともある。かれらは、生はけっして球形ではない、と抗議することであろう。かれらは、内密の真理と名づけらるべきこの存在を、ひとがしごく無邪気に外界の思想家である幾何学者にひきわたしてしまうのをみておどろくことであろう。四方から異論が百出して、この論議はたちまちいきづまる。

けれどもわたくしがいま引用した表現はたしかに存在するのである。それは独自の意味をふくんでいるために、日常語のうえにうきだしている。それは語法の放肆からくるものでもなく、語法の過失からうまれたものでもない。それはひとをおどろかす意図からでたものでもない。それはたしかに異常ではあるが、それには原始性のしるしがある。それは一気にうまれ、たちまち完成する。そのためにこの表現は、わたくしの目には現象学の驚異なのである。それを判断し、愛し、わがものとするためには、われわれは現象学の態度をとらなければならない。

これらのイメージは世界をけしさり、過去をもたない。それはなんらの以前の経験からもうまれない。それは超心理的であることをわれわれは確信している。それはわれわれに孤独をおしえてくれる。一瞬われわれはこのイメージを自分ひとりのためにとりあげなければならない。もしもわれわれがそのイメージが突然うかびあがってくるときに把握するならば、われわれは他のなにものにも思いをはせず、この表現の存在のなかに完全に没入していることにきづく。この種の表現の催眠術的な力に身をまかせるならば、われわれは存在の円のなかに全身を没して、殻のなかでまるくなるくるみのように、生の円のなかでいきることになるのだ。哲学者、画家、詩人および寓話作家はわれわれに純粋現象学の資料をあたえてくれた。われわれの仕事は、これを利用して、存在がいかに中心へ集中するかをしることである。またこのさまざまなヴァリエーションをうみだすことによって、この資料を敏感にはたらかすことなのである。

II

これをおぎなう例を提出するにさきだって、ヤスパースの公式を一語だけ省略して、これをもっと現象学的に純粋にすることが適切かとおもう。したがって、*das Dasein ist rund*（現存は円だ）と、いいたい。円に**みえる**とつけくわえることは、存在と外観の二義性を保持することになるからである。ところがここでは円の存在をのべようとしているのである。実際、問題は凝視することでなくて、存在を直接にいきることなのだ。凝視は、凝視される存在と凝視する存在とにわける。当面の研究対象とする限定した領域内では、現象学は一切の媒介物と一切の附属的機能をとりのぞかなければならない。したがって最高の現象学的純粋を獲得するには、ヤスパースの公式から、存在論的価値をくもらせ、根本的な意味を錯綜させるものをみなとりのぞかなければならない。この条件の下で、「存在は円である」という公式が、われわれにとって、存在のあるイメージの原始性を認識させる手段となるのである。くりかえしていえば、完全な円がわれわれをたすけて自己に集中させ、原初組織をわれわれ自身にあたえさせ、われわれの存在を内密に、内面から確認させるのである。内部からいきられ、外在性をうしなった存在は、円であるほかないのだ。

ここでソクラテス以前の哲学をおもいおこし、パルメニデス[232]の存在とパルメニデスの「球」を参照することは有益なことであろう。もっと一般的にいって、哲学的教養は現象学の予備教育となりうるものか。そうとはみえない。哲学はわれわれをあまりにも厳密に秩序づけられた観念にみちびくので、現象学者がするように、たえず細部にわたってくりかえし出発の状況に身をおくことができなくなる。もしも観念連鎖の現象学が可能ならば、それは基本的な現象学であるはずはないということを認識しなければならない。想像力の現象学からわれわれは基本要素の利益をうけるのだ。手をくわえられたイメージはその原初の力をうしなう。したがってパルメニデスの「球」はあまりにも大きな運命を体験したために、そのイメージは原始性をうしない、存在のイメージの原始性の研究にふさわしい手段ではなくなってしまった。パルメニデスの存在のイメージを、球の幾何学的存在の完成によってゆたかにしたい、という誘惑にさからうのはむつかしいことだ。

けれどもわれわれはあるイメージを幾何学的完成のうちに結晶させようとおもうのに、なぜそのイメージをゆたかにするというのであろうか。球にあたえられる完成の価値はまったくことばにすぎない例をさまざまあげることができよう。ここに一例があるが、これは一切のイメージの価値を明らかにみのがしている反対例となろう。アルフレド・ド・ヴィニーのひとりの人物、若い弁護士は、教養をふかめるために、デカルトの『瞑想』をよむ。「かれはなんどか傍において地球儀をとりあげ、ながいことこれを指でまわしては、科学についての深いふかい夢想にしずむのだった」[233]と、ヴィニーはいう。いったいどんな夢想なのだろうか。作者はかたらない。もしも読者がながいこと指で球をまわせば、デカルトの『瞑想』の読書がたすけられるとでもかれは想像しているのであろうか。科学思想は別の地平で発展したのであって、デカルトの哲学は、たとえ地球儀であろうと、ある対象に即してまなばれるものではない。アルフレド・ド・ヴィニーの筆でかかれた深いという単語は、多くの例にもれず、深さの否定である。

しかも幾何学者が容積についてかたるばあいには、その容積をかぎる表面しかあつかっていないことは明らかである。幾何学者の球は空虚な、本質的に空虚な球である。これはわれわれの完全な円についての現象学的研究をみごとに象徴するものとはなりえない。

III

この予備的な考察は、たしかに暗黙の哲学をはらんでいる。しかしながらわたくしは簡単ながらこれにふれなければならないと感じた。なぜならば、この考察はわたくし個人にとって有用であったし、また現象学者はすべてについてあますところなくかたらなければならないからである。これはわたくしをたすけて「非哲学化」し、教養の誘惑からのがれさせ、科学思想の長期にわたる哲学的検討によってえた確信をわきにおしやらせてくれた。哲学はわれわれをあまりにも急激に成熟させ、成熟の段階で結晶させてしまう。そのときには、自己を「非哲学化」しないでどうして新しいイメージ、つねに存在の若さの現象であるイメージから存在がうける、あの身震いを体験することを希望できようか。われわれが空想する年にあるときには、われわれはいかに、またなぜ空想するのか、かたれない。いかに空想するかをかたれるときには、もうわれわれは空想しない。したがって非成熟化することが必要なのだ。

しかしながらわたくしは、たまたま、新語使用の発作にみまわれているから、完全な円のイメージの現象学的検証の前提として、他の多くのばあいと同じく、ここでも自分を「非精神分析学化」する必要を感じたことをいっておこう。

実際、五年または十年まえのことであったならば、いかなる円のイメージ、とくに完全な円のイメージの心理的研究においても、わたくしは精神分析学的な説明にかかずらい、容易に厖大な資料をかきあつめることもできたろう。なぜならば円はみな愛撫をまねくからだ。この種の精神分析学的説明はたしかに広範囲にわたって有効である。だがこれはあますところなくかたりつくすものだろうか、そしてなによりもこれは存在論的規定の線上にあるものなのだろうか。存在は円である、ということによって、形而上学者は同時に一切の心理学的規定をわきにおしやってしまう。かれはわれわれを夢と思想の過去から解放する。かれはわれわれを存在の現実にまねきよせる。表現の存在そのものの内部にとじこめられたこの現実にたいして、精神分析学者はなんの興味ももちえない。かれはこのような表現がきわめてめずらしいという事実から、これは人間的に無意味だと判断する。ところが現象学者の注意をよびさまし、かれに形而上学者や詩人によって指示された存在の展望を新しい目でながめることをうながすのは、このめずらしさなのである。

IV

一切の現実的、心理的あるいは精神分析学的な意味のそとにあるイメージの例を一つあげることにしよう。

ミシュレはたしかにイメージの絶対性に即して、突然「鳥はほとんど完全な球形である」という。この「ほとんど」ということばは、この公式の力を不必要に抑制し、形態について批判する見地にたいする譲歩を意味するが、このことばをとりのぞけば、われわれは「円の存在」というヤスパースの原理に明らかに参与することになる。ミシュレにとって鳥は完全な円であり、それは円の生である。ミシュレの註釈は、わずか数行で、鳥に存在の雛型としての意味をあたえる。「ほとんど完全な球形の鳥は、たしかに、活潑な集中の神々しい崇高な頂点である。これ以上高度の統一をみることはできぬし、想像することすらもできない。極度の集中、それは鳥のそれぞれの大きな力となるが、しかしその過激な個性とその孤独とその社会的な弱点をふくんでいる(234)」。

この数行の文章も、なんの脈絡もなくこの書のなかにあらわれる。この著者自身も「集中」のイメージにしたがって、生の「根源」を認識する瞑想の水位に達したことが感じられる。もちろんかれは叙述についての配慮をわすれはてている。鳥はここでは大空を飛翔する姿で考察されており、したがって本来ならばこの運動の想像力と矢の比喩が一致するはずであるから、ここでも幾何学者はますますおどろくことであろう。だがミシュレは鳥の存在を宇宙的状況においてとらえ、生きた球のなかにとじこめられて、四方からまもられた生の集中として、したがって統一の極限においてとらえた。形状、色彩、運動からうまれた他のイメージはみな、絶対の鳥、円の生の存在とよばなければならないものとくらべたならば相対的なものとなってしまう。

ミシュレの文章にあらわれた存在のイメージは——これはたしかに存在のイメージだ——異常である。そしてこの理由で、このイメージは無意味だとみなされることであろう。

文芸批評家も精神分析学者と同じく、これになんらの意味もあたえない。しかしながらこのイメージはかかれ、そして偉大な書物のなかに存在しているのだ。宇宙性の中心をたずねる宇宙的想像力の哲学が存在するならば、このイメージは関心をひき、意味をもつことになろう。

簡潔にその核心を把握された、この円の指摘は、ただそれだけでもなんと完全なことか。これを喚起する詩人たちは、たがいにしりあうこともなく、たがいにこたえあうのだ。リルケはおそらくミシュレの文章を念頭にはおかなかったことであろうが、こうかいている。(235)

……………
それにもかかわらず　まるい鳥の叫び声は
それをうんだ　この瞬間に
枯れた森の空のように　ひろびろとやすらう
一切のものが　従順に　この叫び声のなかにすべりこみ
風景全体が　音もなく　そのなかに身をよこたえているようだ

このイメージの宇宙性をうけいれられるものにとっては、リルケの詩にあらわれた鳥の本質的な中心イメージは、ミシュレの文章のイメージと同一のイメージであることがわかる。これはただ別の音域で表現されたものにすぎない。円の存在のまるい叫び声は空を円屋根にかえる。そしてまるくなった風景のなかに、一切が休息しているようにみえる。円の存在はその円を伝播させ、一切の円の静けさを伝播させる。

＊

またことばの夢想家にとっては、*rond*（まるい）という単語のなかにはなんという静けさがあることであろう。それはなんとおだやかに口と両唇と気息の存在をまるくすることか。なぜならばこの事実もまた、語の詩的実質を信じる哲学者によってかたられなければならないからである。また一切の「現存」とは手をきって、*Das Dasein ist rund* ということばで形而上学の講義をはじめることは、教授にとってなんというよろこび、なんという音のたのしみであろうか。そしてこの独断的な雷鳴のとどろきが、熱狂した学生たちのあいだで、しずまるのをまつことはなんというよろこびだ。

だがもっとつつましい円、もっと容易に触知できる円にもどることにしよう。

V

ときにわれわれの最初の夢をみちびき、そっとかくす形態が実際に存在する。ある画家にとっては、木は円で構成される。しかし詩人はもっと高い次元でこの夢をふたたびとりあげる。詩人は、孤立したものはまるくなり、自己に集中する存在の姿をとることをしっている。リルケの『フランス語詩集』においては、このようにいき、自己を主張するのは、くるみの木である。ここでも世界のまんなかの一本の木を中心にして、宇宙詩の規則にしたがって、空の円屋根がまるくなる。百六十九ページにつぎの詩がよめる。

いつも自分をとりまくものの
中心にある樹木
空の宏大な穹窿を
あじわう樹木

もちろん詩人の目にあるものは平原の一本の樹木にほかならない。天と地を一つにあわせて、全宇宙をわがものとしようとした伝説のとねりこの木を詩人は夢みていない。しかし円の存在についての想像力はその法則にしたがう。詩人のいうように、くるみの木は「ほこらしげにまるく」なっているから、その木は「空の宏大な穹窿」をあじわうことができるのだ。世界は円の存在をとりかこんでまるくなっている。

そして詩は行をおうにつれて、その存在を拡大し、たかめてゆく。樹木はいき、思考し、神にむかって手をさしのべる。

いつの日か　かれに神がすがたをあらわすことであろう
そしてたしかに
かれはその存在をまるく完成し
成熟した両腕を神にむかってさしのべる

おそらくは
内部で思考する樹木
みずからを支配し
風の気まぐれな危険を
のがれるかたちを
ゆっくりと　みずからにあたえる樹木！

円のなかに定着し、同時にそのなかで発展する存在の現象学にとって、これほどみごとな資料をまたとみいだせようか。リルケの木は、緑の球となって、形状の偶然や可動性の気まぐれな事件にたいしてかちえられた円を伝播する。ここでは生成は無数の形状、無数の葉をもつが、存在はいかなる拡散をもこうむらない。もしわたくしが存在の一切のイメージ、すなわち多様な変化するイメージではあるが、それにもかかわらずまた存在の恒常性をうつしだす一切のイメージを、宏大な統一イメージとしてまとめあげられたならば、リルケの木はわたくしの具象形而上学のアルバムの大きな一章の冒頭をかざることになろう。

註（原註＊訳註）

（1）（訳註）霊魂 psychisme はバシュラールの著作における基本的な用語であり、心的現象、精神現象の総体をさすものである。たましい、という訳語をあてることもかんがえたが、âme と区別するために、こころみに霊魂と訳してみた。なお『蠟燭の焰』の訳者、渋沢孝輔氏は「心霊」と訳されていることを附記しておく。

（2）ウジェヌ・ミンコフスキー『一つの宇宙論にむかって』第九章、参照。

（訳註）ウジェヌ・ミンコフスキー Eugène Minkowski（一八八五—一九七二）フランスの精神病理学者。

ベルクソンの生の哲学とフッサールの現象学にたいして深い共感をいだいたミンコフスキーは、一九二二年『分裂病性メランコリーの一症例における心理学的研究と現象学的分析』によって精神病理学へ現象学的方法を導入し、現象学的精神病理学の方法を提唱した。精神分裂病者においては、人格の生成発展が停止し、分裂病者は「いきられる時間」を喪失し、静的な、力動性をかいた空間のなかにいきる。ミンコフスキーは分裂病を、「いきられる時間」の喪失と空間化という構造から解明し、現象の本質を透視しようとするのである。『精神分裂病』『いきられる時間』『一つの宇宙論へむかって』は、精神病理学の分野ばかりでなく、文学研究のうえにも大きな影響をあたえている。

ミンコフスキーは反響を泉や角笛の比喩をもちいて説明する。井戸のかめが密閉されたときには、わきでる井戸の水の波はかめの内側の面にこだましながら、かめを響きでみたす。また角笛はいたるところで反響し、どんな小さな葉や苔も振動させ、森全体を音の世界にかえてしまう。生もまた、このような波によって、存在のもっとも深い深部まで反響し、生の響性が決定される。しかしこの波は感覚的なものではなく、生命を生きいきと活動させる力動性である。

(3) シャルル・ノディエ『フランス擬音語辞典』パリ、一八二八年、四十六ページ。「ほとんどどの民族においても、たましいをあらわすさまざまな名詞は、気息の変形か、あるいは呼吸の擬音語である」。

(訳註) ノディエ Charles Nodier (一七八〇—一八四八) フランスのロマン派の詩人、小説家。

(4) **(訳註)** 夢想 rêverie は夢 rêve の派生語であるが、バシュラールは、このような語源的な見方から基礎概念を規定することをいましめる。心理学者にとっては、夢想は混沌とした夢、無構造な夢、歴史をかく夢、謎のない夢にほかならず、昼の明るさのなかにわすれさられる夢の名残りににたものである。また夢想するひとのたましいのなかで夢をうむ物質が凝縮すれば、夢想はたちまち夢にかわる。夢想はいわば夢へおちる一つの段階にすぎないのだ。夢想は半睡の状態におちいり、夢想するひとはねむりこむ。バシュラールは、こうした眠りにおちた無意識の存在は衰弱するばかりではないかとかんがえる。バシュラールのいう夢想はこうした惨めな夢想ではない。夢から派生するものでもなく、夢の現象の秩序のなかへ位置づけられるものでもなく、きわめて自然な心的現象なのである。計画や関心などと同じく、夢もまたアニムスに属するものだというならば、夢想は女性的要素であるアニマに属する。純粋な夢想はアニマの一つのあらわれであり、またわれわれの休息のプシシスムの表明でもある。

(5) ピエル＝ジャン・ジューヴ『鏡にうつして』メルキュール・ド・フランス版、十一ページ。

(訳註) ジューヴ Pierre-Jean Jouve（一八八七—一九七六）フランスの詩人。フロイトの精神分析学に深くひかれ、エロスと死にゆりうごかされた人間存在を凝視する詩人である。多くの詩集のうち、『血の汗』（一九三三年）はもっとも重要な詩集の一つである。

(6) **(訳註)** 優越サンプレックス un simplexe de supériorité コンプレックス complexe ということばには本来複雑なものという意味があるので、単純な優越感を揶揄するような気持で complexe をもじって simplexe という単語をもちいたわけである。フランス語の simple（ラテン語 simplex）は「単純な」という意味をもつ。

(7) **(訳註)** ジャン＝ピエル・リシャール Jean-Pierre Richard（一九二二年生）フランスの批評家。バシュラールによってひらかれた文学研究の方向を発展させ、ジョルジュ・プーレやロラン・バルトとならぶ新批評のひとりである。著書には『文学と感覚』『詩と深み』『マラルメの想像の世界』『十一の現代詩論』などがある。

(8) ジャン・パウル『巨人』フィラレト＝シャール訳、一八七八年、第一巻、二十二ページ。

(訳註) ジャン・パウル Jean Paul（一七六三—一八二五）ドイツの小説家。

(9) ベルクソン『精神のエネルギー』二十三ページ。

(10) **(訳註)** 検閲とは精神分析学上の用語である。イドから生じた本能的な欲求を超自我によって修正することをさしている。これは無意識的におこなわれるものである。

(11) J＝B・ポンタリス「ミシェル・レーリス、あるいは果しない精神分析学」『レ・タン・モデルヌ』一九五五年十二月号。九百三十一ページ。

(12) J・H・ヴァン・デン・ベルフ『心理学における現象学的アプローチ、最近の現象学的精神病理学への序論』チャールズ＝C・トーマス版、スプリングフィールド、イリノイ、アメリカ、一九五五年、六十一ページ。

(13) **(訳註)** 昇華は精神分析学上の用語の一つとしてもちいられている。そのばあい、昇華とは、性的事象にむけられていたリビドーが、七、八歳の性的潜伏期にはいると、社会化される、つまり社会生活に必要な行動に置換される事実をさしている。しかしバシュラールのばあいは、より一般的な意味でもちいられている。昇華は本来化学上の用語であり、固体が液体の状態をへずに、直接気体にかわる現象をさしている。バシュラールはこの本来の意味を尊重しているといえよう。

(14) ピエル＝ジャン・ジューヴ『鏡にうつして』メルキュール・ド・フランス版、百九ページ。アンドレ・シェディも、「詩はいつまでも自由だ。われわれはその運命をけっしてわれわれの運命のなかに監禁することはできない」と、かいている。詩人は「自分の気息が自分の願いよりもはるかかなたに自分をみちびく」(『大地と詩』G・L・M版、第十四章、第二十五章)ことをしっているのだ。

(15) ピエル＝ジャン・ジューヴ、前掲書、九ページ、「詩は稀だ」。

(16) C・G・ユング「文学作品にたいする分析心理学の関係について」『分析心理学論文集』所収、ル・レー訳、ストック版、百二十ページ。

(訳註)『現代のたましいの諸問題』チューリヒ、一九三一年所収、四十六ページ。

(17) ジャン・レスキュール『ラピック』ガラニ版、七十八ページ。

(訳註) ジャン・レスキュール Jean Lescure(一九一二年生)フランスの詩人。

(18) マルセル・プルースト『失われた時をもとめて』第五巻「ソドムとゴモラ」II、二百十ページ。
(19) ジャン・パウル『美学入門』フランス訳、一八六二年、第一巻、百四十五ページ。
(20) C・G・ユング『分析心理学論文集』フランス訳、ストック版、八十六ページ。この一節は「たましいの大地的条件」と題する論文からとった。
(訳註)『現代のたましいの諸問題』所収の「たましいと大地」をさす。
(21)『大地と意志の夢想』コルティ版、三百七十八ページ以下参照。
(22) 治療上の機能から、なによりもまず固着剥離の過程を記録する、精神分析学のそとにおいては、「固着」にその健全な力をあたえてはいけないものだろうか。
(23) リルケ。クロード・ヴィジェ訳、『レ・レットル』誌第四巻、第十四、十五、十六号、十一ページ。
(訳註)『全集』第二巻、九十二ページ。
(24) 夢と夢想との違いについてはつぎの著作において研究するつもりである。
(訳註) これは『夢想の詩学』をさしている。夢と夢想の違いについては註(4)を参照されたい。
(25) カナーンの領地を叙述しなければならなかったサント＝ブーヴは、つぎのようにつけくわえている(『愛欲』三十ページ)。
「このように詳述することは申訳ないことだが、これは、友よ、この土地をまだみたことがないか、たとえおとずれたことがあるとしても、いまはもうわたくしの印象やわたくしの色彩を感じられぬきみのためではないのだ。これをたよりに想像しようとつとめてはいけないのだ。きみのなかの映像を不明瞭にしたまえ。さっととおりすぎたまえ。ごく些細な観念ですら十分なのだ」と。

(26) （訳註）サント＝ブーヴ Charles Augustin de Sainte-Beuve（一八〇四―六九）フランスの批評家、詩人、小説家。とくに近代批評の確立に大きな役割をはたした。唯一の小説『愛欲』では道徳にたいする病理学的な研究をおこなっている。

(27) 『大地と休息の夢想』九十八ページ。

(28) （訳註）鉛直性については、すでに『空気と夢』第一章、第四章に詳述されており、また『蠟燭の焰』第三章は焰の鉛直性にささげられている。

(29) この第二の部分については、本書八十二ページをみよ。

(30) エドガー・アラン・ポー『黒猫』参照。

(31) （訳註）『アモンティラドの樽』はポーの短篇の一つである。

(32) （訳註）アンリ・ボスコ Henri Bosco（一八八八―一九七六）フランスの小説家。アヴィニョン生れのボスコは好んでプロヴァンスや地中海の世界をえがき、自然の中心に霊をもとめ、神的なものとの交渉をもとめる。バシュラールの愛する作家で『蠟燭の焰』はボスコにささげられている。

(32) アンリ・ボスコ『骨董商』百五十四ページ。

(33) 物質的想像力についての研究『水と夢』において、濃密で堅い水、重い水にであった。それはエドガー・アラン・ポーの水であった。第二章参照。

(34) 『大地と休息の夢想』百五―百六ページ参照。

(35) ジョー・ブスケ『むかしの雪』百ページ。

(36) ポール・クローデル『のぼる陽のなかの黒い鳥』百四十四ページ。

(37) マクス・ピカール『神からの逃亡』フランス訳、百二十一ページ。

（訳註）マクス・ピカール（一八八八—一九六五）スイスの思想家。ラファーターの観相学を基礎にして、今日の文化にたいする透徹した批評をおこない、人間像を解釈する。

(38) わたくしはこのページを、バルザックの作品『結婚生活の不幸』（フォルム・エ・ルフレ版、一九五二年、第十二巻、千三百二ページ）のなかで「きみの家が四肢をふるわせ、竜骨がゆれうごくときには、自分を、西風にゆられる水夫のように、感じるがいい」という文章をよんだときに、かいた。

(39) イヴォンヌ・カルーチュ『眠れる夜警』ドブレス版、三十ページ。

(40) ピエル・クルティオン『自己と友人たちのかたるクールベ』第一巻、カイエ版、一九四八年、二百七十八ページ。ヴァランタン将軍はクールベに大洋のパリをえがくことをゆるさない。かれはクールベに、「たのしませるために、監禁しているのではない」旨をつたえさせる。

(41) アンリ・バシュラン『召使』第六版、メルキュール・ド・フランス。忘れられた小説家の生涯と作品についてかたったルネ・デュメニルのすぐれた序文がつけられている。

(42) ヘンリ・デーヴィド・ソロー『森の哲人』フランス訳、五十ページ。

（訳註）ヘンリ・デーヴィド・ソロー Henry David Thoreau（一八一七—六二）アメリカのエッセイスト。ウォルデン湖のほとりでの自然のなかの生活を記録した『ウォルデン』（一八五四）で著名であるが、ほかに厖大な日記をのこしている。フランス訳『森の哲人』は、未見のため内容は明らかでないが、百二十七ページの引用が日記からのものであることからみて、ソローの日記の翻訳とかんがえられる。

(43) ランボー『全集』グラン・シェーヌ版、ローザンヌ、三百二十一ページ。

(44) クリスチャヌ・バリュコア『アンテ』カイエ・ド・ロシュフォール、五ページ。

(45) エレヌ・モランジュ『しゃぐまゆりとつるにちにちそう』セゲルス版、二十九ページ。

(46) エーリヒ・ノイマン『エラノス・ヤールブーフ』一九五五年、四十―四十一ページ所収。

(47) リルケ『書簡集』ストック版、一九三四年、十五ページ。

(訳註) これはヴォルプスヴェーデの日記である。ふたりのつれはクララ・ヴェストホフとパウラ・モーダーゾーン。バシュラールが引用するリルケは、かなり自由なフランス訳によっている。したがってリルケを利用しながら、バシュラールの立論は、実際のリルケからかなりはなれていることがある。拙訳はなるべくドイツ語の原文にちかづけようとこころみたが、ばあいによっては、バシュラールの引用にしたがって翻訳し、バシュラールの論考のあとをしめすことにした。

(48) リヒャルト・フォン・シャウカル『ドイツ詩選』ストック版、II、百二十五ページ。

(49) 目をたのしませるこの単語も、もしも英語流に発音したならば、フランス語の文章ではなんと不調和なことか!

(50) アンリ・ボスコはこの種の夢想の型をつぎの「隠れ場所がたしかなら、嵐はよいものだ」という短い文句でいいあらわしている。

(51) アンリ・バシュラン『召使』百二ページ。

(52) リルケ『女流音楽家への手紙』フランス訳、百十二ページ。

(53) アンリ・ボスコ『マリクロア』百五ページ、および以下。

(54) **(訳註)** ミロシュ Oscar Vladisalas de Lubicz-Milosz（一八七七―一九三九）リトアニアにうまれ、フランスの詩人となる。神秘的な傾向をしめす。

(55) C・G・ユング『たましいとその象徴の変態』（イヴ・ル・レー訳）の新版につけられた詳細な

索引のなかに家という単語があらわれないということは、実際注目にあたいする。
(56) ジャン・ヴァール『詩集』二十三ページ。
(57) アンドレ・ラフォン『詩 家の夢』九十一ページ。
(58) アニー・デュティユ『絶対をすなどるひと』セゲルス版、二十ページ。
(59) ヴァンサン・モンテーロ『ガラスにかく詩』十五ページ。
(60) ジョルジュ・スピリダキ『透明な死』セゲルス版、三十五ページ。
(61) ルネ・カゼル『大地と離陸』G・L・M版、一九五三年、二十三ページ、および三十六ページ。
(62) エーリヒ・ノイマン「現代にたいする大地原型の意味」前掲誌、十二ページ。
(63) クロード・アルトマン『ノクチュルヌ』ラ・ガレール版。
(64) ジャン・ラロシュ『夏の記憶』カイエ・ド・ロシュフォール版、九ページ。
(65) ルネ・シャール『怒りと神秘』四十一ページ。
(66) ルイ・ギヨーム『海のごとく黒く』レ・レットル版、六十ページ。
(67) ジャン・ブルデェイエト『手のなかの星』セゲルス版、四十八ページ。
(68) 同前、二十八ページ。また(六十四ページ)失われた家の喚起を参照。
(69) リルケ『果樹園』四十一。
(70) アンドレ・ド・リショー『避難の権利』セゲルス版、二十六ページ。
(71) リルケ『マルテ・ラウリツ・ブリッゲの手記』フランス訳、三十三ページ。
(72) ウイリアム・ゴウイェン『呼気の家』コアンドロー訳、六十七ページ。
(訳註) ウイリアム・ゴウイェン William Goyen(一九一五―八三)アメリカの小説家。『呼気の

家』（一九五〇）は、作者の生れ故郷であるテキサスのある町における、少年についての抒情的な小説である。

(73) ピエル・セゲルス『公共物』七十ページ。一九四八年に引用した文章をさらに先におしすすめよう。なぜならば読者としてのわたしの想像力は、ウイリアム・ゴウイェンの書物からえた夢想によって勇気づけられたからだ。

(74) **（訳註）** カンプノン François Vincent Campenon（一七七二―一八四三）フランスの詩人。デュシスについての興味ある『回想録』をのこす。デュシス Jean François Ducis（一七三三―一八一六）フランスの劇作家。シェイクスピア劇の翻案者。

(75) ヘンリ・デーヴィド・ソロー『森の哲人』R・ミショー、S・ダヴィド共訳、六十、および八十ページ。

(76) テオフィル・ブリアン『サン゠ポル・ルー』セゲルス版、四十二ページ。

(77) サン゠ポル・ルー『内面の夢幻劇』三百六十一ページ。

(78) 『持続の弁証法』P・U・F版、百二十九ページ参照。

(79) アンドレ・サグリオ『著名人の家』パリ、一八九三年、八十二ページ。

(80) ジュール・シュペルヴィエル『未知の友』九十三ページ、九十六ページ。

(81) アンリ・ボスコ『ヒアシンスの庭』百九十二ページ。

(82) アンリ・ボスコ『ヒアシンスの庭』百七十三ページ。

(83) 『火の精神分析』参照。

(84) ベンヴェヌータ『リルケとベンヴェヌータ』フランス訳、三十ページ。
(85) **(訳註)** フランソワーズ・ミンコフスカ Françoise Minkowska ウジェヌ・ミンコフスキー夫人。
癲癇気質の研究やゴッホの病跡学的研究で著名である。
(86) 『ヴァン・ゴッホとスーラから児童画まで』ミュゼー・ペダゴジックにおける展覧会（一九四九年）のF・ミンコフスカ博士註解によるカタログ。バリフ夫人論文、百三十七ページ。
(87) **(訳註)** ロールシャハ（一八八四―一九二二）がはじめた、人格診断検査をロールシャハ検査とよび、これは投影法（投射法）の検査の一つである。精神病診断の補助手段としてもちいられたが、今日では、人格構造を力動的に分析解釈する方法としてもちいられている。
(88) 『物質と記憶』第二章、第三章参照。
(89) 『応用合理主義』「相互概念」の章参照。
(90) アンリ・ボスコ『田舎のカル＝ブノア氏』九十ページ。
(91) 同前、百二十六ページ参照。
(92) コレット・ヴァルツ『ひとのためのことば』二十六ページ。
(93) ミロシュ『恋の手ほどき』二百十七ページ。
(94) ベガンの引用による。『イヴ』四十九ページ。
(95) ランボー「孤児のお年玉」。
(96) アンドレ・ブルトン『白髪の拳銃』百十ページ。もうひとりの詩人はつぎのようにかいている。
戸棚の死んだ下着のなかに
ぼくは超自然をもとめる

(97) アンヌ・ド・トゥルヴィル『ジャバダオ』五十一ページ。(ジョゼフ・ルファンジュ『こころの奢侈と哀傷』ルージュリー版)

(98) クロード・ヴィジェ、前掲書、百六十一ページ。(ただし書名不明〔訳者〕)

(99) ドニーズ・ポーム『黒アフリカの彫刻』P・U・F、『レエイ・デュ・コネスール』叢書、一九五六年、十二ページ。

(100) フランツ・エランス『生けるまぼろし』百二十六ページ。『小散文詩』三十二ページにおいて、ボードレールは「箱のように閉じたエゴイスト」についてかたっている。

(訳註) フランツ・エランス Franz Hellens フランス語によるベルギーの作家。現実のなかに空想的、あるいは神秘的な意味をもとめる。

(101) クレール・ゴル『リルケと女性』七十ページ。

(102) マラルメはオーバネルにあててつぎのようにかいている。「人間はみな内部に秘密をいだいているのですが、多くのものはこの秘密を発見しないで世をさります。そしてしんでしまっては、これを永久に発見することはないでしょう。秘密もそのひとびとも存在しないのです。わたくしは一度しに、わたくしの最後の霊の小箱の宝石でかざった鍵をもってよみがえったのです。いまわたくしのなすべきことは、一切の借りものの印象を遠ざけて、この箱をあけることなのです。するとその神秘がみごとに美しい天に放射されることでしょう」(一八六六年七月十六日付)。

(103) ジャン=ピエル・リシャール「ボードレールの眩暈」『クリティック』百―百一号、七百七十七ページ。

(104) **(訳註)** シャルル・クロ Charles Cros (一八四二―一八八) フランスの詩人。ヴェルレーヌが宝石とたたえた『白檀の小箱』のような詩集をのこし、一九二〇年以後はシュールレアリストに霊感をあたえた詩人といわれる。
(105) シャルル・クロ『詩と散文』ガリマール版、八十七ページ。『白檀の小箱』中の「家具」の詩はモーテ・ド・フルールヴィル夫人にささげられている。
(106) シュペルヴィエル『重力』十七ページ。
(107) ジョー・ブスケ『むかしの雪』九十ページ。
(108) 『大地と休息の夢想』第一章、および『科学的精神の形成　客観的認識の精神分析への寄与』第六章参照。
(109) ヴィクトール・ユゴー『ノートルダム・ド・パリ』四の三。
(訳註)『ノートルダム・ド・パリ』はユゴーの一八三一年の作。十五世紀末のパリを舞台にした歴史小説である。カジモドはジプシー娘に清らかな愛情をいだく、不具で醜いノートルダム寺院の鐘楼守。
(110) ヴラマンク『光沢』一九三一年、五十二ページ。
(111) アンブロワーズ・パレ「動物と人間の知能」『全集』J＝F・マルゲーニュ編、第三巻、七百四十ページ。
(112) A・ランズバラ＝トムスン『鳥』フランス訳、クリュニ版、一九三四年、百四ページ。
(113) アンドレ・トゥリエ『コレット』二百九ページ。
(114) シャルボノ＝ラッセー『キリストの動物物語』パリ、一九四〇年、四百八十九ページ。
(115) A・トゥスネル「鳥の世界」『愛の鳥類学』パリ、一八五三年、三十二ページ。

(116) フェルナン・ルケンヌ『野生植物』二百六十九ページ。
(117) ヘンリ・デーヴィド・ソロー『森の哲人』フランス訳、二百二十七ページ。
(118) ヴァン・ゴッホ『テオへの手紙』フランス訳、十二ページ。
(119) ヴァンスロ『習性から説明した鳥の名　あるいは鳥類学についての語源研究』アンジェ、一八六七年、二百三十三ページ。
(120) ジャン・コーベール『沙漠』ドブレス版、パリ、二十五ページ。
(121) ジュール・ミシュレ『鳥』第四版、一八五八年、二百八ページ以下。ジュベール（『パンセ』第二巻、百六十七ページ）は「かつて巣をみたことのない鳥が巣にあたえる形態は、鳥の内面的身体組織となんらの類縁性をももたぬかどうか、これを研究することは有益であろう」と、かいている。
（訳註） ジュール・ミシュレ Jules Michelet（一七九八―一八七四）フランスの歴史家。世界史を自由と必然の戦いとする原理にもとづいて『ローマ史』『フランス史』『フランス革命』などをあらわしたが、やがて神秘主義への傾きをみせ、『鳥』（一八五六）『虫』『海』『山』をかいた。
(122) ロマン・ロラン『コラ・ブルニョン』百七ページ。
(123) アドルフ・シュドロー『望みなき揺籃』セゲルス版。三十三ページ。シュドローはまたつぎのようにかく。
　　ぼくはもはや年がねむらぬ巣を夢みた
(124) **（訳註）** ヘルダー Johann Gottfried Herder（一七四四―一八〇三）ドイツの思想家。フランス文学の影響下にあった当時のドイツ文学に反抗し、「自然」のなかの人間の感情をとらえ、現実のなかに詩の源をもとめることをとき、また国民文学の意識をきずいた。

(125) 『カイエ・G・L・M』一九五四年秋季号、アンドレ・デュ・ブーシェ訳、七ページ。

(126) エドゥアール・モノ＝ヘルツェン『一般形態学原理』ゴーティエ＝ヴィラール版、一九二七年、第一巻、百十九ページ。「貝殻は、連続する螺旋の単回の縫合線が渦巻になった、螺旋状表面について無数の例を提出する」。孔雀の尾の幾何学はさらに空想的である。「孔雀の羽の眼状斑は、たしかにアルキメデスの螺旋のようにみえる、両束の螺旋の交点に位置している」（第一巻五十八ページ）。

(127) ポール・ヴァレリー『海の驚異　貝』『イジス』叢書、プロン版、五ページ。

(128) ユルジス・バルトルシャイティス『空想の中世』コラン版、五十七ページ。

(129) ユルジス・バルトルシャイティス、同前、五十六ページ。「ハトリアの貨幣では、髪を風になびかせた女の頭、おそらくアフロディテがまるい貝殻からでてくる」。

(130) **（訳註）** ロビネ Jean-Baptiste Robinet（一七三五―一八二〇）フランスの哲学者、文法学者。主著『自然について』（一七六一）。唯物論、感覚論、物活論を発展させる。

(131) **（訳註）** キルヒャー Athanasius Kircher（一六〇一―一八〇）ドイツのジェスイット会士。

(132) ヴァルモン師『植物にたいする自然と芸術の好奇心、あるいは完全な農業と園芸』第一部、パリ、一七〇九年、百八十九ページ。

(133) シャルボノ＝ラッセーはプラトンとイアムブリコスを引用し、またヴィクトール・マニャンの書物『エレウシスの神秘』第六、パイヨ版に注意をうながす。

(134) 『科学的精神の形成』ヴラン版、二百六ページ参照。

(135) 『自然の驚異』二百三十一ページ。

(136) レオン・ビネ『動物の生活の秘密　動物生理学研究』P・U・F版、十九ページ。
(137) アルマン・ランドラン『海の怪物』第二版、アシェット版、一八七九年、十六ページ。
(138) ジョルジュ・デュアメル『深夜の告白』第七章。
(139) マクシム・アレクサンドル『皮膚と骨』ガリマール版、一九五六年、十八ページ。
(140) ガストン・ピュエル『二つの星のあいだの歌』十ページ。
(141) **(訳註)** プリニウス Gaius Plinius Secundus (二三―七九) ローマの文筆家、博物学者。文法から戦術論まで広汎な分野にわたる著述をのこしているが、もっとも大きい著作は『博物誌』である。
(142) アルマン・ランドラン、前掲書、十五ページ。同一の話がアンブロワーズ・パレによって引用されている(『全集』第三巻、七百七十六ページ)。助手の小蟹は「貝の入口に門番のようにすわって」いる。魚が貝のなかへはいってくると、かまれた貝は貝殻をとじる。「それからふたりで一緒に獲物をかじり、たべてしまう」。
(143) ベルナール・パリッシー『真の処方』、ビブリオテカ・ロマーナ版、百五十一ページ以下。
(訳註) パリッシー Bernard Palissy (一五一〇―八九) フランスの陶芸、文筆家。理論にたいする実際、イデーにたいする経験の優位をとく。また化石の研究から古代地理学への道をひらく。
(144) **(訳註)** ウィトルウィウス Marcus Pollio Vitruvius 紀元前一世紀のローマの建築家。
(145) ルネ・ルキエ『ガラス玉』セゲルス版、十二ページ。
(146) 前掲書、七十八ページ。
(147) ノエル・アルノー『粗描のままで』パリ、一九五〇年。
(148) 『ヨーロッパ文化評論』一九五三年、季刊第四冊、二百五十九ページ。

(149) ノエル・アルノー『粗描のままで』。
(150) **(訳註)** 原題は《Die große Nacht》
(151) ヒューズ『ジャマイカの颶風《サイクロン》』プロン版、一九三一年、百三十三ページ。
(152) **(訳註)**「わたくしは毎日暖かい部屋にひとりとじこもり、ゆっくりと思索をめぐらした」と、デカルトはいっている。
(153) ミシェル・レーリス『抹殺』九ページ。
(154) **(訳註)** ジュベール Joseph Joubert（一七五四—一八二四）フランスのモラリスト。
(155) **(訳註)** シラノ・ド・ベルジュラック Savinien Cyrano de Bergerac（一六一九—五五）フランスの作家。ユートピア文学『月世界旅行記』『太陽世界旅行記』などがある。
(156)『心理学雑誌』一九四七年四月—六月号、百六十九ページ。
(157) なんと多くのものが、林檎をたべてから、さらに核におそいかかることか。核をあじわうために、これをとりだそうとする無邪気な偏執をわれわれはひとのまえではおさえているのだ。そして胚をたべるときのなんとすばらしい思いと夢！
(158) P・ド・ボワッシー『はじめての手』二十一ページ。
(159)『科学的精神の形成』参照。
(160)『メタモルフォーズ』叢書、ガリマール版、百五ページ。
(161) **(訳註)** リーマン Georg Friedrich Bernhard Riemann（一八二六—六六）ドイツの数学者。関数論、幾何学、とくにリーマン幾何学への貢献が大きい。
(162) ピエル・ド・マンディアルグ『大理石』ラフォン版、六十三ページ。

(163) ヴィクトール・ユゴー『ライン河』エッツェル版、第三巻、九十八ページ。

(164) **(訳註)** ヴォルテールの諷刺的な物語『ミクロメガス』(一七五二)にあらわれる巨人。シリウス星にすむミクロメガスが宇宙旅行にでかけて、地球にたちよる。作者は人間の幼稚な思想をミクロメガスの立場から諷刺するのである。

(165) 『ニールス・リイネ』はリルケにとって枕頭の書であった。

(訳註) ヤコブセン Jens Peter Jacobsen (一八四七―八五)デンマークの作家。『ニールス・リイネ』(一八八〇)は作者の内面発展と深くかかわる作品で、一青年の歩みをあとづけている。バシュラール引用の文章は、植物学者ヤコブセンの微細な観察が反映しているともいえよう。

(166) アンドレ・ブルトン『白髪の拳銃』カイエ・リーブル版、一九三二年、百二十二ページ。

(167) ガストン・パリス『プチ・プセと大熊座』パリ、一八七五年、二十二ページ。

(訳註) ガストン・パリス Gaston Paris (一八三九―一九〇三)フランスの文学史家。フランス中世文学の研究家としてしられる。

(168) ある種の神経症患者が、自分の組織体を破壊する細菌をみることができると主張していることは、とにかく注目にあたいする。

(169) ノエル・ビュロー『さしのべられた手』二十五ページ。

(170) ジュール・シュペルヴィエル『重力』百八十三―五ページ。

(171) ボードレール『審美渉猟』四百二十九ページ。

(172) ボードレール、同前、三百十六ページ。

(173) ジョー・ブスケ『月の操縦者』百六十二ページ。

(174) ルネ＝ギィ・カドゥー『エレーヌあるいは植物界』セゲルス版、十三ページ。
(175) ノエル・ビュロー『さしのべられた手』二十九ページ。
(176) クロード・ヴィジェ、前掲書、六十八ページ。（ただし書名は不明（訳者））
(177) J・モロー（ド・トゥール）「ハシッシュと精神錯乱について」『心理学研究』パリ、一八四五年、七十一ページ。
(178) ロイス・マッソン『イカロスあるいは旅人』セゲルス版、十五ページ。
(179) ルネ・ドーマル『黒の詩　白の詩』ガリマール版、四十二ページ。
(180) マクス・ピカール『沈黙の世界』レンチュ版、一九四八年、チューリヒ。フランス語版、J・J・アンステット訳、パリ、P・U・F、一九五四年。
(181) シュペルヴィエル『階段』百二十四ページ参照。「距離はぼくをゆれうごく流刑地へつれさる」。
(182) ピエル・アルベール＝ビロー『自然のたのしみ』百九十二ページ。
(183) マルコー、およびテレーズ・ブロス『明日の教育』二百五十五ページ。
(184) 「森の性格は閉じていると同時に四方にむかって開いていることにある」。A・ピエル・ド・マンディアルグ『海百合』一九五六年、五十七ページ。
(185) ピエル＝ジャン・ジューヴ『抒情』メルキュール・ド・フランス版、十三ページ。
(186) ルネ・メナール『樹木の書』アール・エ・メチエ・グラフィック版、パリ、一九五六年、六および七ページ。
(187) ガストン・ループネル『フランスの平野』中、「森」の章。クリュブ・デ・リブレール・ド・フランス版、七十五ページ以下。

(188) **(訳註)** ガストン・ループネル Gaston Roupnel（一八七一―一九四六）フランスの学者、ディジョン大学教授。フランスの風景や村や道の発展をあとづける。

(189) 『大地と意志の夢想』第十二章、第七節「無限の大地」参照。

(190) しかしながらジャック・クレペ編の『火箭と日記』（メルキュール・ド・フランス版）のすぐれた索引には、*vaste* ということばはあげられていない。

(191) ボードレール『阿片吸飲者』百八十一ページ。

(192) ボードレール『人工楽園』三百二十五ページ。

(193) 同前、百六十九、百七十二、百八十三ページ。

(194) ボードレール『審美渉猟』二百二十一ページ。

(195) ボードレール『ロマン派の芸術』三百六十九ページ。

(196) ボードレール『人工楽園』百六十九ページ。

(197) ボードレール『日記』二十八ページ。

(198) 同前、三十三ページ。

(199) ボードレール『ロマン派の芸術』第十章。

(200) エドガー・アラン・ポー「ことばの力」ボードレール訳『新・不思議物語』所収、二百三十八ページ参照。

(201) ヴィクトール・ユゴーにとっては、風は宏大 vaste である。風はつぎのようにいう。

Je suis ce grand passant, vaste, invincible et vain

（『神』五ページ）

この最後の三語においては、vを発音するときに、ほとんど唇をうごかさない。

(201) マクス・ピカール『人間とことば』オイゲン・レンチュ版、チューリヒ、一九五五年、十四ページ。もちろんこの種の文章を翻訳するわけにはいかない。なぜならばこの文章はドイツ語の音響性に耳をかたむけることを要求するからである。言語はみなそれぞれに大きな響きにみちた単語をもっている。

(202) **(訳註)** テーヌ Hippolyte Adolphe Taine (一八二八―九三) フランスの哲学者、批評家、歴史家。文学作品を人種、環境、時代の三つから解明しようとした。

(203) 一九二四年六月の詩。クロード・ヴィジェ訳、『レ・レットル』誌、十四、十五、十六号、十三ページ。

(204) ジュール・シュペルヴィエル『階段』百六ページ。

(訳註)『全集』第二巻、百六十八ページ。

(205) アンリ・ボスコ『アントナン』十三ページ。

(206) クレール・ゴル『リルケと女性たち』六十三ページ。

(207) ジュール・シュペルヴィエル『階段』百二十三ページ。

(208) ジョー・ブスケ『むかしの雪』九十二ページ。

(209) **(訳註)** ライプニッツ Gottfried Wilhelm Leibniz (一六四六―一七一六) ドイツの哲学者。ライプニッツによれば、単純実体は「単子(モナド)」とよばれ、これが世界の究極の要素である。単子はそれぞれが完成体であり、「窓」がないが、たがいにうつしあい、相あつまって全宇宙を形成する。世界は予定調和の原理の下に無限の発展の途上にあり、したがって、この世界では、秩序をはずれたものはなく、不完全なもの、悪の存在も神の意志にそむかない。現実的な世界は最善の世界として、共可能的な世界、反対も可能な事実真理の世界である。

(210) **(訳註)**『ヴォルプスヴェーデ』の序。

(211) アンリ・ボスコ『ヒアシンス』十八ページ。

(212) ピエル・ロチ『貧しい青年士官』八十五ページ。

(213) フィリップ・ディオレ『世界でもっとも美しい沙漠』アルバン・ミシェル版、百七十八ページ。

(214) アンリ・ボスコはまたつぎのようにかいている（『骨董商』二百二十八ページ）。「砂と石の沙漠が侵入した、われわれのこころのなかの沙漠においては、大地の孤独を荒廃させる無限の無人のひろがりのなかに、たましいのひろがりが没してしまう」と。二百二十七ページ参照。また、別のところでは、禿げた台地、空に接するこの平野において、『ヒアシンス』をかいた偉大な夢想家は、地上の沙漠とたましいの沙漠の類似性に深い表現をあたえる。「わたくしのなかにまたも新たにこの空白がひろがった。わたくしは沙漠のなかの沙漠だった」と。瞑想は「わたくしはもはやたましいをもたなかった」ということばにおわる。（アンリ・ボスコ『ヒアシンス』三十三ページ、三十四ページ）。

(215) ダヌンツィオ『火』フランス訳、二百六十一ページ。

(216) ジャン・イポリト「フロイトの否定についての註釈」『精神分析学』第一号、一九五六年、三十五ページ。

(217) イポリトは否認における否定の深い心理的反転をあきらかにする。わたくしはつぎに単にイメージのレベルにおいて、この反転の例をあげることにしよう。

(218) 螺旋？　哲学的直観から幾何学を追放すると、それはたちまちもどってくる。
(219) アンリ・ミショー『外国通信』メルキュール・ド・フランス版、一九五二年、九十一ページ。
(220) 別の詩人は「たった一つの単語や名をおもうだけで、その力が隔壁をゆるがすにたりるのではないか」といっている。ピエル・ルヴェルディ『危険と危難』二十三ページ。
(221) アンドレ・フォンテナ『孤独の装飾』メルキュール・ド・フランス版、一八九九年、二十二ページ。
(222) 『書簡集』ストック版、百六十七ページ。
(223) ジュール・シュペルヴィエル『重力』十九ページ。
(224) ジャン・ペルラン『帰りの歌』N・R・F、一九二一年、十八ページ。
(225) ポルフュリオス『ニンフの洞窟』第二十七節。
（訳註） ポルフュリオス Porphurios（二三四―三〇五）ギリシアの新プラトン主義哲学者。
(226) ミシェル・バロー『日曜説教』I、十一ページ。
(227) **（訳註）** アルベルトゥス・マグヌス Albertus Magnus（一一九三？―一二八〇）スコラ派の学者。アリストテレスを中世のキリスト教世界の西欧に紹介した功績が大きい。
(228) ラモン・ゴメス・デ・ラ・セルナ『パターン』カイエ・ヴェール、グラッセ版、百六十七ページ。
（訳註） ラモン・ゴメス・デ・ラ・セルナ Ramon Gomez de la Serna（一八八八―一九六三）スペインの作家。空想とユーモアにみちた八十冊をこえる作品をのこした。
(229) モリス・ブランショー『死刑宣告』百二十四ページ。
(230) ジャン・ポミエ編、コルティ版、十九ページ。

(231) ジョー・ブスケ『月の操縦者』百七十四ページ。

(232) **(訳註)** パルメニデス Parmenides 紀元前五、六世紀のギリシアの哲学者。エレア派の開祖。真理の道によって真の実在をもとめるものは、あるもののみがあるという、理性の論理的思考にしたがわなければならないとき、世界は「あるもの」のみで、世界は唯一、不生不滅、不変不動であり、巨大な球形であると論じた。

(233) アルフレド・ド・ヴィニー『サン＝マール』第十六章。

(234) ジュール・ミシュレ『鳥』二百九十一ページ。

(235) リルケ『詩集』ベッツ訳。「不安」と題される。九十五ページ。

ガストン・バシュラールについて

本書は Gaston Bachelard : *La poétique de l'espace*, Presses Universitaires de France, 1957 の翻訳である。

この『空間の詩学』は、すでに本書の詳細な序論からうかがえるように、詩人哲学者ガストン・バシュラール(一八八四年生、一九六二年歿)が詩的イメージの研究を飛躍的に深化させた、バシュラール後期をひらく記念すべき著作であるとともに、バシュラールの想像力研究の成果をまばゆいばかりの豊饒さのうちに展開した主著の一つである。

『空間の詩学』の著者は、出発においては、科学哲学者であり、ディジョン大学の教授をへて、一九四〇年以後はソルボンヌにおける科学史と科学哲学の講座を担当する教授であった。バシュラールは科学哲学に関して十数冊の著作をのこしているが、これらの労作の意味するものを正しく紹介することは、わたくしにとっては不可能なことである。しかし科学哲学者としてのバシュラールが、どんな過程をへて、想像力の現象学的研究にむかったかをたどるために、初期のバシュラールが志向したところを簡単にたずねてみたい。

バシュラールは真理をつねに止揚されゆく弁証法的過程とみなし、科学は過去が未来に役だち、未来を規定するような発展をしらない、科学はたえざる革命である、という。かれの関心は、なによりも純粋な真理の認識にあった。純粋な真理ということばには矛盾がある。しかし科学哲学者として検討するかぎり、いわゆる科学的真理は純粋な客観的な真理ではないことが明らかになった。初期のバシュラールの意図は、科学的真理を、これをくもらす一切の主観的解釈から解放することにあった。それにはまず、大きな信頼をよせられていた個々人の知性をうたがい、これを断念しなければならないのではないか。バシュラールの意図は明瞭である。科学人の夢、それは科学的真理を断固として客観的に純化することであろう。ところがバシュラールは、科学上の命題を分析すればするほど、これにふくまれた主観的な要素におどろかされる。いかに厳密に科学的な思考であっても、この主観的な要素を混入させないわけにはいかない。科学的な抽象的な概念が、いわゆる主観性にいろどられ、内面的な個人の主観が創作した夾雑物におかされて、純粋に客観的な明晰性を喪失している。しかし「新しいイデーと経験は断絶の行為をふくむ」ものなのではないか。自分の知性を断念すること、バシュラールにはこの明白な意図がうかがわれる。したがって初期のバシュラールの目標は、真理と誤謬を徹底的に分離し、客観と主観を峻別することにあった。

バシュラールは、真理と誤謬、客観と主観の分離にあたって、精神分析学の方法を適用することをかんがえた。一九三八年に世にとわれた『火の精神分析』について、「わたくしの著作は、一切の客観的研究の基礎として有用であるとかんがえる、この特殊な精神分析の一例としてしめされる。これは近著『科学的精神の形成』においてといた一般的テーマの一例解である」（『火の精神分析』p. 15）と、著者自身が説明している。この著作は、科学上の認識に精神分析学的方法の適用を提唱した前著のいわば応用編といえるものであった。すなわち、科学の領域において、科学的精神の形成をさまたげる主観的な夢想がいかに根づよくはびこっているか、これを火という一つの現象に即してときあかしてみる。火という現象をめぐって、無意識がいわば強迫観念的なイメージを展開する。これに精神分析的方法によって照明をあて、真の認識から主観のヴェールをはぎとることがバシュラールの課題なのであった。自己を無視するという自己批評のイロニーこそがバシュラールにはこのましい。にもかかわらず、この『火の精神分析』は、バシュラールが詩的想像力を考究の対象とした最初の著作として注目をあびるだけでなく、やがて著書が著者をみちびいて新しい世界をひらくことになる。

『火の精神分析』は、主観と客観を峻別する科学哲学者としての態度からうまれている。しかし客観性を純化すればするほど、逆にまた必然的に、主観性もますます純粋なすがたをあらわしてくる。一切の科学的な配慮によってくもらされていた主観性の光が、客観性からひきはなされることによって、いま突然に、かつてないほど鋭く透明に光をはなちはじめる。絶対的な客観性を追求し、純粋な認識をもとめていたバシュラールの眼に、おそらくバシュラールの意に反して、むしろ主観性の充溢した豊饒な開花が啓示されたのではなかろうか。前著の『科学的精神の形成』においてとりあげた錬金術について、「錬金術はみな巨大な性的夢想、富と若返りの夢想、力の夢想によってつらぬかれている」(『火の精神分析』p. 87)というバシュラールの驚嘆をわれわれはみすごすことができない。この驚嘆こそがやがてバシュラールをして深く想像力の研究にむかわせる契機となったのではなかろうか。錬金術、それは人間の詩であり、また人間の想像力である。その主観性の過剰なほどの充溢が哲学者を圧倒する。

「想像力は、意志よりも生の飛躍そのものよりも、より以上に心的生産の力そのものである。心的には、われわれはわれわれの夢想によってつくられるのだ」(『火の精神分析』p. 181)。人間の心的な活動のあるところ、主体としての自我が想像力をたよりに自我を実現すれば、それはゆたかに花ひらいたイメージとなってあらわれる。イメージは客観的な真理を主観化するところから、科学的な観点から判断すればあやまりでしかない。しかしイメージは、主観的にみれば、われわれの自我がイメージのなかにおいてしめされ、存在を確立するのだから、むしろ真でなければならない。バシュラールにたいして、真なるものとして認知をもとめるイメージがすがたをあらわしている。

ユングの精神分析学的方法を適用し、コンプレックスの概念をたよりに夢想を分析した『火の精神分析』や『ロートレアモン』(一九三九年)のあとにつづく想像力の研究『水と夢』（一九四二年）では、前著において発見した主観性のゆたかな世界に鋭い視線をそそぎながら、存在の根柢にひそむ原初的なものをもとめて、バシュラールの名とわかつことのできぬあの有名な物質的想像力の概念を導入する。

バシュラールによれば、われわれの精神の想像力はきわめてことなった二つの軸のうえに展開する。一つは新奇なものをみてはばたき、ピトレスクなもの、多様なもの、予期せざるできごとをたのしむ。これは形式的想像力である。いっぽう存在を深くほりさげて、永遠的なもの、原初的なものをもとめ、事物のなかに永遠に現在する元素によってひきつけられる想像力がある。これは自然のなかに、またわれわれのうちに胚種をうみ、形式が質料のうちに深くしずんでいるような胚種をうむ。これが物質的想像力である。形式、色彩、多様性、変身などをよろこぶ形式的想像力にたいして、物質的想像力は重みをもち、濃密やゆるやかな運動や発芽を内包している。バシュラールによれば、物質のイメージ、「物質の直接的イメージ」は物質のなかにしずんだ形式であって、物質とわかつことはむずかしい。「ひとはなぜいつも個の観念を形式の観念にむすびつけるのか。物質をして、そのもっとも小さな部分においても、一つの全体とする深部の個性が存在するのではないか」（『水と夢』p. 3）。物質は形式から超然としていられる原理であって、いかに変形され、いかに分割されても、それとして存在するのが物質なのである。物質は、その深化の方向では、はかりしれぬ深淵であり、また神秘のようにみえ、飛翔の方向では、つきざる力の奇蹟のようにみえる。このいずれのばあいにも、物質を瞑想すると、ひらかれた想像がきたえられるのである。こうして物質的想像力の概念を導入することによって、バシュラールは詩的創造の完全な哲学的研究に必須の新しい概念を規定しようと意図するのである。

想像力を形式的想像力と従来無視されていた物質的想像力にわけたバシュラールは、後者の物質的想像力をさらに基本的な四元素にわけて考究することをもとめる。火、空気、水、大地という古代からしられた四元素をふたたびとりあげて、想像力の領域における「四元素の法則」を確立できると主張する。「そしてもしもわたくしが主張するように、一切の詩学は物質的本質をもつ分力――それがどんなかよわいものであれ――をうけいれなければならないならば、詩的たましいをもっともつよくむすびあわせるはずのものは、この物質的要素による分類である」(『水と夢』p. 4-5)。夢想はもっとも根源的な物質に根ざし、四元素をめぐる物質的想像力が夢想を支配しているのだ。バシュラールのこころには、物質的想像力を軸とした詩学の構想がめばえている。

『水と夢』につづいて『空気と夢』(一九四三年)が刊行された。これは「運動の想像力についての試論」という傍題をもっているが、「四元素はいずれも不活動状態において想像されるのではなく、反対にそれぞれが特殊な力動性において想像されるからである」(『空気と夢』p. 11)というように、物質的想像力に力動性の概念がつけくわえられる。この書物につづいては『大地と意志の夢想』(一九四八年)、『大地と休息の夢想』(一九四八年)の二著が世にとわれるが、これによってバシュラールの提唱する四元素にもとづく物質的想像力が各面にわたって検討されることになる。

このようにバシュラールの方法をおって見取図をえがくことだけでは、バシュラールの世界の生きいきとした多彩な映像をきりすてて、単に陰画をしめすことになるだろう。しかしこの詳細にたちいることはやめて、本書の読者がすでによまれた文章を引用することにしたい。「想像力をあつかった以前の著作においては、実際、物質の四元素、直観的宇宙発生論の四原理については、できるかぎり客観的な立場をとることがのぞましいと、わたくしはかんがえてきた。わたくしは科学哲学者としての習慣を忠実にまもり、個人的な解釈をいれたい誘惑をことごとくしりぞけて、イメージをみつめようとつとめてきた。この方法にはたしかに科学的慎重さがあるが、しだいにわたくしには、想像力の形而上学を基礎づけるには不十分にみえてきた。『慎重な』態度そのものがイメージの直接的な力に服従することを拒否することではないか」(本書、p. 11)。一見このことばは従来のバシュラールの方法論を完全に否定しているようにみえる。すくなくとも客観性と主観性とを厳密に分離し、科学的真理をできるかぎり純粋なすがたでしめそうとする意図から、イメージを分析した客観的態度を否認するようにみえる。また同時に本書の序論にとくように、従来イメージ分析の鋭利な武器としていた精神分析学的な心理主義的方法をしりぞけ、詩的想像力の現象学を提唱するのである。しかしバシュラールは自分のこれまでの詩的イメージ研究の一切の成果を否定するわけではない。なによりもまず、詩的イメージにたいして哲学者がとった客観的態度に不満なのである。『空間の詩学』につづいて一九六〇年に刊行された『夢想の詩学』において、バシュラールはあらためて想像力の現象学を提唱する理由をのべて、イメージを「新しい眼」でみなおしたいのだといっている。あまりにも簡単ないい方かもしれないが、その理由をこんなふうにいってもよいのではないか。つまり、詩的イメージが一つの実在としてますます鮮明にそのすがたをあらわしてきたからだと。まえの著作からかぞえてほぼ十年のあいだに、バシュラールにとって、詩的イメージはその力動性においていっそうの活力を獲得し、それにつれてバシュラールの思想もいっそう深まっていったのである。

詩的イメージはいわばことばのうえに突如としてうかぶレリーフである。ことばが日常的な意味をになった存在から離脱し、現実のうえでいきえられぬもの、またわれわれにいきることをもとめぬものを告知するモメントこそがイメージなのである。したがってそのイメージを客観的に一つの客体としてあつかうこと、ましてある客体の代用品としてとりあつかうことは不可能である。詩的イメージは一つの特殊な実在なのだ。これを把握するには「イメージを創造する意識の行為と意識のもっとも儚い産物、詩的イメージとを組織的に結合しなければならない」(本書、p. 13)。ここからバシュラールの提唱する想像力の現象学をみとおすことができよう。

ところでバシュラールが『火の精神分析』以来の方法としてもちいていた精神分析学的方法を『空間の詩学』において、また『夢想の詩学』において拒否するのも、イメージを一つの特殊な実在として把握する態度から当然みちびきだされる帰結である。精神分析学はもっぱら過去に力点をおく。イメージをあくまでも一個人のプシシスムがうみだした産物とみなし、イメージを創造した詩人の生の過去をさぐれば、おのずからイメージも解明できようとかんがえる。もしイメージにさまざまなニュアンスがあれば、これを創作した詩人の生を偶然的な特殊な環境においてみてそこから説明をくわえる。したがって精神分析学の視点からみられたイメージの性格は閉鎖的であって、未来をもたない。かりにこのイメージが第三者に理解される可能性があるとすれば、本質的には同一の体験、経験をもつものにしか理解できないはずである。ところが、詩的イメージは現実の再現でもなく、知覚世界からかりてこれを再現したものでもなく、またさらには無意識の原型に形式をあたえるものでもない。「イメージの全生命は、きらめく光のなかにひそみ、またイメージが一切の感性の所与を超越する事実のなかにある」（本書、p. 32）のであり、イメージは本質において可変なのだ。精神分析学はこの事実をみおとし、これに柔軟に対応できない。詩の行為には過去がないのだ。にもかかわらず精神分析学者は、バシュラールのことばをかりていえば、肥料によって花を説明しようとする。精神分析学者にとっては、象徴そのものよりも象徴の根もとにあるものが意味をもっているのだ。

想像力の現象学は、個の意識の内部におけるイメージの出発を考察し、「創造する意識の行為」と「意識のもっとも儚い産物、詩的イメージ」を結合することにある。われわれはイメージのうまれでる瞬間に現在し、詩人の創造的意識とまじわらなければならない。イメージは実在である。この独自の存在を尊重しながら、特殊な翳りのうちにあるイメージをそのままに把握し、それがもたらす反響《ルタンティスマン》（このミンコフスキーによって解明された反響の概念については、本書の註を参照されたい）に全自我を没入する。そのときに詩的イメージが絶対的な根源、意識の根源となる。われわれはイメージの出発に現在する、積極的に現在することによって、イメージのゆたかな贈物をたのしむことができるのだ。現在すること、それはまたイメージの予測不可能性に適応する柔軟性を獲得するただ一つの方法なのである。もはや新しいことばの存在としてあらわれる詩的イメージを抑圧された本能のイメージとみなすことはなんとしてもできないだろう。「詩的イメージは、無意識の先行要素をもとめてもまったくむだであるような光で意識をてらす。すくなくとも現象学は、詩的イメージを、先行する存在と断絶して、そのものの存在においてことばの積極的な征服としてとらえるところに基礎をおいている」（『夢想の詩学』p. 3）。こうして想像力の現象学だけが「われわれにイメージの主観性を恢復させ、イメージの超主観性の意味、力、豊かさを測定させてくれる」（本書、p. 12）可能性をもつことになるのである。

われわれが世界を夢想することは、自分自身を夢想することにほかならない。内密に夢想された一切の物質はわれわれを無意識の内密へつれもどし、想像力によってあたえられた価値が、われわれ自身を、価値を付与する主体としてあらわすことになる。火、水、空気、大地のような四元素を夢想することは、物質のもつ基本的形式と一体化することであると同時に、夢想のうちで自己を意識することなのである。詩的イメージにおいて、表現するものと表現されるものとが調和する。一つの世界が夢想のなかに形成されて、われわれの世界となる。そしてこの夢想された世界は、われわれのものである宇宙内のわれわれの存在を拡大する可能性をおしえるのだ（『夢想の詩学』p. 8 参照)。夢想するひとは、世界を沈思するとき、イメージのあたえる存在の反映にうつしだされ、ゆたかにされて、存在は拡大するのだ。そして「イメージはわれわれのことばの新しい存在となる。イメージは、そのイメージが表現するものにわれわれをかえ、これによってわれわれを表現するのだ。いいかえれば、それは表現の生成であり、またわれわれの存在の生成である。ここでは表現が存在を創造する」（本書、p. 19)。

バシュラールにおいては、意識行為はイメージによっておこなわれる、あるいはイメージを創造する想像力によって成立するものである。したがってバシュラールにおいては、夢想するコギトが存在する。デカルト流の思考のコギトは自己と対象とのあいだに距離をおき、まち、そしてえらぶコギトである。ところが「夢想のコギトは、その対象、そのイメージに直接にむすびついている」（『夢想の詩学』p. 131)。イメージはわれわれの想像する中心に突入し、われわれをとらえ、イメージがわれわれのなかへ新たな存在を注入する。こうしてコギトは世界の一つの客体によって征服される（『夢想の詩学』p. 132参照）。しかも客体と自己とを分離しないで、自己をイメージのなかに発見するコギトは幸福なコギトであろう。詩はたとえどんなドラマを表現しても詩そのものは幸福であるように、イメージのなかに自己を定着できるコギトは幸福なのだ。そしてこのコギトはイメージによって増殖し、信頼にみちた宇宙のなかに拡大する可能性を約束されている。「想像力は未来をこころみる。それはまずわれわれを重苦しい安定性からひきはなす一つの軽率の要因である。ある詩的夢想は、われわれに宇宙を信頼させながら、われわれの生を拡大させる生の仮説であることをみるだろう」（『夢想の詩学』p. 7）。夢想のコギトは信頼によってやすらぎをおぼえながら魅惑的な世界のなかにいきる。「詩的夢想は新しい世界、美しい世界への開き《ウヴエルチユール》である。それは自我に、自我の財である非我をあたえる、すなわちわたくしの非我を。夢想家の非我を魅惑し、また詩人がわれわれに分けまえをあたえることができるのもこの非我である。わたくしの夢想する自我にとって、わたくしに世界にあるという信頼をいきさせるのはこのわたくしの非我である」（『夢想の詩学』p. 12）。ここには内部存在が存在を歓迎するある種のあたたかい熱があり、「一種の物質の地上楽園」を支配する存在が、相応した物質のなかにとけこむあの甘美さがただよっていることであろう。

詩人がイメージの世界によって自己のコギトを実現するように、読者もまたイメージへの共感によって反響し、詩人との出会いを実現する。「ひとは多かれ少なかれ讃嘆するが、詩的イメージの現象学的利益をうけるには、つねに誠実な飛躍、讃嘆の小さな飛躍が必要である。（中略）この讃嘆においては、読者は作者のまぼろしになって読書の愉しみは創作の愉しみの反映となるようにみえる」（本書、p. 23）。詩がわれわれを全的にとらえる、あるいは存在が詩にとらえられる、そこにはまぎれもなく現象学的な特徴がある。読者は一つの詩的イメージにとらえられ、いまは自分の内部に存在するイメージによって詩人と一つの世界をきずきあげる。しかしそのとき読者は詩人の詩を単によんでいるのではない。読者は詩人の想像力に融合し、詩人とともに詩作をはじめる。わたくしがこれをかくはずだった、という読書の誇りが読者のこころにみちあふれ、読者は詩人の夢想を新たにいきはじめる、新しい夢想を展開することになる。そして批評が、この「たましいの現象学」のしるしのもとに展開されれば、批評活動は創作活動となる。批評の行為は詩の行為なのだ。

物質的想像力の探究から想像力の現象学的考察へ達する道をきりひらくことによって、バシュラールは現代の文学批評においていわばコペルニクス的転回をもたらした。バシュラール以後、意識——このもっとも非物質的なものとみなされてきた意識の物質性を無視することは不可能になった。意識をかたるときには、つねに物質性についてかたらなければならない。しかもイメージの力動性に着目しつつ想像力を解明する現象学的方法は、じつにまばゆいばかりの想像力の世界をうちひらくことになった。現在のフランスの批評界において比類なく鋭い分析ぶりをみせるジョルジュ・プーレやジャン＝ピエル・リシャールといったすぐれた批評家たちが、バシュラールの世界に出発点をもとめて大きな成果をあげることができたのも当然なことであった。

しかし他方では、バシュラールにおける批評の方法の欠陥を指摘することもたしかに可能なことであろう。イメージを物質の四元素から分析して整理するところから、イメージの直接的な力動性に即して想像力の一般的な解明にむかったバシュラールは、その宏大な豊饒な世界の発見にこころうばわれて、個々の事象の弁別的な研究にはもはや興味をしめさなくなったからである。バシュラールはむしろ個々のもつ絶対的な価値をひたすら擁護し、主張しようとする。実際、たとえば、『空間の詩学』において分析される家は、現実的な保護の価値である以上に、夢想の価値の確立される場所として、非現実的なものの機能に由来する価値をになってあらわれる。「それ（家）は人間存在の最初の世界なのだ。性急な哲学者の主張をかりていえば、『世界になげだされる』まえに、人間は家の揺籃のなかにおかれている。そしてわれわれの夢想のなかでは、家はいつも大きな揺籃なのである」（本書、p. 49）。われわれがかくれひそみ、ちぢこまる片隅は、本質的に、すむという動詞によって生命をあたえられた棲家なのである。そして家はまた世界のなかの片隅なのだ。この保護する境界の内部へと存在を集中させる牽引する空間は、幸福な空間として確立する。家のイメージがわれわれのうちにあり、われわれがイメージのなかにあるからだ。家は一つのほめたたえられる空間としての価値を獲得する。そしてこのイメージのなかにある存在、それは幸福な人間なのだ。「想像力によって、非現実の機能の狡智によって、われわれは信頼の世界へはいる、夢想の独自の世界へ」。もはやこのような引用をするまでもなく、この家の一例についてみるだけでも、幸福な夢想のコギトがうかびあがってくることであろう。バシュラールは人間的価値としての詩的想像力の絶対的な価値を擁護することによって、非現実的なものの機能によって確保される夢想のコギトの自由を、夢想のコギトの幸福を擁護しようとすることが、バシュラールの深いねがいだったのではなかろうか。しかし本書をよまれる読者は――そしてバシュラールのひらく世界のイメージをともにいきようとする読者は、パリの夜の騒音を大洋にふきあれる嵐とおもい、勇気をだしてねむれと自分にいいきかせる哲学者、また夜よなかに隣のアパートでこつこつと釘をうつ音をきいて、きつつきをおもいうかべて平和を感じとる哲学者、さらには一篇の道の詩をよんで日課の散歩を空想のなかにはたす哲学者のように、バシュラールの世界を自分のうちにとりこんで、かれの世界の幸福をみずからいきられることであろう。

＊　＊　＊

バシュラールのフランス語にはバシュラール独自の意味をになわせられたことばが少なくない。というよりもことばが原初の力を獲得する次元へうつされてもちいられている。本書を飜訳するにあたっても、訳者の未熟からことばを完全なすがたで把握し、これを対応する日本語にうつすことはたいへんむつかしいことであった。それほど特殊な例でなくとも、たとえば la fonction d'habiter というようなことばでも、これを簡単に「居住機能」と訳すことにはためらいをおぼえた。機能という日本語はこのばあいの la fonction にはなんとしても対応しないとおもえたからである。わたくしはこれを動詞「すむ」の名詞ととり、「すむこと」とした。訳者の力のおよぶ範囲で、バシュラールのことばを秤量して、あえてこの種の訳語をいくつかえらびとったことをおことわりしておきたい。

文庫版あとがき

『空間の詩学』の翻訳がはじめて刊行されたのはいまから三十数年まえ、つまり一九六九年のことである。当時日本ではまだバシュラールは今日のように広くしられた哲学者とはいえず、翻訳も『ロートレアモン』、『空と夢』、『火の精神分析』などが刊行されたばかりのことであった。詩論あるいは詩的想像力の問題とともに、バシュラールがようやくわたくしたちのまえに姿をあらわしはじめていた時代であった。それから三十数年のあいだに主要著作はほとんど日本語に翻訳され、今日では科学哲学者としての面をもふくめてほぼバシュラールの業績の全体をながめわたすことができる。バシュラールに多少のかかわりをもつ訳者としてはたいへん嬉しいことである。

日本におけるバシュラール研究がすすむにつれて、今日では詩論に偏した当時のバシュラール紹介のあり方を批判する声もないではない。それも故なしとはしない。しかし当時の状況やその後の受容の状況をふりかえってみると、むしろその方が日本のバシュラールにとっては幸福な旅だちだったような気がする。詩的想像力の喚起する豊饒なイメージの世界に媒介されたからこそ、バシュラールは広く日本の読者に受容されることになったのではなかろうか。

本学芸文庫におさめるにあたって『空間の詩学』をよみかえしてみたが、そのときバシュラールにはじめてであったときのあの昂揚感が不意によみがえってきて、虚をつかれる思いをした。『空間の詩学』では、反発し拒絶する空間よりも、むしろ外部の攻撃的な力から存在をまもる空間がかたられ、庇護された存在の幸福がかたられるが、バシュラールをよむとき、わたくしたちもまた庇護された幸福な読書空間のなかにいる思いをする。その空間でわたくしたちは、バシュラールとともにイメージをいき、いつまでも若々しい始原の活力をくみとってくるのだ。「絶対的想像力の世界」ではひとはいつまでも若いのだから。

本書を翻訳する数年まえ、幸せにもジョルジュ・プーレの講義をきくことができた。プーレは、ヌーヴェル・クリティックを代表する批評家で、日本では『人間的時間の研究』(筑摩書房)の著者としてしられている。一学期にわたるバシュラール論の講義であったが、ある日の講義でプーレは、おのれの方法の原点をかたるように、バシュラールのコギトの問題をかたった。ひとは朝、めざめ、思考し、存在することを感じるが、このめざめの瞬間こそコギトの瞬間である。ひとは朝ごとのコギトを体験する。プーレは、こうした瞬間を内面的にいきることこそが批評の行為になることを説明したが、その際バシュラールのコギトは「幸福なコギト」であることを強調していた。教壇をゆきつもどりつしながら「幸福のコギト」という言葉をくりかえすプーレのにこやかな顔をいまもありありとおもいおこすことができる。おそらくプーレもまたバシュラールをよみ、かたりながら、バシュラールの世界をいきる幸福にとらえられたひとりであった。

訳者としては、本書がさらに多くの読者にとって、想像力に関する理論的考究の機会になるとともに、バシュラールの想像力の幸福な世界に沈潜する機会になることをねがっている。

『空間の詩学』の学芸文庫収録については筑摩書房のご厚意に感謝するとともに、またとくに本書が新たにうまれかわるにあたってお力添えをいただいた編集部の天野裕子さんに心からお礼をもうしあげたい。

本書は一九六九年一月一日に思潮社より新装第一版として刊行された。

美術で読み解く 聖母マリアとキリスト教伝説
秦剛平
キリスト教美術の多くは捏造された物語に基づいていた！ マリア信仰の成立、反ユダヤ主義の台頭など、西洋名画に隠された衝撃の歴史を読む。

美術で読み解く 聖人伝説
秦剛平
聖人100人以上の逸話を収録する『黄金伝説』は、中世以降のキリスト教美術の典拠になった。絵画・彫刻と対照させつつ聖人伝説を読み解く。

イコノロジー研究（上）
エルヴィン・パノフスキー
浅野徹ほか訳
芸術作品を読み解き、その背後の意味と歴史的意識を探求する図像解釈学。人文諸学に汎用されるこの方法論の出発点となった記念碑的名著。

イコノロジー研究（下）
エルヴィン・パノフスキー
浅野徹ほか訳
上巻の、図像解釈学の基礎論的「序論」と「盲目のクピド」等各論に続き、下巻は新プラトン主義と芸術作品の相関に係る論考に詳細な索引を収録。

〈象徴形式《シンボル》〉としての遠近法
エルヴィン・パノフスキー
木田元監訳
川戸れい子／上村清雄訳
透視図法は視覚とは必ずしも一致しない。それはいわばシンボル的な形式なのだ――。世界表象のシステムから解き明かされる、人間の精神史。

見るということ
ジョン・バージャー
飯沢耕太郎監修
笠原美智子訳
写真の登場で、人間は膨大なイメージに取り囲まれ、歴史や経験との対峙を余儀なくされた。見るという行為そのものに肉迫した革新的美術論集。

イメージ
ジョン・バージャー
伊藤俊治訳
イメージが氾濫する現代、「ものを見る」とはどういう意味をもつか。美術史上の名画と広告とを等価に扱い、見ること自体の再検討を迫る名著。

バルトーク音楽論選
ベーラ・バルトーク
伊東信宏／太田峰夫訳
中・東欧やトルコの民俗音楽研究、同時代の作曲家についての批評など計15篇を収録。作曲家バルトークの多様な音楽活動に迫る文庫オリジナル選集。

古伊万里図鑑
秦秀雄
魯山人に星岡茶寮を任され柳宗悦の蒐集に一役買った稀代の目利き秦秀雄による究極の古伊万里鑑賞案内。限定五百部の稀覯本を文庫化。（勝見充男）

ちくま学芸文庫

空間《くうかん》の詩学《しがく》

二〇〇二年十月　九　日　第一　刷発行
二〇二四年七月二十五日　第十五刷発行

著　者　ガストン・バシュラール
訳　者　岩村行雄（いわむら・ゆきお）
発行者　増田健史
発行所　株式会社　筑摩書房
東京都台東区蔵前二—五—三　〒一一一—八七五五
電話番号　〇三—五六八七—二六〇一（代表）
装幀者　安野光雅
印刷所　三松堂印刷株式会社
製本所　三松堂印刷株式会社

ISBN978-4-480-08724-9 C0110